SOMMAIRE

Pour Aimée,

UN MENSONGE FRANÇAIS

me plongée dans la mémoire
française — ma mémoire,
elle le fait, si encombrée...

Avec mon amical
souvenir de cette
réunion 1130 —

Marc

DU MÊME AUTEUR

Les Années tournantes (ouvrage collectif), Le Seuil, 1992

Mémoires interrompus (entretiens avec François Mitterrand)
Odile Jacob, 1996

Le Dernier Mitterrand, Plon, 1997

C'était un temps déraisonnable, Robert Laffont, 1999

Jeune homme, vous ne savez pas de quoi vous parlez, Plon, 2001

GEORGES-MARC BENAMOU

UN MENSONGE FRANÇAIS

Retours sur la guerre d'Algérie

ROBERT LAFFONT

Ouvrage édité par Dominique Missika

© Éditions Robert Laffont, S.A., Paris, 2003
ISBN 2-221-09668-1

« Un homme d'État ne devrait jamais mentir au peuple. D'autre part, il devrait faire très attention à ce qu'il dit et au genre de vérité qu'il présente, à l'heure à laquelle il la présente, et à la manière dont il la présente. »

Charles de Gaulle,
Au fil de l'épée (1930).

À la mémoire de
Roger Benamou,
mon père.

Avant-propos

Ce livre n'est pas une histoire de la guerre d'Algérie.

Je n'y raconterai pas la prise d'Alger par le général Bourmont en 1830. Je ne reviendrai pas sur les massacres de Sétif le 8 mai 1945, ni sur la responsabilité – française ou algérienne ? – dans les massacres de ce jour-là ; pas plus que sur l'itinéraire militaire et politique qui mena de l'insurrection des Aurès, le 1er novembre 1954, à la *sale guerre* d'Algérie. Des historiens s'y sont attachés.

Je ne dresserai pas à nouveau, ici, le procès du colonialisme ; il est d'évidence pour ma génération, née avec la décolonisation. Tout comme est devenue évidente, hélas, la terrible faillite de la Révolution algérienne. Ces deux vérités conjuguées, pourra-t-on enfin les entendre ?

Ce livre est un voyage. Une enquête personnelle. Un retour sur les lieux. Quarante ans après, j'ai voulu confronter la mémoire à l'Histoire ; les mythes de l'histoire officielle et l'histoire des historiens telle qu'elle s'établit à présent ; et mettre en miroir mes souvenirs d'enfance, si entêtants, et la réalité des faits. C'est un va-et-vient. Des *retours d'Algérie*. Un retour à l'Algérie qui m'a été nécessaire pour des raisons intimes – on le lira plus loin – autant que politiques et, disons, générationnelles. Besoin de boucler, après deux livres[1], mon XXe siècle français... D'en savoir plus sur le monde qui m'a vu naître, ces années 1950 décisives si

1. *C'était un temps déraisonnable*, Robert Laffont, 1999 ; *Jeune homme, vous ne savez pas de quoi vous parlez*, Plon, 2001.

mal aimées... Désir d'explorer la dernière zone interdite de notre histoire...

Tout d'abord, ce qui intrigue dans cette affaire algérienne, c'est la cacophonie contemporaine. L'Algérie partout, et partout le tintamarre de ces histoires rivales. La version gaulliste qu'on ressert depuis l'enfance, impeccable, au garde-à-vous. La version anticolonialiste, vertueuse, si romantique. La version algérienne qu'on croirait peaufinée par les meilleurs scribes staliniens. Et la version des perdants, ceux de l'Algérie française, grimaçante et sans états d'âme... Elles sonnent toutes faux et creux, comme si l'on avait voulu réaménager les lieux, rebâtir les décors de cette tragique comédie. Imaginez ! Ne pas pouvoir, jusqu'à une date très récente, nommer cette guerre... Ne pas lui trouver de date de commémoration acceptable par tous ; ni d'ailleurs de date de début, ou de fin... Continuer à croire aux boniments du FLN... Nier, quarante ans après, le massacre collectif des harkis... Et jusqu'à aujourd'hui, aux plus hauts sommets de l'État, oser prétendre qu'à Paris « on » ne savait pas pour la torture pratiquée par l'armée française... Dès qu'on aborde la guerre d'Algérie, la liste est longue des dérèglements, des occultations, des zones d'ombre et des trous noirs. Au point – on s'en rend compte assez vite – qu'on pourrait aisément reprendre pour l'Algérie l'expression qu'Éric Conan et Henry Rousso ont appliquée à Vichy : « une histoire qui ne passe pas ». Une histoire dont pourtant nous sommes les enfants, par la chair, la mémoire et ces institutions de la Vᵉ République nées de la guerre d'Algérie.

Il faut dire que l'historiographie officielle sur cette « guerre sans nom » aurait tendance à débousoler. Jusqu'aux années 1990, la guerre d'Algérie n'existait pas ; ce n'étaient que « les événements d'Algérie ». Avant de devenir, par un violent retour de balancier, cette histoire repentante et – autrement – tronquée. Les huit ans de la guerre d'Algérie se résumant, dans la plupart des imaginaires contemporains, à un para de Massu passant tous les Algériens à la gégène. Or, ces deux versions, opposées et successives, ne cadrent d'évidence pas avec la réalité. Pas plus la première – gaulliste autant que socialiste – que la seconde. La dialectique sartrienne en vogue – celle du colonisé/colonisateur – ne pouvant, seule, expliquer le « malheur algérien » qui n'a pas disparu depuis la glorieuse Indépendance. Et aurait même empiré.

Comme je n'ai pas le goût pour cette histoire simple, bêtement manichéenne, qui ordonne le Bien et le Mal, les glorieux révolutionnaires algériens et les méchants colonialistes, la belle Algérie mythique et la vilaine France, j'ai voulu aller au-delà de l'image pieuse. J'ai tenté de passer derrière les histoires officielles, comme on se faufile derrière des décors de théâtre, pour voir comment ils sont faits, de quel marbre ou de quel stuc. Et comment ils tiennent encore debout.

Car dès qu'on aborde la question algérienne, tout est trompe-l'œil. Faux-semblants. Non-dits. Détournements sémantiques. Mensonges d'État – pis encore, j'allais m'en rendre compte... Comme si la gauche, le gaullisme et le FLN s'étaient, depuis un demi-siècle, conjurés pour verrouiller une histoire inavouable. Mensonge des socialistes français qui commencèrent la guerre d'Algérie et appelèrent le contingent. Mensonges du gaullisme d'opposition qui, durant la IVᵉ République, poussa au crime, complota et trafiqua, au nom de l'Algérie française, jusqu'à ce qu'il parvienne à sa fin : le pouvoir. Mensonge du 13 mai 1958 – c'était bien un coup d'État ! Mensonges d'un parti totalitaire, le FLN, allié à Sartre et au parti anticolonialiste, qui nous vendirent la Radieuse Révolution algérienne. Tant de mensonges, qui conduisirent, notamment, à ce crime d'État : la complicité française dans l'extermination de dizaines de milliers de supplétifs musulmans de l'armée française par le FLN, entre 1962 et 1963 – cette extermination des harkis toujours niée... Sans parler de l'autre grand mensonge, celui dont l'Algérie tout entière, sauf quelques nomenklaturistes, souffre toujours : la décolonisation n'a pas eu lieu ; de Gaulle a « dégagé » – l'expression est de lui. La légende nous a vendu un « visionnaire » ; le général-président fut, hélas, un piètre négociateur. Et si mal avisé, comme on commence à le découvrir aujourd'hui. Si l'indépendance algérienne était évidemment inéluctable, sinon souhaitable, elle a été accomplie par de Gaulle dans l'imprévision, le lâchage des deux populations, l'abandon à un clan des richesses minières du Sahara, la manipulation et – toujours – le mensonge, bref, dans les pires conditions possibles. Comment nier que les convulsions tragiques de l'Algérie indépendante ne soient grandement liées à ces circonstances... ?

Se contenter de reconsidérer ces vestiges eût été fétichiste, vaguement malsain, s'il ne s'agissait de s'intéresser à mon époque. À cette obsession algérienne de la France, toujours plus déroutante. Autant qu'à la réciproque, l'obsession française des Algériens. L'indispensable Marc Bloch écrivait que « sans se pencher sur le présent, il est impossible de comprendre le passé ». Se pencher sur le présent... Un demi-siècle plus tard, en effet, entre la France et l'Algérie, ce sont les mêmes mots/maux, les mêmes peurs, la même haine qui ressemble à de l'amour, les mêmes fantômes. Entre les deux pays, les deux peuples, tout est resté en l'état. Constamment on rejoue cette guerre... Comme si leur histoire commune était faite d'actes manqués, de simulacres et de répétitions.

Il suffit de tendre l'oreille.

Dans la dernière décennie de l'Algérie française, on inventa le concept d'intégration. C'était le leitmotiv, une cause nationale, la vision politique la plus avisée du moment, celle de Pierre Mendès France et de son délégué Jacques Soustelle. Aujourd'hui, on rêve – toujours – d'intégration ; et l'on fait des lois, des plans. À la différence que cela se passait, hier, de l'autre côté de la Méditerranée, mais, disait-on alors, « l'Algérie c'cst la France ». Le voile islamique... Autre retour de l'histoire ! Il était en débat, déjà, sous la IIIe et la IVe République qui avaient pour ambition déclarée « d'émanciper la femme musulmane ». Un demi-siècle plus tard, rien n'a changé. La bataille du voile se poursuit. Elle fait rage – autrement – comme si cette controverse résumait et illustrait, à elle seule, la rencontre (non résolue à ce jour) entre l'islam et la laïcité. Et l'islamisme ! Dans les années 1950, on ne cessait de dénoncer dans les congrès socialistes le « péril islamiste ». On votait des motions, au nom de la laïcité et de l'Occident, pour contrer l'islamisme et le panarabisme ; et l'on théorisait, à n'en plus finir – là encore comme aujourd'hui –, sur l'incompatibilité entre l'islam et les Lumières. Cinquante ans avant Huntington, Soustelle, Aron, Camus, chacun à sa manière s'inquiétait d'un possible « choc des civilisations ».

L'Algérie continue de hanter la France, et inversement.

Comment nommer cette obsession ? Une névrose collective. Frantz Fanon, l'idéologue de l'anticolonialisme, décrivait la « névrose coloniale ». On pourrait, au moins sur ce point, le suivre, « névrose de l'ancien colonialiste » contre « névrose du fils de colonisé ». À Paris comme à Alger, à Marseille comme à Oran, partout, à Tizi-Ouzou, dans les banlieues de Roubaix, comment ne pas voir, entendre, détecter cette névrose partagée... ? Depuis que j'ai entrepris cette enquête, il y a eu les sifflets des jeunes Algériens au Stade de France en 2001. Puis, un an plus tard, comme en écho, l'hallucinant accueil fait à Jacques Chirac, lors de son voyage d'État en Algérie ; le million d'Algérois le disputant dans l'affection pour la France au million d'Oranais ; ces autres cris et ces autres sifflets, ces youyous d'amour. Et surtout, ces vivats qui demandaient « des visas, des visas, des visas ». Depuis, ce mot « visa » vibre dans l'inconscient national des deux pays. En un slogan, en une image, tout était résumé là. Le désir de France. La nostalgie de la France. L'envie de fuir l'Algérie, exprimée sans fard, quarante ans après cette indépendance qui – chacun le réalisa devant ces scènes d'Alger et d'Oran – n'avait rien réglé.

Depuis bientôt un demi-siècle, c'est ainsi. La France, autant que l'Algérie, balance entre amnésie et sur-présence, haine et amour. Sans que rien ait été résolu.

Et surtout pas le traumatisme français – *notre névrose à nous*.

En 1962, avec l'indépendance de l'Algérie disparaissait une autre *certaine idée de la France*. C'était l'aboutissement du processus amorcé en 1940. L'Empire français façon Jules Ferry, celui qui se déployait alors aux quatre coins du monde, représenté sur les cartes de géographie Vidal de La Blache, s'évanouissait. Malheureuse chimère qu'alors on refoula sans peine, sous l'effet du verbe gaulliste. On pourrait croire qu'il ne reste, dans l'imaginaire français, que des lambeaux de cette défaite algérienne : quelques images de la populace qui s'entasse sur les bateaux et dans les aéroports d'Algérie en juin 1962, le souvenir des attentats chez les plus anciens. En vérité, le traumatisme fut plus profond. Ce fut une *agonie française*. Nul ne l'admit alors, la France rétrécissait, géographiquement bien sûr, mais aussi moralement, minée par les politiques menées par la gauche qui commença la guerre, et de la droite qui l'acheva dans la panique. Au moment de l'indé-pendance de l'Algérie, une chimère républicaine s'exténuait. Vingt-deux ans après les scènes tragiques de l'exode de juin 1940, c'était un autre exode, l'ultime soupir de l'Empire français. Encore une *étrange défaite* – au sens où Marc Bloch parlait de l'effon-drement de la France en juin 1940. Ce fut la dernière grande secousse, le terminus de l'Histoire pour la *France d'hier*.

PREMIÈRE PARTIE

Retours d'Algérie

1

Le 2 juin 1962

Ainsi, les voilà, les terreurs de mon enfance. Ce sont eux, j'en suis sûr, au zinc de ce bar chic, sur la Croisette de Cannes : ce sexagénaire rond, avec sa barbiche à la Tarantino ; et, près de lui, lové contre le comptoir, cet homme long, taciturne, avec un faux air de José Luis de Villalonga. Lequel est T., mon correspondant, le chef des fameuses « collines » d'Oran ? Qui des deux est le tueur d'Alger, le commando Z qui, aux pires temps de l'OAS, descendait chaque matin des gendarmes « rouges » sur ordre dactylographié de son chef ? J'ai décidé de commencer par eux ce voyage. Une intuition, une provocation. Peut-être le besoin de rentrer dans cette histoire algérienne par son chemin le plus dangereux, le seul encore interdit.

Les amis de Susini[1] sont là en face de moi et je me demande : pourquoi revenir comme un fétichiste sur les dessous de cette histoire maudite ? À quoi bon poursuivre ces terroristes à la retraite ? Que viens-je me perdre là ? Pourquoi me fourrer dans cet autre trou noir de l'histoire française, après avoir passé trop d'années à errer dans Vichy[2]... ? Pourquoi eux... ? Ils ne sont pas de ma famille. Ils ne sont pas de mes héros, comme ces premiers résistants que j'aimais. Ils devaient même – j'en étais convaincu – haïr Camus, mon cher Camus, le seul qui, avec mes grands-pères, sut me parler de ce peuple et de cette terre. Alors pourquoi eux... ?

1. Chef politique de l'OAS.
2. *Cf.* note 1, p. 13.

Comment en étais-je arrivé là... ? À la porte du dernier tabou français : la guerre d'Algérie.

Depuis que mon père est parti, je ne pense qu'à mon enfance avec lui là-bas. J'aurais voulu savoir les couleurs de l'époque où il était un jeune père comme je le suis à présent. Il aurait pu me parler vraiment de ce printemps 1962, du temps de la Peste à Oran et dans ses environs. Lui aurait pu me sortir du brouillard de l'enfance, en préciser les contours, répondre à mes questions, dissiper les doutes, guider mon chemin. Il n'est plus là. Alors, comme pour combler ce manque – ou prolonger le deuil, je ne sais –, j'ai décidé de les rencontrer tous. Les puissants ministres, les terroristes français, les camusiens déchirés, et les porteurs de valises... D'aller leur demander des comptes, à eux qui faisaient la loi autour de mes cinq ans.

Mes premiers témoins, ces terroristes français, je les ai cherchés partout, et sur toutes les fausses pistes. J'ai feuilleté tous les bottins des années 1960, laissé sonner dans le vide des numéros improbables du temps de leur clandestinité. J'avais rêvé que des fantômes décrocheraient. J'ai frappé à tant de portes qui ne répondaient pas, déniché des clandestins qui venaient de mourir, m'annonçaient leurs veuves. J'ai bataillé dur pour les débusquer et abattre la méfiance de ces maudits rescapés, de ces mille « terroristes » de l'« Algérie française », civils ou militaires, jeunes et vieux, qui menèrent la dernière guerre franco-française entre 1961 et 1962 – au moment où mes premiers souvenirs apparaissent.

J'avais cinq ans dans l'Oranie du printemps 1962, et le premier mot que je vis inscrit sur les murs, à tous les coins de rue, en capitales, en minuscules, au canif ou à la peinture noire : OAS. Ce fut la première expression que je retins, avant l'autre : FLN. L'alphabet de ces trois lettres – O-A-S – était si présent que longtemps je crus que les mots préféraient les voyelles aux consonnes. La musique de mon enfance aussi : *tititi-tata... Al-gé-rie-fran-çaise...* Ces concerts de casseroles, mélopée incessante, tribale, si entêtante qu'elle n'avait plus besoin de paroles. Je pensais aussi qu'une gamme ne pouvait avoir que cinq notes. *Al-gé-rie-fran-çaise...* Les premiers bruits... La bande-son toujours dans la tête.

Et le « plastic » aussi... Ce qu'il avait de magique dans l'imagination d'un enfant, ce « plastic » ! Je voyais une pâte à modeler jaune – pourquoi jaune ? – ayant le pouvoir de tout détruire ; et toutes les nuits, j'attendais de pied ferme cette bombe redoutée, maladivement espérée, afin qu'elle ne me prenne pas de court, que la secousse soit moins forte, et que je domine chaque nuit cette épreuve. Je me morfondais ainsi dans la maison endormie, et me demandais si ce serait pour maintenant ou pour plus tard. Mais les explosions me surprenaient toujours. En principe, les enfants attendent le Père Noël une fois par an ; moi, toutes les nuits j'étais à l'affût de la bombe des terroristes. Ces rendez-vous avec le « plastic » devaient me faire divaguer. Je croyais deviner leurs pas au moindre claquement de portes, à une pétarade dans la rue déserte, aux hurlements d'un chien fou dans la nuit. Je les ai guettés, je ne les ai jamais trouvés. Les hommes de l'OAS – et ceux du FLN – ont toujours été des ombres pour moi.

Un jour d'avril 1962, tout bascula.

Une bombe OAS avait fait sauter, dans la nuit, l'épicerie de notre voisin, M. Remas. Dans un murmure menaçant, on le disait membre du FLN. J'aimais bien ce petit homme. Mes escapades dans son échoppe pour une course, pour un rien, m'enchantaient. La senteur des épices, la fraîcheur de la boutique obscure, la liberté au coin de la rue. Ce matin-là, mon père trouva le commerçant pleurant devant sa boutique fumante. Il le fit entrer chez nous, le consola, s'inquiéta des dégâts, pesta avec lui contre les poseurs de bombes qui avaient aussi détruit deux pièces de notre maison. Puis il ressortit en sa compagnie, après nous avoir barricadés. Il retourna avec le commerçant dans l'épicerie dévastée pour attendre la police. Ma mère et moi, je m'en souviens, gardions l'oreille contre la porte d'entrée. Un moment, nous avons perçu la voix de nouveaux arrivants. Ils s'esclaffaient – c'étaient, je l'apprendrai plus tard, les poseurs de bombes revenus sur les lieux du crime. Le ton monta. J'entendis mon père les engueuler. Un tumulte s'ensuivit... Les jours suivants, mon père nous barricada plus sûrement encore. De là naquit ma terreur de l'OAS. Quelques jours plus tard nous quittions l'Algérie. Je me demande encore si c'était par crainte du FLN ou de l'OAS...

23

Le 2 juin 1962. Depuis quarante ans, je conserve chaque instant du départ comme une relique. Je l'avais décrété à l'instant même des faits – pressentant qu'un glissement de terrain décisif était en train de se produire. Tout est là, inscrit dans ma mémoire, classé heure par heure, conservé intact à l'abri du temps. C'est le tombeau de mon enfance : j'avais trouvé le moyen mnémotechnique de ne jamais oublier ce moment. Le 2 juin tombait dix-huit ans moins quatre jours après le débarquement allié en Normandie (!). L'heure du réveil... La couleur du ciel ce matin-là, splendide, presque transparent... Celle de la terre algérienne au moment de se retourner...

Les jours qui précédèrent le départ m'avaient mis en alerte. Les conversations des adultes étaient devenues nerveuses. Ils ne cessaient de parler des « accords d'Évian » sur un ton mystérieux. J'imaginais Évian, et j'essayais de saisir au vol le sens de leurs paroles. Je vivais à leur rythme : des moments d'espérance succédaient à de lourds abattements. Dans les réunions familiales, on se divisait. Certains parlaient de s'armer ou annonçaient, l'air de faire une révélation, que les « armes secrètes » de l'OAS allaient changer le cours de la guerre. D'autres répondaient qu'« on s'était toujours bien entendu avec les Arabes »... Grand-père voulait rester ; Papa voulait partir. La tante Michelle enrageait contre les légionnaires qui venaient de *ratonner* des Arabes dans le centre-ville après une beuverie. Autour de moi, le monde s'agitait et, même si l'on baissait le ton en ma présence, je tentais obstinément de saisir, dans une phrase lâchée, dans une expression plus imagée que les autres, dans le bruit de cette fusillade, les informations qui m'expliqueraient cette soudaine folie, dehors. À Stéphane, dix-huit mois, mon petit frère sans parole, je tenais la chronique fanfaronne de mes espionnages. Nous dormions dans la même chambre que nos parents ; nous avions abandonné l'autre bout de l'appartement à cause des plasticages. Il était interdit d'aller à l'école, de sortir, d'ouvrir les volets.

Le départ.

J'avais deviné d'après les mots des adultes qu'il serait dangereux. Il faudrait franchir quatre terrifiants obstacles. Mais à mon père, ce héros, rien n'était impossible ; son uniforme des unités territoriales[3], ses récits de trompe-la-mort, trompe-le-FLN ou trompe-l'OAS, suffisaient à me rassurer.

Le matin du départ, il ne faudrait pas trouver *le FLN devant sa porte*.

Ensuite, il fallait arriver à Oran d'où mon père avait expédié en France la 404 dernier modèle qu'il venait d'acheter ; et traverser ces cent soixante-dix kilomètres de canyons et de déserts qui m'avaient toujours paru interminables.

Et à Oran, si l'on y parvenait, comment survivre ? À l'aéroport de la Sénia, disait-on, des familles par milliers, affamées et malades, attendaient d'embarquer. J'imaginais des cadavres gisant – surtout des vieilles femmes, je ne saurais dire pourquoi – dans cet aéroport souriant jusque-là, puisqu'il signifiait *vacances en France* à bord de la Caravelle.

Enfin, une fois dans l'aéroport, il faudrait, avais-je appris sans comprendre pourquoi, « échapper à la vigilance de l'OAS »...

Le matin du 2 juin. Ce réveil garde un goût inédit, solennel, définitif. Mes parents, déjà habillés, murmurent des ordres courts, efficaces, rapides, sans discussion possible. Dans le couloir les deux valises autorisées, bouclées ; dans la musette maternelle, les casse-croûte et le Thermos. Noué, boule au ventre, ensommeillé, ballotté, je me laisse faire jusqu'à accepter cette pilule bleue infecte de Nautamine contre le mal de voiture. On me retire des bras mon nounours et cet avion splendide, cadeaux de mon dernier anniversaire en Algérie – trop encombrants. Je ne trouve pas la force de m'insurger contre l'injustice. On me promet qu'on reviendra bientôt les chercher, cet ours et cet avion. Mais là, pas le temps, pas la place. Je n'ai pas le choix. J'abdique, et déjà la porte claque. J'ai l'impression qu'elle claque longtemps cette porte, qu'elle vibre, que de toute sa hauteur elle me dit au revoir. Je veux y retourner une dernière fois, faire mes adieux à cette maison, à mon avion, à cette première vie qui, je le devine,

---

3. À partir de 1957, des Européens d'Algérie furent engagés comme supplétifs aux côtés de l'armée, dans les unités territoriales qui mobilisèrent de manière tournante une cinquantaine de milliers d'hommes. Elles furent dissoutes à Alger en février 1960 après la révolte pied-noir des barricades.

s'achève là. Dans la rue, je préfère m'intéresser au coup d'œil inquiet, rapide, précis de mon père. Je le vois rassuré. *Le FLN n'est pas devant la porte...* Personne dans l'épicerie de M. Remas, fermée à cette heure, ni le long de cette avenue qui mène à la place de la petite ville. Il faut filer. Le chauffeur de taxi nous attend. Il ne nous a pas fait faux bond.

Je me souviens de la 404 – j'aimais bien cette voiture, mais je trouvais sa couleur noire de mauvais goût. Elle m'inquiéta quand je notai que le chauffeur était arabe. Je n'avais toujours pas compris la différence entre un « Arabe » et un « fellagha ». Je ne me sentis en sécurité qu'à partir du moment où ma mère proposa à l'homme un sandwich aux sardines – aux sardines, quelle idée ! L'étranger devenait un ami, un allié dans cette traversée dangereuse qui ressemblait à une scène de western.

À la sortie de Saïda, cette longue route sablonneuse, ces canyons inquiétants, ce décor de Colorado, ces crêtes sur lesquelles, à cran, vaillant, je guettais, sans le dire, les fellaghas embusqués. De cette fuite, il reste dans ma mémoire cette appréhension, et un nuage de poussière embué de soleil. Une nuée aveuglante, comme un brouillard rouge.

Ce brouillard rouge, je le retrouvai dans l'ouverture du *Premier Homme*, le roman inachevé de Camus. Le voyage de Saïda à Oran, ce départ du sud vers le nord – la France – était précisément l'envers de la scène fondatrice du livre. Chez Camus, la famille s'enfonçait dans les terres algériennes. C'était un aller simple, un travelling de plusieurs semaines, hypnotique, enivrant, inquiétant. Une carriole dans le désert, le père à l'avant près du cocher et, tout au long de la traversée, la couleur de l'Algérie, la poussière mêlée de soleil, le brouillard dont je gardais, comme le narrateur chez Camus, le souvenir intact. Mais ce 2 juin, pour mon père assis près du taxi musulman, pour nous, c'était le départ. La boucle de l'aventure algérienne se refermait là, dans ce long défilé du paysage algérien. Un travelling arrière. Et le brouillard rouge qui s'éloigne.

Oran. Aéroport de la Sénia. Une fois installés dans la Caravelle, mes parents enfouirent Stéphane dans les bras d'un inconnu, deux rangées derrière nous. Mon affolement, mes cris : pourquoi avait-on donné mon frère ? On s'en était débarrassé. Ce geste de trop dans une journée peu ordinaire me fit exploser. Ma mère m'ordonna de me taire. Rien n'y fit, pas même l'hôtesse dont je me méfiais, ou ces hommes en uniforme – pilote ou steward – dont je me demandais s'ils n'étaient pas, eux aussi, des guerriers menaçants. Dès que l'avion eut décollé, mes parents parurent soulagés. L'homme leur rendit cérémonieusement le bébé. Ma mère m'expliqua, toujours en murmurant à la façon du matin, que les « messieurs de l'OAS » passaient dans les avions et tuaient tous les célibataires qu'ils trouvaient. Ils avaient voulu sauver l'un d'entre eux.

À cet instant-là, je compris. On m'avait caché ce départ, définitif, je le sentais. On n'avait cessé de me mentir. Le monde m'échappait. Mais ce qui était pire que tout, c'est qu'il échappait aussi à mon père, ce héros. À cause de ces « messieurs de l'OAS qui tuaient les célibataires »...

Les « messieurs de l'OAS qui tuaient les célibataires » ! L'information semble aussi absurde que cette phrase burlesque de Chaplin sur le Dictateur qui n'aimait ni les juifs ni les coiffeurs. Pourquoi les coiffeurs ? Pourquoi les célibataires ? Je m'interrogeais, depuis quarante ans, sur la véracité de cette histoire de chasse à l'homme. Était-elle fondée... ? Ou bien s'agissait-il d'un de ces ragots qui électrisaient alors le peuple en fuite ? D'une de ces rumeurs qui enflammaient mon imagination d'enfant ? Vérification faite[4], il s'agissait bien d'une consigne de l'OAS. À l'été 1961, afin d'éviter le départ massif des pieds-noirs, en particulier de ceux qui prétextaient des vacances en France pour ne plus revenir, l'Organisation avait décidé de sévir. Elle avait abattu un commerçant pour l'exemple. L'affaire avait fait grand bruit et la

---

4. Exemple d'une consigne interdisant aux Européens de partir en vacances dans un tract distribué à Oran, fin juin 1961 : « L'OAS rappelle une dernière fois qu'il est interdit à tout habitant de l'Algérie de quitter son territoire pour partir en vacances cet été, sauf pour raison de santé grave. L'OAS aura la liste de ceux qui auront emprunté des lignes maritimes ou aériennes et les appartements des "vacanciers" seront plastiqués après enquête. Ceux qui croient avoir des raisons valables devront les exposer dans une note qu'ils afficheront de façon bien apparente sur leur porte d'entrée. » *In OAS parle*, Paris, Julliard, 1964, p. 45.

terreur s'était répandue en Algérie. La consigne avait tenu jusqu'au début du printemps 1962. Quand nous montons dans l'avion, elle n'a plus cours. L'OAS se trouve en pleine débâcle : deux de ses dirigeants, Salan et Jouhaud, ont été arrêtés, et les commandos oranais de l'Organisation ont fui le 28 juin 1962.

Mais ma crainte d'enfance était justifiée. Je fus presque soulagé de le découvrir, alors que commençait mon enquête.

L'industriel Jean-Marie Tiné[5], légendaire « libéral d'Alger » – héros du débarquement du 8 novembre 1942 et, par la suite, l'homme le plus plastiqué par l'OAS –, me fit un jour cette stupéfiante révélation.

En juin 1962, alors qu'il sert d'intermédiaire à de rocambolesques négociations de paix entre l'OAS et le FLN[6], en compagnie de son ami Jacques Chevallier, l'ancien maire progressiste d'Alger, il a une drôle de conversation avec un chef de l'OAS, Jean-Jacques Susini, leur ancien ennemi. Les « libéraux » et le terroriste s'inquiètent de l'exode des Européens d'Algérie que rien n'arrive à endiguer. Ni les appels au calme du FLN, ni les accords d'Évian, ni les menaces de l'OAS, ni les exhortations des gaullistes à rester dans l'Algérie indépendante. Ils cherchent comment ralentir cette hémorragie humaine qui laissera l'Algérie sans Français, quand le jeune chef de l'OAS bondit. Il a trouvé la parade miraculeuse. « Il faut descendre une Caravelle ! » Les

---

5. Entretien avec l'auteur, juin 2002.

6. Jean-Jacques Susini, un des fondateurs de l'OAS, pense pouvoir enrayer l'exode des pieds-noirs en concluant un accord avec le FLN. Il veut obtenir des garanties en faveur des Français décidés à rester en Algérie. Il est prêt à reconnaître la nouvelle République algérienne et à collaborer avec ses dirigeants. Du 18 mai au 17 juin 1962, des négociations ont ainsi lieu entre Abderrhamane Farès, président de l'exécutif provisoire algérien, Chawki Mostefaï, délégué aux Affaires générales, Susini, Jacques Chevallier, ancien maire d'Alger, et Jean-Marie Tiné.

Ces accords – signés – ne verront jamais le jour, leur seul effet sera le respect d'une trêve des violences du 31 mai au 7 juin. Les oppositions, au sein de l'OAS comme du FLN, se conjuguent pour les dénoncer et ils ne connaîtront jamais un début d'application. La trêve sera rompue par les membres de l'OAS opposés à tout compromis avec les nouveaux dirigeants. Même l'appel de Salan, le 19 juin, approuvant ces accords, ne parviendra pas à stopper les jusqu'auboutistes qui poursuivent la politique de la terre brûlée. Du côté algérien, deux jours après la déclaration de Mostefaï, Ben Khedda, président du GPRA, les désavoue.

deux « libéraux » d'Alger croient n'avoir pas bien compris. Ils font répéter Susini : « Oui, il faut descendre une Caravelle au départ d'Alger ou d'Oran et vous verrez, les pieds-noirs n'oseront plus quitter l'Algérie[7] ».

Il y avait donc ces souvenirs bloqués depuis quarante ans, mes cauchemars d'enfance, le bruit des terroristes dans mes nuits d'adulte ; et puis cette satanée phobie de l'avion. Il fallait les exorciser, retrouver les poseurs de bombes trop longtemps maîtres de mes peurs ; échapper à mes souvenirs d'épouvante où je butais sur les fellaghas effrayants et des OAS menaçants ; éclairer cette Histoire qui me faisait enrager à cinq ans et qui, aujourd'hui, me glisse entre les doigts. Puisque Papa n'est plus là...

Il m'a quitté au moment précis où, devenu père à mon tour, je commençais à tourner autour de cette *boîte noire* algérienne. J'avais d'ailleurs, jusque-là, dans ma passion obsessive de l'histoire du XXᵉ siècle, toujours soigneusement contourné la guerre d'Algérie.

Longtemps, je m'étais moqué de l'« Algérie de Papa ». J'avais fini par m'ennuyer au ronron des récits familiaux. L'âge d'or... Le paradis perdu... L'exil subi... Cent fois, mon père m'avait narré la nuit où il avait failli être exécuté par des fellaghas du FLN ; et la manière, miraculeuse, dont il avait survécu.

L'« Algérie de Papa », c'était cela, cette histoire qui aurait pu me rendre orphelin à cinq ans ; l'habitude du ciel bleu ; un monde partagé en deux, *les Arabes et nous* ; et ces cigognes qui arrivaient au printemps. C'était au fond celle dont parlait de Gaulle, avec ce ton de mépris, dans son fameux discours du 16 septembre 1959 sur l'autodétermination. Un univers qui ne me concernait plus. Une civilisation engloutie, rieuse, disaient les parents, mais condamnée par l'histoire et la morale. *Le temps des colonies.*

J'étais le rescapé d'un grand crash, celui de l'Algérie française. J'avais été, je le savais, un déplacé de l'Histoire, un *rapatrié*, mais comme tant d'autres. Pas une vraie victime, croyais-je ; pas en tout cas à l'aune des pires événements du XXᵉ siècle. J'avais

---

7. La confirmation de ces propos a été demandée à Jean-Jacques Susini, qui dément.

toujours négligé le malheur de mes parents, de ce peuple hybride. Je l'avais relativisé. J'avais voulu ignorer la blessure de l'exil d'un père à trente ans – que ces gens étaient jeunes ! – ou à soixante-dix ans, quand on s'accroche aux cimetières.

C'est au moment où j'ai eu besoin de questionner mon père sur cette Algérie qu'il a quitté ce monde.

Dans mon idiotie adolescente, je m'étais figuré qu'il avait été une victime de l'Histoire, pas un acteur. Je lui en voulais sourdement. Je l'aurais probablement détesté en militant FLN, ou en activiste OAS, mais je crois me souvenir qu'enfant, j'eus le regret secret qu'il ne le fût pas. Le comprendre, le suivre dans ces années-là, eût été plus simple. J'aurais eu des repères, car son itinéraire algérien me déroutait. Papa reste une énigme politique. À la différence de nombre de pieds-noirs, je ne l'ai jamais entendu prononcer une seule parole raciste, insidieuse ou vengeresse contre les Arabes. Mieux, j'allais découvrir, après son départ, quelques indices troublants. En 1955, deux ans avant ma naissance, il crée un magasin de photographie en plein centre de Tlemcen, en association avec un musulman. Décision banale en apparence aujourd'hui, mais dans cette ville où les trois communautés, chrétienne, juive et musulmane, ne se fréquentaient pas, où un apartheid sans nom régnait, je réalise quelle audace ce fut.

En 1957, à l'heure des premiers attentats civils du FLN, Papa sert dans les unités territoriales. Il a un vrai-faux uniforme militaire, un pistolet et, trois ou quatre soirs par mois, il remplit une sorte de service d'autodéfense. Il gardera le pistolet mais, contrairement à nombre d'Européens d'Algérie, il s'opposera à l'OAS de la « terre brûlée » ; refusera, au péril de sa vie, de cotiser au racket de l'organisation clandestine ; et provoquera même celle-ci – on l'a vu –, de façon insensée, avant l'exode. Il se méfiait des « libéraux » pro-FLN autant que des « ultras » de l'Algérie française. En vérité mon père, avec son double refus de la terreur, incarnait la morale camusienne. Ni victime ni bourreau.

Depuis, j'aime que mon père soit resté à distance de ces folies algériennes. Ni OAS ni FLN. C'était la seule position tenable.

Quelque temps avant de quitter ce monde, il avait retrouvé la trace de Mohammed Dib, le grand écrivain algérien. Ils s'étaient connus à Tlemcen, cette ville andalouse posée à l'extrême ouest de l'Algérie. Ils se téléphonaient parfois, se reparlaient de leur école primaire – celle que décrit Dib dans son roman *La Grande Maison* –, se promettaient de se rappeler, et de se revoir. Ils n'en eurent pas le temps, ni l'un ni l'autre. Restent en ma mémoire leurs douces conversations, leurs chuchotements d'enfants devenus vieux. Cette lueur dans l'œil de mon père quand il nous parlait de Dib et de Tlemcen. La nostalgie de l'Andalousie. Une tendresse archaïque.

2

Amnésies algériennes

Je suis né au beau milieu de la guerre d'Algérie. À égale distance de l'insurrection du 1er novembre 1954, qui marque le début des « événements », et de l'été 1962 qui serait leur terme.

Au printemps de 1957, la bataille d'Alger fait rage. Toutefois, sa fureur ne parvient pas jusqu'à Saïda où vit ma famille, une petite ville perdue au milieu des terres, à deux heures de voiture d'Oran. Au moment de ma naissance, le général Massu et la 10e division parachutiste règnent en maîtres à Alger, depuis trois mois. La IVe République de Guy Mollet a voté les « pouvoirs spéciaux », et mobilisé les appelés. Le ministre de la Justice, François Mitterrand, a accepté que l'armée se saisisse des pouvoirs de justice. Des bombes FLN explosent dans les stades, et au casino de la Corniche, haut lieu de la jeunesse algéroise. La France répond aux nationalistes algériens avec sa « guerre psychologique » importée d'Indochine – c'était le dada des hommes politiques de la IVe République et des états-majors. La semaine où je nais, le vertueux Paul Teitgen, ancien grand résistant et chef de la police en Algérie, démissionne pour protester contre la torture, tandis que le président du Conseil Guy Mollet institue, faux jeton, une commission républicaine d'enquête sur ces pratiques – il propose à Camus d'y siéger ; celui-ci refuse.

Je suis né au milieu de la guerre, mais je ne l'ai pas vécue vraiment. En fouillant dans mes souvenirs d'enfant, et après les avoir croisés avec la mémoire familiale, je ne trouve que trois ou quatre incursions violentes des « événements d'Algérie » dans ma vie quotidienne – hormis, bien sûr, la scène de l'exode. Quelques images seulement. Et une figure qui domina mon enfance.

En avril 1956, mon oncle Georges – dont je porte le prénom –, appelé sous les drapeaux, meurt dans les Aurès, pris dans une embuscade du FLN. Enfant, j'imaginais sans cesse son martyre ; aujourd'hui, il me hante encore. Mais quand j'ai interrogé ma famille sur les conditions de sa disparition, quand j'ai cherché à me procurer son livret militaire, j'ai buté sur un mur. Je recevais la même réponse qu'enfant : « Il est mort sous un camion d'une rafale de mitraillette... »

Je ne suis jamais parvenu à en savoir plus. Cette réponse évasive ne m'a pas convaincu. Elle n'a pas guéri mon imagination. Que me cachait-on obstinément ? Peut-être a-t-il été trucidé au couteau : *le sourire kabyle*, d'un côté à l'autre du cou ? Ou émasculé par les ennemis, selon ce rite hélas fameux ? Certains rebelles algériens avaient poussé le supplice des corps jusqu'à cette perfection diabolique que décrit ce fascicule horrible, publié en 1957 par l'armée française[1], que je n'allais cesser de rencontrer au cours de mon enquête, dans la bibliothèque des témoins et des acteurs de l'Algérie française. *Aspects de la rébellion algérienne* : ce devait être le best-seller officiel de l'époque, tant on en trouve des exemplaires, devenus aujourd'hui de précieux samizdats. Sur une centaine de pages, les services psychologiques de l'armée avaient recensé, dans une savante nomenclature, photos à l'appui, toutes les tortures pratiquées par l'ennemi algérien. Torture contre torture...

Autre souvenir, indirect lui aussi. Au printemps 1957, mon père échappa, en revenant de son magasin de photo, à un attentat individuel. La boîte de lait qu'il rapportait pour moi fit dévier le poignard. On me fit longtemps croire que je lui avais sauvé la vie. J'ai eu la confirmation de la tension extrême qui régnait dans la région de Saïda en 1957. Le colonel Bigeard s'était installé, par la suite, à la sortie de la ville, avec une singulière armée, le commando Georges[2], composé de dizaines de militants FLN

1. Réédité par Jean-Pierre Rondeau, *Aspects véritables de la rébellion algérienne*, Paris, Dualpha, 2001.
2. Général Robert Gaget, *Commando Georges : des harkis de feu*, Paris, Jacques Grancher, 1990.

ralliés à la France. Le calme civil semble avoir été rétabli grâce à eux. Ensuite, rien à signaler, jusqu'à ce jour de fin 1961 où les légionnaires et les fellaghas s'entre-tuèrent dans des combats de rue en centre-ville que j'observais derrière une persienne ; et celui où je croisai dans l'épicerie de M. Remas deux fellaghas en armes. J'étais entré en courant dans l'échoppe et ma tête buta sur la crosse d'un des deux fusils. Je restai immobile, croyant arrivé, non pas ma dernière heure – car un enfant n'imagine pas cela –, mais un événement dangereux qui m'enlèverait à mes parents.

Je me souviens aussi de ce jour d'avril 1962. Je venais d'avoir cinq ans. Je redécouvre la scène dans l'album de famille. Une photo en couleurs. Fatma était là aussi. La veille, ma mère se le rappelle, elle n'était pas venue travailler. On avait laissé planer sur cette soudaine disparition l'ombre d'un grand malheur. Les lendemains d'absence de Fatma étaient douloureux. Elle revenait défigurée et pleurait en silence dans les bras de maman. Entre deux sanglots, elle poussait un cri sauvage qui désignait quelqu'un, là-bas, hors de la maison – « son fellagha », disait-on.

Pauvres fatmas ! Elles furent, dans ces années de la guerre d'Algérie, les vraies victimes de la Peste terroriste. Pauvres jeunes femmes, douces, rieuses, tatouées au henné, cajoleuses ; les premières femmes qui m'aimèrent. En première ligne, oui. Prises entre deux terreurs. La terreur du FLN qui, très tôt, leur interdit de travailler chez les Européens ; et celle de l'OAS qui décida, en 1962, de les dissuader de se rendre dans les quartiers européens, sous prétexte qu'elles étaient des agents de l'ennemi[3].

Exceptés ces souvenirs personnels, j'ai toujours eu du mal à circuler dans la guerre d'Algérie. Appréhender cette époque m'a semblé bien plus difficile que de voyager dans l'époque Vichy. Lorsqu'on essaie d'entrer dans cette guerre, de parcourir ces huit années, de trouver des repères ou des cycles, les événements se répètent, se parodient. Tout bégaie.

La guerre d'Algérie n'est pas aussi linéaire, et loin d'être aussi limpide qu'on nous la raconte.

---

3. Les journées « Femmes de ménage », de sinistre mémoire, organisées par l'OAS firent dix-sept victimes à Alger et à Oran, entre le 7 et le 12 mai 1962.

1954-1962... La marche triomphale du FLN vers le pouvoir n'a jamais existé. Au contraire, ces huit années de guerre développent une dramaturgie complexe, parfois surprenante.

Il y a des fièvres. Des accalmies. Le temps de la guerre du djebel, puis le temps de la guerre des villes. La guerre invisible, de 1954 à 1955, en tout cas pour les Français d'Algérie et ceux de métropole, cantonnés à quelques maquis des Aurès et de Kabylie. Puis, à l'été 1956, la guerre spectaculaire partout en Algérie, avec l'introduction du terrorisme urbain, stratégie choisie par le FLN.

Le temps de la torture, avec cette terrible année 1957 où elle culmine ; et le temps de la chasse aux pieds-noirs, à l'OAS, de 1961 à 1962.

Il y a de longues plages durant lesquelles la guerre disparaît, croit-on. Les périodes d'espérance, après le 13 mai 1958, où un semblant de fraternisation entre les communautés exista ; et où les attentats FLN cessèrent durant trois mois. Des périodes d'euphorie côté français, à la fin de 1959 et au début de 1960, où les nationalistes algériens de l'intérieur, affamés, désarmés, lâchés par leurs amis de Tunis, furent tentés de déposer les armes. Quelques mois fous, vus d'aujourd'hui, où l'argent, les projets, les rêves affluèrent sur l'Algérie. C'est l'époque du fameux plan de Constantine[4], celle où la France espère faire émerger des élites musulmanes éclairées pour contrecarrer le FLN et le MNA*.

Début 1961, il y a cette formidable accélération du temps. De Gaulle était pressé de conclure avec le FLN.

Et enfin, ce dernier et formidable paradoxe de 1962. C'est la première guerre que de Gaulle gagne militairement ; mais il la

---

4. Le 3 octobre 1958, à Constantine, le général de Gaulle annonce un plan quinquennal de développement économique et social, financé à parts égales par l'État et des investisseurs privés. Deux cent cinquante mille hectares de terres seront distribués à des paysans musulmans. Les revenus du pétrole et du gaz seront consacrés au développement industriel de l'Algérie, des ensembles métallurgiques et chimiques sont prévus. Des crédits sont attribués à l'équipement sanitaire, aux transports et à la construction de logements. Le taux des salaires sera aligné sur la métropole. Un quota de postes de fonctionnaires est réservé aux musulmans. Enfin, le plan prévoit la scolarisation totale des enfants algériens. Il ne sera que partiellement appliqué.
* Pour les sigles, voir le glossaire en annexes.

perd politiquement. Sur le terrain, le plan Challe a totalement défait le FLN. Ses troupes sont laminées, cantonnées aux frontières marocaine et tunisienne, au moment où l'organisation algérienne triomphe politiquement sur la scène mondiale.

Charles de Gaulle voulait que l'histoire de la guerre d'Algérie fût aussi carrée que la légende de la Résistance – qu'il avait figée avec ses alliés communistes à la Libération. Une histoire simpliste va ainsi s'imposer aux Français, avec le Bien et le Mal, les héros et les salauds, les bons militaires et les généraux félons, les bons et les mauvais Arabes. Elle est en circulation depuis un demi-siècle. La même histoire pieuse. L'image d'Épinal, à gauche, à droite, chez les Algériens autant que chez les anciens jeunes nés à la politique avec la guerre d'Algérie. Partout une image tronquée, partiale, partielle, hémiplégique dirait-on.

On aurait pu croire qu'avec le temps, l'Histoire commencerait à s'écrire autrement. Sans œillères. Sans tabous. Loin des passions. Libérée des préjugés, ceux de la gauche anticolonialiste autant que ceux des partisans de l'Algérie française. On aurait espéré que la nation sortirait enfin de sa tétanie, chaque fois qu'on lui parle des « événements d'Algérie ». Que la France, avec le président Chirac, romprait avec le silence d'État, comme elle le fit le 16 juillet 1995 à propos des crimes de Vichy. Rien n'est venu – ou si peu.

Pourtant, cinquante ans après, n'est-ce pas le temps de l'Histoire ? Visiblement pas pour la guerre d'Algérie. Elle continue à serpenter clandestinement dans la conscience française. Non pas qu'elle soit oubliée, elle est même omniprésente. Mais, trop massive, elle s'impose, et ne s'étudie pas. On l'enseigne en terminale, en quelques paragraphes perdus au milieu de chapitres consacrés à l'émancipation de l'Afrique ou aux indépendances en Afrique du Nord[5]. Trop compacte, elle ne se visite pas, sinon en empruntant des circuits obligés, la torture. Cette omniprésence n'est faite, en vérité, que de silences, de refoulements, de dénégations.

Tricher toujours.

---

5. Belin et Nathan.

Évacuer, quand on est de droite, les doutes sur la conduite des affaires algériennes par de Gaulle.

Interdire de mémoire les harkis, quand on est de gauche, sous prétexte qu'*ils ne sont pas de bons Arabes*.

Refuser, quand on est FLN, d'affronter la question du terrible massacre des harkis, et celle du totalitarisme.

Nier, quand on est « Algérie française », la folie politique du parti des colons qui, en interdisant toute réforme, conduisit au désastre.

Et surtout ne jamais employer les mots. L'hypocrisie sémantique fut immense, durable. Il aura fallu attendre l'année 1999 pour que, par décision de l'Assemblée nationale[6], on ose enfin utiliser, pour la première fois officiellement, l'expression « guerre d'Algérie » plutôt que la délicate dénomination d'« événements d'Algérie ».

Et puis le pire, peut-être. Après la négation sémantique, l'impossibilité, jusqu'à ce jour, de dater cette guerre. Longtemps *sans nom*, elle n'a pas non plus de début ni de fin incontestables.

Débute-t-elle véritablement le 1er novembre 1954, avec l'insurrection des Aurès, comme l'indique une histoire plutôt algérienne, légitime mais tout aussi discutable que l'appel du 18 juin, à peine entendu et reconstruit *a posteriori* ? Ou plus tôt, le 8 mai 1945, à Sétif et dans sa région, avec cette première insurrection nationaliste réprimée dans le sang – le jour même où s'achève la Seconde Guerre mondiale ? Ou bien, en octobre 1947[7], au moment de la grande tricherie du scrutin algérien qui spolia l'élection de Ferhat Abbas et de Messali Hadj ? À moins que ce ne soit le 20 août 1955, lorsque les nationalistes algériens lancèrent leur campagne

---

6. Le 10 juin 1999, les députés ont reconnu à la quasi-unanimité le droit de substituer le terme « guerre d'Algérie » au lieu d'« opérations de maintien de l'ordre » dans les lois et le code des pensions militaires.

7. Alors que les élections municipales d'octobre 1947 ont vu triompher les candidats de Messali Hadj (MTLD) et de Ferhat Abbas (UDMA), les élections pour l'Assemblée algérienne sont retardées. Le temps pour les autorités françaises de truquer le scrutin et d'arrêter nombre de militants messalistes. Ainsi, en avril 1948, le MTLD n'obtient que neuf sièges dont seulement cinq élus peuvent siéger, les quatre autres sont emprisonnés, et l'UDMA n'en recueille que huit. Sur les soixante sièges du second collège (réservé aux musulmans) quarante et un reviennent aux candidats de l'administration.

de terreur dans le Nord-Constantinois, faisant soixante et onze victimes européennes et, à la suite d'une « énergique » répression, plus de mille tués musulmans ? Ou à un autre moment encore, deux ans après l'insurrection : en 1956 quand, au congrès de la Soummam, le FLN adopta la « stratégie de la terreur » ? Ou pourquoi pas en 1957, lorsque Guy Mollet, muni des pouvoirs spéciaux, envoie le contingent en Algérie ? Depuis vingt ans au moins[8], tout ce que la France compte d'historiens, de militaires savants, et d'universitaires spécialisés sur la question algérienne, s'est attaqué à cette question de dates, sans parvenir à se mettre d'accord.

La guerre d'Algérie n'a ni queue ni tête. Elle nous échappe.

---

8. *Cf.* Frédéric Rouyard, « La bataille du 19 mars », *in* Jean-Pierre Rioux, *Les Français et la guerre d'Algérie*, Paris, Fayard, 1990.

3

L'affaire du 19 mars

Il régnait ce jour-là, le 22 janvier 2002 à l'Assemblée nationale, une ambiance d'état de siège. Dans les couloirs du Palais-Bourbon, aux balcons du public dans l'hémicycle, et jusque dans les rues environnantes, on croisait de lourdes cohortes de manifestants bardés de décorations, avec sous le bras des drapeaux bleu, blanc, rouge, aux armes de leurs bataillons. Des centaines de vieux soldats erraient ainsi, discutant, grognant. Ils étaient boudinés dans leurs vieux uniformes. Leur tenue un peu grotesque me fit penser au Romain Gary, vieilli, enflé, maquillé, entrant à peine dans la *flying-jacket* des aviateurs de la France libre qu'il avait enfilée pour l'enterrement de De Gaulle. C'étaient « des anciens appelés d'Algérie », me souffla un huissier.

Les députés débattaient ce jour-là de l'instauration d'une journée-souvenir de la guerre d'Algérie, à la demande des verts et des communistes, soutenus par la très puissante association d'anciens combattants, la FNACA[1]. Il était proposé à la représentation nationale de fixer cette commémoration à la date du 19 mars. En souvenir du cessez-le-feu en Algérie décrété au lendemain de la

---

1. Créée en pleine guerre d'Algérie, le 21 septembre 1958, la FNACA, Fédération nationale des anciens combattants en Algérie, Maroc et Tunisie rassemble 368 288 adhérents rassemblés dans 3 560 comités locaux ou cantonaux. Actuellement, elle demande au gouvernement de reconnaître officiellement le 19 mars comme Journée nationale du souvenir et du recueillement, non fériée, non chômée, dédiée à la mémoire des soldats français tombés en Afrique du Nord et à celle de toutes les victimes civiles.

signature des accords d'Évian. Pour les appelés de la FNACA, il s'agissait d'une vieille revendication. La guerre d'Algérie devait trouver un terme dans les livres d'histoire ; et pour ce puissant lobby d'inspiration anticolonialiste, le jour de la fin des combats était depuis toujours la seule date possible Celui de la paix retrouvée après huit ans d'« événements ». La « quille » en quelque sorte. La fin tant désirée de cette guerre sans nom.

Pour les représentants du peuple, en revanche, c'était un véritable casse-tête. Je le réalisai lorsqu'un député de ma connaissance que je croisai m'expliqua son embarras. Il était de centre-gauche, énarque et historien du dimanche, conscient de la complexité de la guerre d'Algérie, mais il avait décidé de voter en faveur de la proposition des députés verts et des communistes. Il était bien obligé de voter, m'expliquait-il. Il savait que rien n'était simple dans cette guerre, mais la FNACA était tellement puissante dans sa circonscription du Sud-Ouest... ! Il ajouta, pour faire bonne mesure, que le leader de son propre parti s'abstiendrait, lui, lors de son vote pour « des considérations d'ordre national ».

Au moment où je quittai mon ami député, je croisai d'autres anciens militaires. Ils entraient par petits groupes dans l'Assemblée et pestaient. Il était question d'« outrage aux pieds-noirs », de « massacre des harkis ». C'était, comme les manifestants croisés un peu plus tôt, des anciens d'Algérie, mais de l'Algérie française : militaires de carrière, anciens putschistes, anciens de l'OAS. Eux étaient là pour manifester, mais contre cette journée du 19 mars. Cette date « blasphématoire » symbolisait, à leurs yeux, la défaite dans une guerre qu'ils avaient gagnée militairement. Le jour de l'abandon.

Ce matin-là, c'était la guerre de la mémoire qui faisait rage à l'Assemblée nationale. Elle n'était ni théorique ni abstraite. Elle s'incarnait dans ces deux groupes qui demeuraient ennemis mortels et qui s'opposaient, avec leur violence mal contenue, leurs codes, leurs bilans, leurs contre-bilans, leurs salauds, leurs martyrs et leur Panthéon. Il est rare de voir ainsi incarné un tel enjeu historiographique. Pourtant, les vieillards des deux camps s'exténuaient, sous mes yeux, à poursuivre cette guerre de la mémoire. Celle des appelés d'Algérie pour qui le jour de la signature des accords d'Évian de mars 1962 avait été une libération, la leur. Et celle des soldats perdus de l'Algérie française pour qui cette date restait une défaite française.

Quarante ans après, un unique point de conciliation entre ces deux mémoires ennemies. Une seule misérable conquête sur laquelle ils pouvaient s'entendre. La République avait enfin consenti au sacrifice sémantique. On ne parlerait plus d'« événements d'Algérie », ce terme consacré par les pouvoirs jusqu'alors, mais, enfin, de « guerre d'Algérie ».

La date de commémoration, proposée par la FNACA, ne fut finalement pas retenue, faute d'une majorité suffisante[2]. On passa à autre chose. Le monde politique était impatient d'entrer dans la campagne présidentielle ; Lionel Jospin trépignait à l'idée d'empoigner Jacques Chirac. Après cet échec, la gauche n'insista pas ; la droite non plus, partagée entre ses sentiments « Algérie française » et la fidélité obligée à l'histoire écrite par de Gaulle.

On décida de ne pas célébrer cette non-date. L'affaire du 19 mars n'eut pas lieu. En apparence.

Car le parti anticolonialiste avait ouvert la boîte de Pandore. Rien n'avait été tranché dans l'hémicycle. Une nouvelle fois, on avait esquivé le débat avec cette manie française du refus de toute encombrante vérité. Pourtant, quelque chose avait bougé dans les consciences. Les silences de cette histoire devinrent plus criants. Le trouble gagna les esprits. Les historiens qui depuis longtemps considéraient que cette délimitation de l'Histoire – cette date du 19 mars – était artificielle et hypocrite furent mieux entendus. On se souvint qu'en effet les accords d'Évian avaient été violés, et de quelle manière...

Les défenseurs de l'Histoire officielle – souvent gaullistes et anticolonialistes d'extrême gauche – avaient cru avoir le dernier mot sur la guerre d'Algérie, avec cette proposition parlementaire. Ils imaginaient qu'ainsi leur thèse resterait gravée dans le marbre de la République. Vainqueurs de la guerre d'Algérie sur le plan intérieur, ils en avaient écrit l'histoire, comme le font tous les

---

2. Le gouvernement exigeait une majorité des deux tiers pour adopter le texte qui ne fut donc pas transmis au Sénat. Une commission a été créée pour étudier le problème.

vainqueurs. Ils avaient espéré relancer à nouveau, et à leur profit, un vaste débat sur cet épisode. Mais leur soigneuse mécanique achoppa sur un obstacle.

On découvrit tout à coup un fragment d'histoire oublié. Celui qui va de la fin administrative de l'Algérie française (le 19 mars 1962) à sa fin réelle (l'été 1962). Le terrible exode de un million de Français d'Algérie. Le signal du massacre des harkis abandonnés à leur sort par l'armée française sur les instructions de Paris[3]. Des enlèvements de plusieurs milliers d'Européens[4]. Le siège de Bab el-Oued le 23 mars, ses morts et son blocus. Le massacre de la rue d'Isly, le 26 mars. Et cette « Saint-Barthélemy des pieds-noirs » d'Oran le 5 juillet 1962, deux jours après la déclaration d'indépendance...

Cette affaire du 19 mars fut une des premières occasions de lever enfin le voile sur d'autres mensonges. L'édifice avait tremblé. Tout ce qu'on taisait depuis quarante ans menaçait de réapparaître, avec la violence du refoulé[5].

Pour la première fois pourtant, apparaissait une mémoire française de la guerre d'Algérie. Son plaidoyer était si évident qu'il fut, comme jamais jusque-là, entendu. Dans *Le Monde*, Philippe Bernard écrivait : « S'il est vain de prétendre réconcilier des mémoires diamétralement opposées, au moins cst-il nécessaire de rompre le silence et de faire œuvre de pédagogie. » L'historien Henry Rousso précisait : « La notion de devoir de mémoire a [...] imprégné peu à peu toute réflexion sur la guerre d'Algérie. » Benjamin Stora s'interrogeait : « La mémoire retrouvée de la guerre d'Algérie ? » Et, à nouveau, *Le Monde* titrait : « Quarante ans après, les Français osent regarder en face la guerre

---

3. *Cf. infra* chapitre sur les harkis.

4. En date du 30 avril 1963, une note de l'ambassade de France en Algérie adressée au 2e Bureau (1H-1785/3) établit le nombre des enlèvements d'Européens réalisés par le FLN après le 19 mars 1962 : 3 093 personnes enlevées dont 969 retrouvées vivantes, 306 tuées et 1 818 « manquantes » jamais retrouvées (Maurice Faivre, *Archives inédites de la politique algérienne 1958-1962*, L'Harmattan, 2000).

5. À l'heure où j'achève ce livre, le président Jacques Chirac a décidé d'instituer le 5 décembre journée de commémoration des soldats tombés en Algérie (et Tunisie, Maroc). Date sans symbole, sans enjeu, son choix indique que la République a choisi de ne pas trancher.

d'Algérie[6]. » Les contradictions, exposées lors de ce débat à l'Assemblée nationale, étaient devenues insoutenables. L'évidence éclatait au grand jour. Une telle agonie française, sans date, sans objet, sans lieu ! C'était comme une mort sans sépulture. Un continent aux coordonnées introuvables, sans latitude et sans longitude connues. À la croisée de rien.

L'affaire du 19 mars fut une implosion mémorielle. Tout s'était passé presque par hasard. Par impréparation, par routine parlementaire. Le terrain avait été mal préparé, les questions n'avaient pas été convenablement posées. Cette impréparation et cette routine étaient venues faire voler en éclats les contradictions de l'histoire officielle. Comme une inconsciente pulsion collective. Personne, en effet, parmi le personnel politique, ne s'était demandé, en préparant ce projet de loi : « Mais au fait, que doit-on commémorer ? » Aussi aberrant que cela paraisse, cette question élémentaire, nul ne se l'était posée. Ce qui en dit long sur la manière dont la France aborde sa guerre d'Algérie.

En somnambule.

---

6. Ph. Bernard, *Le Monde*, 24 janvier 2002 ; Henry Rousso, 5 avril 2002 ; Benjamin Stora, 19 mars 2002.

4

Le syndrome Aussaresses

En 2001, un vieux général publia ses Mémoires chez un éditeur historique sérieux[1]. Il y raconte sa bataille d'Alger, la torture, la gégène qu'il pratiquait en 1957, alors qu'il était à la tête d'un *régiment spécialisé*. Il revient sur les épisodes les plus douloureux de la répression menée par l'armée du général Massu : l'affaire Audin, ces « disparitions » de militants communistes dans les geôles françaises. Il y révèle, entre autres, comment, en mars 1957, il a supervisé l'assassinat, maquillé en suicide, de fameux militants FLN : Larbi ben M'Hidi et l'avocat Ali Boumendjel. Et il assume.

Le livre provoqua un énorme scandale. Il devint, en quelques jours, le best-seller de l'année. L'inacceptable best-seller.

Le phénomène était singulier. Une transe allait saisir les élites françaises, les journaux et les télévisions, les politiques de gauche et de droite. On s'indignait, on s'étranglait alors que, en vérité, Aussaresses ne révélait rien. Il racontait ce que tout honnête homme, instruit par l'histoire contemporaine, connaissait. *La*

---

1. Le livre est publié aux éditions Perrin, *Services spéciaux, Algérie 1955-1957*. Né en 1918 dans une famille bourgeoise, Paul Aussaresses rejoint les Forces interalliées à Londres en 1943 et intègre les services spéciaux. Après la guerre, ce héros de la France libre participe à la création du 11e Choc, le bras armé du SDECE (Service de documentation extérieure et de contre-espionnage). Il sert ensuite en Indochine, comme parachutiste. Puis il est envoyé en janvier 1955 comme officier de renseignements en Algérie, où il restera jusqu'à l'été 1957, avec le grade de commandant. Début 1957, le général Massu l'appelle à son côté et lui demande d'appliquer à Alger les méthodes utilisées l'année précédente à Philippeville avec « succès ». Il va s'y employer sans états d'âme.

torture avait existé en Algérie. Et elle avait été couverte par les gouvernements de la IVᵉ République.

Mais on fit comme si... On redécouvrait ce qui était connu depuis 1957. On avait oublié les grands débats de l'époque. Le courage de Camus, de Germaine Tillion et des premiers anticolonialistes qui avaient dénoncé les pratiques de l'armée française. Le combat de *l'Express* contre la torture durant la bataille d'Alger, et les nombreuses saisies qu'il subit. Le livre majeur d'alors, *La Question*, d'Henri Alleg, qui ne fut, pour ainsi dire, jamais cité au cours de la polémique, alors que son retentissement avait marqué la prise de conscience au sujet de la torture. Étrangement, on avait occulté tout cela.

Le courroux national s'abattit sur ce général, peu ragoûtant, que les lecteurs d'Yves Courrière, l'auteur d'une *Guerre d'Algérie* de référence[2], avaient reconnu sous le pseudonyme du « commandant O ». Le président de la République et le Premier ministre d'alors chargèrent, eux aussi, l'« infâme » Aussaresses. On le diabolisa, on le mit à la retraite d'office. On le dégrada. Aussaresses devint le bouc émissaire idéal, celui qui éviterait que l'on s'intéresse de trop près au véritable scandale : la torture d'État couverte par la République. On allait, en quelque sorte, « peopliser » l'affaire, comme pour mieux l'évacuer.

Cette consternante amnésie, la violence de ces réactions, l'hypocrisie politique, l'immédiateté des sanctions officielles[3] : tout cela me laissa pantois.

Comment pouvait-on encore nier l'évidence ? C'est-à-dire qu'à Paris en 1957 et 1958 la IVᵉ République suivait méticuleusement les progrès de la « pacification » en Algérie ? Qu'elle savait ?

---

2. Yves Courrière, *La Guerre d'Algérie*, 4 tomes, Paris, Fayard, 1970.
3. Début mai 2001, une plainte est déposée contre l'auteur pour « complicité d'apologie de crimes de guerre » par la Ligue des droits de l'homme. En juin, le général est mis à la retraite d'office par le ministère de la Défense. Le procès se tint devant la XVIIᵉ chambre du tribunal correctionnel de Paris du 26 au 29 novembre 2001, et prit la tournure d'une dénonciation de la colonisation de l'Algérie et du recours à la torture. Le 25 janvier 2002, le tribunal correctionnel de Paris condamna Aussaresses pour avoir fait l'apologie de ses crimes commis pendant la guerre d'Algérie à 7 500 euros d'amende ; et ses deux éditeurs, à 15 000 euros d'amende chacun, condamnation confirmée le 25 avril 2003 par la cour d'appel de Paris.

Qu'elle incitait les militaires à cette « fermeté » contre les terroristes ? Qu'elle couvrait Massu, Aussaresses et les autres ?

Qu'avait-on encore à cacher, après bientôt cinquante ans ? Que craignaient-ils tous, à droite et à gauche, Jacques Chirac et Lionel Jospin ? Quels risques auraient-ils courus à ouvrir vraiment et les archives et le débat sur la torture, sur toutes les tortures ?

Je m'interroge encore sur ce qui les fit persister, tous deux, dans le mensonge d'État.

Jospin ? Peut-être le souci de ne pas rouvrir le genre de polémique historique qui ne lui avait jamais réussi par le passé, en particulier lorsqu'il avait traité la droite d'« esclavagiste » à l'Assemblée nationale. S'agissait-il, plus certainement, d'un réflexe de solidarité partisane ? Il ne fallait pas rappeler la faute originelle : les socialistes avaient enclenché la guerre d'Algérie. Et il devait couvrir Guy Mollet, François Mitterrand, la gauche d'alors qui avait voté les pouvoirs spéciaux à l'armée d'Algérie.

Pour Jacques Chirac, c'est plus mystérieux. Sitôt élu, il avait courageusement abordé la question de Vichy, dans son fameux discours du 16 juillet 1995. Il aurait pu poursuivre dans sa volonté de transparence. Chef des armées, il fut pourtant le premier à faire porter sur le seul Aussaresses le poids de l'infamie républicaine. Peut-être, dans son cas, le reste d'une vieille passion militaire (« on ne touche pas à l'armée ») l'a-t-elle emporté sur le souci de vérité historique. Ce serait négliger le poids de l'omerta gaulliste. Ce réflexe, cette sorte de garde-à-vous : pas question d'admettre que la droite d'alors, sa famille, était ultra-Algérie française, et demandait aux républicains de la IVᵉ toujours plus de fermeté.

L'affaire Aussaresses fut un leurre. Loin d'être un « travail de mémoire », comme on l'a dit, ce fut un bégaiement collectif de plus. Une nouvelle occasion de « mettre en scène l'amnésie française » sur la guerre d'Algérie. Le processus est désormais connu – nous l'avons rencontré, quelques années plus tôt en 1994, quand, avec Mitterrand, Vichy devint un débat grand public[4]. Là encore, avec l'Algérie, l'Histoire semblait vouloir s'écrire dans le prétoire et dans les médias. Aussaresses devint un grand méchant loup ; et la torture un sujet de conversation de bistrot.

---

4. *Jeune homme, vous ne savez pas de quoi vous parlez*, op. cit.

Pourtant, rien n'était résolu. Rien n'avançait. Rien ne nous éclairait sur ce mal national que fut la torture républicaine, à la fin de la IVe République. Tout s'obscurcissait au contraire, se rai-dissait, se caricaturait. Sous l'effet d'un double phénomène : la judiciarisation de l'Histoire, qui veut qu'il y ait des bons et des méchants, et sa médiatisation.

Cette dénonciation de la torture, plutôt qu'un progrès historique ou moral, s'imposa, hélas, comme un nouveau conformisme. Celui de la repentance auquel participaient pieusement la gauche anti-colonialiste, dont l'imaginaire politique se réduit à quelques clichés, autant que la droite de mauvaise conscience, confortant toutes deux le règne d'une histoire ennemie de toute complexité.

Une histoire trop simple.

5

L'Algérie française, « une idée de gauche »

François Mitterrand, ministre de l'Intérieur quand débute l'insurrection des Aurès, traîna toute sa vie cette phrase maudite : « L'Algérie, c'est la France[1]. » On se scandalise aujourd'hui de cette expression. Elle est devenue, pour certains, la preuve que Mitterrand était bien un « fieffé réactionnaire ». L'ancien président n'aimait d'ailleurs pas qu'on la lui rappelle... Pourtant, au moment où il la prononce à la tribune de l'Assemblée nationale, le 12 novembre 1954, c'est une banalité. Un credo que tout le monde répète, rabâche, à sa manière et sans la moindre nuance. Tous les rivaux de Mitterrand et tous ses collègues : Edgar Faure, Maurice Bourgès-Maunoury, Guy Mollet bien sûr, Félix Gaillard, et toutes les éminences du régime. Même Pierre Mendès France, qui ne doit sa bonne réputation sur la question algérienne qu'à une démission opportune du gouvernement Guy Mollet lorsque celui-ci engagea

---

1. Le 12 novembre 1954, il ajoute : « [...] les départements de l'Algérie sont les départements de la République française. Des Flandres jusqu'au Congo, s'il y a quelques différences dans l'application de nos lois, partout la loi s'impose et cette loi est la loi française. Tous ceux qui essaieront, d'une manière ou d'une autre, de créer le désordre et qui tendront à la sécession seront frappés par tous les moyens mis à notre disposition par la loi » (Assemblée nationale, débats parlementaires, séance du 12 novembre 1954, *J.O.*, p. 4961 et 4967). Le président du Conseil qui a succédé à Pierre Mendès France, Edgar Faure, ne dit pas autre chose en 1955 à l'Assemblée : « ... il n'y a pas d'État algérien. » Sa politique vise à « une intégration graduelle de l'Algérie et de la métropole, intégration progressive qui doit se concilier avec le respect des caractéristiques religieuses et culturelles du pays » (*Année politique 1955*, p. 76 et 244).

plus avant la France dans la sale guerre, s'exclame alors : « Il n'y aura aucun ménagement contre la sédition, aucun compromis avec elle, chacun ici et là-bas doit le savoir. On ne transige pas lorsqu'il s'agit de défendre la paix intérieure de la nation, l'unité, l'intégrité de la République. »

La phrase de François Mitterrand, si infamante entendue aujourd'hui, ne choqua donc que les « gauchistes » de l'époque. Pour la gauche officielle, c'était une évidence. Elle était réformatrice, au mieux : jamais, jusqu'en 1958, ses chefs ne se risqueront à évoquer l'indépendance de l'Algérie. Pour la droite, n'en parlons pas ! L'Algérie française fut le principal fonds de commerce des gaullistes de 1954 à 1958. Et le terreau du retour tant espéré, par eux, du Général.

Pour les Français aussi, « l'Algérie, c'est la France ». Toutes les académies républicaines sont alors Algérie française. Cette sensibilité est majoritaire parmi les illustres écrivains, à l'exception de François Mauriac ; elle ne se limite pas aux émules de Claude Farrère[2] et aux nostalgiques de la littérature coloniale. C'est une croyance républicaine, émancipatrice et chimérique, à laquelle adhèrent des générations entières, et la plupart des humanistes consacrés par la IIIe République, les Georges Duhamel, les André Maurois, les Martin du Gard, les amis de Blum... La figure d'Albert Bayet, patron de la Société des agrégés, antimilitariste, militant laïque, figure du Front populaire, est exemplaire de cette sensibilité « Algérie française de gauche ». L'historien Raoul Girardet[3], son élève, raconte ces scènes fameuses à la Brasserie Lipp à Paris où, durant la guerre d'Algérie, Bayet trinquait en claironnant : « Je lève mon verre aux parachutistes, au moins eux défendent l'école publique. »

---

2. Fils d'un colonel de l'infanterie coloniale, Claude Farrère entra en 1894 à l'École navale. Il servit quelque temps sous les ordres de Pierre Loti, passa de nombreuses années en Extrême-Orient. Affecté à l'artillerie d'assaut pendant la Première Guerre mondiale, il démissionna en 1919 pour se consacrer à l'écriture. Il avait publié, dès avant la guerre, plusieurs romans dont l'un, *Les Civilisés*, qui décrivait la vie des Français d'Indochine, lui valut le prix Goncourt en 1905. Élu à l'Académie française en 1935, contre Paul Claudel, il mourut le 21 juin 1957.
3. Voir J.-P. Rioux et J.-F. Sirinelli (dir.), *La Guerre d'Algérie et les intellectuels français*, Bruxelles, Complexe, 1991, p. 336.

Jusqu'en 1958, les Français étaient Algérie française[4]. Fin juillet 1958, 52 % des Français pensent encore que l'intégration est une bonne chose ; seuls 24 % sont favorables à l'indépendance, les autres se prononcent pour des formules intermédiaires. En mai 1959, 71 % sont favorables à des négociations en vue d'un cessez-le-feu, taux jamais atteint jusque-là. En décembre, 57 % se déclarent favorables à des discussions avec le FLN sur le référendum d'autodétermination. L'Algérie n'était d'ailleurs pas le moins du monde une colonie ; ni une colonie de conquête, comme le Congo ou l'Indochine, ni une colonie de peuplement. Elle était constituée de trois départements français : l'Algérois, le Constantinois et l'Oranie – et de dix-sept en 1958. Dans l'imaginaire républicain, dans l'enseignement des instituteurs de la IIIe République, sur les cartes de géographie Vidal de La Blache où l'on distinguait l'Empire français par sa couleur, l'Algérie, c'était la France. Une lointaine Provence où l'on négligeait les autochtones. Un territoire méditerranéen, proche, devait-on penser alors, de l'évolution de la Corse au XIXe siècle, ou de la Bretagne se défaisant du « joug » catholique après la Révolution.

La débâcle idéologique de l'Algérie française la rendit honteuse. Longtemps infréquentable. Irréductiblement classée à droite. Pourtant, elle ne se limitait pas aux hussards, à Antoine Blondin, à Roger Nimier, à Michel Déon, ou à Jacques Laurent qui – comme à Vichy – fut le plus actif du groupe, avec Jacques Perret. Ce serait une erreur de croire que les partisans de l'Algérie française, avant 1958, appartiennent tous à cette extrême droite vichyste reconvertie. Le phénomène est plus complexe. Et si l'on s'éloigne des clichés, on découvre que l'Algérie française fut un savant maelström idéologique, peut-être le plus déroutant précipité de la chimie française.

Aussi surprenant que cela puisse paraître, l'Algérie française est née à gauche. C'était – mais oui – une idée « progressiste » ! Au XIXe siècle, la droite était idéologiquement hostile à toute forme d'expansion coloniale. De plus, la conquête réalisée sous Louis-Philippe, on ne savait qu'en faire. La France a sur ce point suivi

---

4. Charles-Robert Ageron, « L'Opinion française à travers les sondages », *in* Jean-Pierre Rioux, *La Guerre d'Algérie et les Français*, Paris, Fayard, 1990.

des politiques contradictoires. En 1848, la IIe République, face à une population arabe surabondante, voulut établir « un grand courant d'émigration » en Algérie. Napoléon III, au contraire, entendait limiter le rôle des colons[5]. Il rêva d'un grand royaume arabe associé à la France[6] et fit un temps alliance avec Abd el-Kader. Le grandiose projet arabe de l'empereur ne vit jamais le jour.

Finalement, c'est la IIIe République qui a pris l'Algérie au sérieux. Sous son impulsion, l'Algérie française s'est vite affirmée comme le produit de cette culture laïque et universaliste qui caractérisait alors la métropole. Par l'esthétique imposée aux villes, aux paysages urbains, aux bâtiments publics ; par l'ambition civilisatrice et géopolitique ; par l'usage massif de la pénicilline qui a permis aux Algériens de renouer avec une démographie positive. Elle était son cap le plus avancé, son avant-garde, selon Jules Ferry qui fut un de ses plus ardents défenseurs[7] – en 1892, il écrit qu'aux yeux des musulmans « la France est la force ; il faut surtout désormais qu'elle soit la justice ». Elle est l'étendard de l'universalisme républicain offert à ces tribus disparates, qui jamais n'avaient formé une nation. Pour les radicaux – à l'exception notable de Clemenceau –, comme pour la puissante SFIO plus tard, la France en Algérie mène une « action de civilisation ». Elle lutte contre le typhus, la mortalité infantile, l'oppression de la femme et l'obscurantisme de l'islam, bref, elle apporte ses

---

5. Guy Pervillé, *Pour une histoire de la guerre d'Algérie*, Paris, Picard, 2002.

6. Le « royaume arabe » de Napoléon III représente la première tentative d'intégration de l'Algérie à la France. L'empereur tenta d'empêcher les méfaits de la colonisation en essayant de protéger les indigènes contre ses abus. Réconcilier les Arabes avec la France, leur apporter les bienfaits de la civilisation occidentale et fondre deux peuples en un seul, tel était son rêve. Le 5 mai 1865, il lance une proclamation aux Arabes : « Comme vous il y a vingt siècles, nos ancêtres aussi ont résisté avec courage à une invasion étrangère et, cependant, de leur défaite date leur régénération. Les Gaulois vaincus se sont assimilés aux Romains vainqueurs et de l'union forcée entre les vertus contraires de deux civilisations opposées est née avec le temps cette nationalité française qui, à son tour, a répandu ses idées dans le monde entier. » (Cité par Georgette Elgey, *Histoire de la IVe République, La République des tourmentes*, t. 2, *Malentendu et passion*, Paris, Fayard, 1997, p. 334.

7. Cité dans Jean-Michel Gaillard, *Jules Ferry*, Paris, Fayard, 1989, p. 602 et suiv.

Lumières en terre barbaresque. En redécouvrant ces références enfouies, on est stupéfié par le nombre de mentions de l'islamisme dans les congrès de la SFIO[8]... Lors du congrès de son parti en 1957, Guy Mollet est applaudi lorsqu'il proclame : « Ce qu'on appelle indépendance, c'est la nation à direction musulmane puisque c'est un critère religieux qui sert d'unité. » Pour la gauche – à l'exception des cercles chrétiens et des étudiants de l'influente UNEF –, cette vision constitue un dogme. Jusqu'au Parti communiste qui ne se résigne qu'en janvier 1958 à considérer le FLN comme un interlocuteur valable. Jusque-là, le Front n'existait pas dans les discours du secrétaire général du Parti, Maurice Thorez.

Le mythe civilisateur de la IIIe République n'était pas l'exclusive des partis politiques. Il était partagé par une bonne partie de l'armée française des années 1950. Cohabitaient en son sein deux sensibilités face à la question coloniale. Celle, autoritaire, guerrière et gaulliste de l'amiral d'Argenlieu ; et celle, républicaine, réformatrice, ouverte, incarnée par le général Leclerc en Indochine. Dix ans après la Libération, l'armée française était encore traversée par l'esprit de Valmy et de la Résistance, autant que démangée par des prurits putschistes. On y invoquait Jaurès et le 18 juin. Dans les colonies, en Indochine avec Leclerc, en Algérie avec Massu, Godard et tant de colonels anciens résistants, on aimait à se dire « réformateur ». On détestait le parti des colons ; et l'on s'inquiétait de la dégradation des relations entre les communautés. Les témoignages de ces militaires reviennent fréquemment sur ce qu'ils considéraient comme « l'apartheid algérien ». Leur opposition au système colonial en Algérie était si forte que certains d'entre eux, tels le général Massu[9] ou son adjoint, le colonel Godard – un des futurs chefs de l'OAS –, hostiles à toute ségrégation, avaient décidé d'adopter des orphelins

---

8. Intervention de Guy Mollet au 49e congrès national de la SFIO, 1957. Cité par Marc Sadoun, « Les socialistes entre principes, pouvoir et mémoire », *in* Jean-Pierre Rioux, *La Guerre d'Algérie et les Français*, *op. cit.*, p. 227.

9. Massu et sa femme adoptèrent deux petits orphelins musulmans. Mme Massu travailla activement à la fraternisation, à la libération de la femme musulmane ; elle participa à la fondation de crèches, dispensaires, écoles, etc. (Merry et Serge Bromberger, Georgette Elgey, *Barricades et colonels*, Paris, Fayard, 1960, p. 24).

musulmans. On est loin de l'image simpliste, dessinée par les « progressistes », d'une armée dirigée par des « tortionnaires ».

Autre surprise rencontrée en chemin : la façon dont la Résistance imprègne la gauche anticolonialiste, mais aussi les plus fameux activistes de l'Algérie française, y compris ceux d'extrême droite. Salan, Susini et Lagaillarde créent en février 1961 l'OAS en référence à l'AS, l'Armée secrète des militaires de Vichy. Comme si cela n'était pas suffisant, la deuxième OAS[10] sera baptisée OAS-CNR, comme le Conseil national de la Résistance – et se choisira un patron, Georges Bidault, le propre successeur de Jean Moulin. On pourrait croire que ce n'était là qu'une perversion des termes, une prise d'otages sémantique comme un Le Pen a su si bien en faire. C'était un credo, une véritable religion républicaine. Pour Jacques Soustelle, gaulliste de la première heure et l'un des anciens patrons du BCRA de Londres ; pour les généraux socialistes Salan et Challe ; pour le colonel Godard, ancien héros du Vercors ; pour le ministre SFIO Robert Lacoste, résident général socialiste en Algérie ; pour Max Lejeune, secrétaire d'État à la Guerre dans le gouvernement Guy Mollet ; pour ceux qui furent les amis et les cautions républicaines des putschistes d'avril 1961. Peut-être était-ce leur façon de bien montrer à de Gaulle que le gaullisme, ce n'était plus lui, mais eux.

Dès 1958, le dogme de l'Algérie française décline. À mesure que la rébellion s'affirme, les débats s'animent en France métropolitaine, sous l'effet d'un double réflexe, idéologique et familial. D'un côté, les intellectuels s'engagent, la jeunesse militante se fait entendre. De l'autre, de façon presque charnelle, les familles s'inquiètent pour leurs enfants appelés en Algérie, ou risquant de l'être. Tout-puissant au début de l'insurrection, le sentiment national Algérie française se transforme dès lors en « peau de chagrin[11] » dans le monde politique et dans l'opinion.

En perte de vitesse, critiquée par la jeunesse politisée, n'ayant pas su imposer le projet Violette en 1935, impuissante avec Mendès France en 1954, guerrière en 1956 avec Mollet, incapable

---

10. Née à l'été 1962.
11. Serge Bernstein, « La peau de chagrin de l'Algérie française », *in* Jean-Pierre Rioux (dir.), *Les Français et la guerre d'Algérie*, *op. cit.*

de lutter politiquement contre les nationalistes algériens, la vieille gauche tint jusqu'au bout sa ligne « julesferryste ». Elle fut inapte à penser le colonialisme, à l'amender, ou à en concevoir une sortie honorable – nul ne le contestera. Elle échoua et fut – plus encore qu'à cause des fautes de la IVe République – durablement sortie du jeu politique, une fois le gaullisme installé. Mais rien ne pourra effacer des frontispices IIIe République, encore debout en terre algérienne, les slogans, les cris d'amour à la France, les « Liberté, Égalité, Fraternité » ; ni faire oublier les discours « patriotiques » de Pierre Mendès France, de Guy Mollet, de François Mitterrand et de leurs contemporains. Rien ne pourra non plus faire méconnaître la folle surenchère « Algérie française » de leurs rivaux, les gaullistes et les poujadistes, les promesses ambiguës du De Gaulle de la traversée du désert, ou les serments exaltés, ouvertement factieux, de Michel Debré avant son retour au pouvoir de 1958.

Alors, on refoula.

6

L'Atlantide de l'Algérie française

J'avançais dans mon périple algérien, et je tombais sur un continent enfoui, sorti de l'histoire officielle, chassé de la moralité publique. Avec l'Algérie française, je trouvais une sorte d'« Atlantide française » pour reprendre l'expression que j'employai jadis[1] à propos de Vichy. Elle avait les mêmes caractéristiques que l'île dont parle Platon[2]. Elle avait été une civilisation importante, fourmillante, prospère. Un gigantesque cataclysme l'avait fait disparaître – l'indépendance avait été son anéantissement. Et elle restait, depuis, à la fois introuvable et obsédante.

Il me fallait explorer ces catacombes.

Une fois mon œil accoutumé à la pénombre, je distinguai des héros, des maudits enfouis, des familles entières détruites par l'affaire algérienne, des soldats perdus dans les familles les mieux pensantes, des socialistes égarés, des communistes dans l'OAS, des fascistes qui invoquaient le de Gaulle de juin 1940. Lors de la guerre d'Algérie, il y avait eu un frère dans chaque camp – je le réalisai –, et s'étaient créées des broutilles, des brouilles qui n'ont cessé jusqu'à ce jour, comme sous l'Occupation. Où que je me tournais, l'Algérie française était là, enfouie dans les états-majors, étouffée dans les provinces autant que dans le 7e arrondissement

---

1. *In Jeune homme, vous ne savez pas de quoi vous parlez, op. cit.*
2. Dans le *Timée* et le *Critias*, l'Atlantide se serait située au-delà des colonnes d'Hercule (Gibraltar) et aurait été engloutie neuf mille ans auparavant par un cataclysme gigantesque.

de Paris, interdite mais tolérée au *Figaro*, diabolisée chez les républicains en dépit d'une nostalgie tenace chez certains socialistes francs-maçons. L'Atlantide de l'Algérie française entretenait encore ses élites et ses déclassés, ses mythes et ses héros, ses réseaux et ses sombres affaires, ses interdits de séjour et ses recyclés, et toujours sa religion clandestine. Elle restait vivace dans les souvenirs et dans les familles. Algérie française... Tout le monde l'avait été, ou presque. Personne ne l'admettait, un peu comme pour Vichy après la guerre – la comparaison s'arrêtant là. Les années Algérie française avaient été siphonnées par l'Histoire. Il fallait un vainqueur : ce fut le FLN allié à de Gaulle qui, avec son génie particulier, transforma la défaite française en triomphe patriotique. Les partisans de l'Algérie française furent les pires des perdants. Ils incarnaient la déroute de la France impériale, et toutes ses dérives.

Pourtant il se fit jour, au moment de l'agonie de l'Algérie française, un sursaut singulier dans une partie de la jeunesse. Une attirance pour les clandestins de l'OAS se manifesta. Était-ce le goût de l'interdit, le besoin des grands espaces, une nostalgie de l'Empire qui disparaissait ? Pour beaucoup, cette tentation exista ; elle fut comme un pendant au « romantisme révolutionnaire » de leurs congénères, amis du FLN en France. Contrairement à l'idée reçue, eux non plus n'étaient pas toujours à droite. Les consciences étaient brouillées, plus divisées qu'on ne le croit. C'était le temps de glissements de terrain idéologiques. L'esthétique de ces années Algérie française est un peu fanée ; la morale trompeuse, évidemment ; mais elle conserve, chez quelques quinquagénaires, la saveur de l'autre clandestinité. Le goût des aventuriers, tels que les aimaient Jean-Pierre Melville ou son disciple Jean-Luc Godard.

Jean-Luc Godard, oui ! Il fut l'un d'entre eux. Et François Truffaut ! Et la plupart des révolutionnaires des *Cahiers du cinéma* dont, notamment, Jacques Dupond et Jean Barbulesco. Ils avaient noué avec l'Algérie française d'étroites relations. On les disait au mieux inclassables. Anarchistes. Anarchistes de droite, si l'on en croit Tubiana dans sa bonne biographie de Truffaut. Mais que penser, au regard des « canons » de la pensée officielle sur la question, du Godard qui réalise en 1960 un film « scandaleux » ?

Le Petit Soldat, raconte, sur fond de guerre d'Algérie, la dérive d'un jeune militant OAS en cavale, chargé d'assassiner un journaliste de gauche, amoureux d'une Européenne engagée dans le FLN... C'est un thriller godardien dont la critique aura surtout retenu la scène de torture. Elle est pratiquée par des militants du FLN, alors que dans la pièce où ils officient, traîne un numéro de *France-Observateur*... Le film interdit en septembre 1960 sera finalement diffusé en janvier 1963. Film engagé ? Pro-OAS ? Godard s'en défendra[3] : « Ce qui m'intéresse, c'est de montrer le côté un peu naïf, un peu scout de mon petit soldat. Ce sera un terroriste intellectuel, mais qui travaillera pour un groupe de droite. Je voudrais montrer jusqu'où peut aller la dureté, mais je ne prends pas parti... Malraux dans *La Condition humaine*, n'a pas pris parti... » Vraiment ?

Giscard, numéro de code 12

Est-ce le dernier « secret de famille » de la droite ? Giscard était-il le numéro 12b[4] de la conspiration ? Faisait-il partie de l'OAS ? Ou bien ce serpent de mer de la vie politique n'est-il qu'affabulation, diffamation des gaullistes, comme on le dit souvent chez les giscardiens ?

Quelques figures de sa famille politique ont affirmé la participation de Giscard à l'OAS. En particulier, Me Jacques Isorni*, l'avocat de Pétain, et le capitaine Pierre Sergent, un des chefs de l'OAS. La révélation de l'affaire intervient le 2 janvier 1963. Un petit hebdomadaire belge, *Europe-Magazine*, publie une lettre de Me Isorni adressée à Valéry Giscard d'Estaing, alors ministre des

---

3. Entretien de Jean-Luc Godard, *Libération*, 26 avril 1960. Le film, à sa sortie, provoquera de nombreuses polémiques, dont un texte critique resté fameux : la charge de Robert Benayoum, membre de l'équipe de la revue *Positif* (rivale des *Cahiers du cinéma*) dans *France-Observateur* du 31 janvier 1963. On y trouve ces quelques lignes : « Jouant avec le mythe fort commode de l'irresponsable, il [Godard] camoufle très mal, sous le masque d'une confusion mentale de luxe, d'inavouables nostalgies. »

4. Rémi Kauffer, *OAS : histoire d'une organisation secrète*, Fayard, 1986, p. 315-319.

* Voir annexe 2.

Finances, après avoir été secrétaire d'État aux Finances de 1959 à 1962 dans le gouvernement Debré. Isorni l'accuse d'avoir transmis les comptes rendus des conseils ministériels au chef de l'OAS, le général Salan. Il prétend que Giscard aurait appartenu à un groupe qui aidait l'OAS, l'équipe 12. Et qu'au sein de celle-ci, il aurait porté le numéro 12b, tandis qu'un autre personnage, 12a, transmettait au capitaine Sergent les renseignements donnés par VGE. Pour porter cette accusation, Isorni s'appuie sur des archives personnelles du chef de l'OAS dans lesquelles se trouve une correspondance entre Salan et un certain Charles Cartier, chef civil de l'OAS-métro. 12a y est qualifié, par Cartier, d'agent « excellent », puisqu'il a transmis à la filière 9 (Sergent selon Isorni) des informations sur des réunions ministérielles. 12b est qualifié de « sympathisant sans plus, opportuniste qui joue son avenir d'homme politique en ménageant tout le monde, il laisse faire 12a en feignant de l'ignorer. Ne sera sûr que s'il atteint son but : remplacement du ministre des Finances. Avec 12a, nous sommes en contact permanent, confiant et amical, mais, comme moi, il est porté sur la liste des personnes à arrêter d'urgence ».

Au vu de ces documents, certains spécialistes de l'OAS, comme Rémi Kauffer, se demandent si Charles Cartier ne serait pas en réalité André Regard. 12a serait Michel Poniatowski, l'ami intime et collaborateur de Valéry Giscard d'Estaing ; Pierre Sergent a prétendu par deux fois, en 1979 et 1981, que Poniatowski l'informait de ce qui se passait au gouvernement.

Une plainte fut déposée contre Me Isorni par le ministère public pour « diffamation publique envers un membre du ministère », mais un arrêt du 17 février 1965 déclara « irrecevables » les poursuites exercées par le ministère public contre l'avocat. Lors de son procès, Bastien-Thiry reprit l'accusation d'Isorni.

Dans cette Atlantide de l'Algérie française, j'allais rencontrer deux témoins a priori dignes de foi ; ils allaient renforcer cette thèse.

Leurs récits sur les liens entre Valéry Giscard d'Estaing et l'OAS éclairent sur la nature des relations clandestines entre les activistes de l'Algérie française et les deux jeunes gens « lancés » de la droite des années 1960, Valéry Giscard d'Estaing et Michel Poniatowski.

Le premier témoin, Robert Regard, est le fils d'André Regard, le possible « Charles Cartier », haut fonctionnaire proche de Michel Debré, membre au moment des faits du cabinet de Valéry Giscard d'Estaing, en même temps que chef clandestin de l'OAS en métropole. Le fils de Regard, polytechnicien et ancien sous-directeur à la Police nationale, vient confirmer les soupçons entretenus sur la violation des délibérations du Conseil des ministres par Valéry Giscard d'Estaing et son entourage.

Âgé de dix-sept ans à l'époque, Robert Regard[5] affirme avoir été le témoin de ces « transmissions » des comptes rendus du Conseil des ministres, ainsi que de nombreuses réunions de « comploteurs » au domicile de son père, 92, boulevard Haussmann à Paris, où l'on croisait des généraux comme Salan, des députés gaullistes Algérie française et des proches de Valéry Giscard d'Estaing. Le jeune Regard se souvient avoir été lui-même le messager de son père à l'époque. À deux reprises, Valéry Giscard d'Estaing lui aurait remis ce genre de documents en mains propres.

Le second témoin est une gloire mondiale de la médecine, Jacques Mujica, pionnier du pace-maker, soixante-dix ans au moment où je le rencontre[6]. Mujica, médecin sous les drapeaux, avait basculé dans l'activisme de l'OAS métropolitaine après le putsch des généraux d'avril 1961. Clandestin à Paris, il s'était fait une réputation en posant des bombes dans les réunions FLN, fréquentes dans les cafés maghrébins de la banlieue. Un jour, ce terroriste distingué est convoqué au bar d'un palace parisien par un émissaire secret. Il se retrouve face à Michel Poniatowski – qu'il reconnaît. L'homme de confiance de Valéry Giscard d'Estaing, après quelques minutes de bavardage, lui commandite... un attentat contre le général de Gaulle. Stupéfaction de Mujica. Michel Poniatowski lui précise qu'il s'agit « surtout de faire du bruit », lors

---

5. Entretien avec l'auteur le 28 mai 2002. Georges Fleury raconte aussi dans son livre les remises d'enveloppes de Giscard à Robert Regard et les confidences de Giscard à Michel Poniatowski sur ce qui se disait aux Conseils des ministres, à propos de l'Algérie et de la lutte anti-OAS, lequel transmettait ces informations à Yves Gigrac et Salon (Georges Fleury, *Histoire secrète de l'OAS*, *op. cit.*, p. 592-593).

6. Rencontre avec l'auteur le 28 mai 2002. Jacques Mujica a également écrit ce témoignage à Georges Fleury le 28 novembre 2002.

d'un voyage du président de la République à Strasbourg. Les deux hommes conviennent de faire sauter les motos de l'escorte présidentielle. L'opération a bien lieu. Du bruit, mais pas de victimes. Mission accomplie pour Mujica.

L'énigme du « Giscard OAS » demeure. Si scandaleuse qu'apparaisse cette thèse, elle ne semble – on le voit – pas totalement infondée. Le grenouillage, dans les eaux troubles de l'Algérie française, de celui qui deviendra président de la République peut paraître incompréhensible. Il faut, pour l'envisager, se replacer dans le contexte de la Ve République naissante, fragile, et se rappeler les innombrables menaces de mort contre le général de Gaulle. Entre 1960 et 1962, l'éventuelle disparition du chef de l'État est présente dans tous les esprits. La terreur qu'inspirent les putschistes, la révolte pied-noir, l'OAS sont si prégnantes qu'à droite, à gauche, on s'attend à tout. Y compris à succéder à de Gaulle. Guy Mollet entretiendra, par exemple, jusqu'à fin 1961, des relations suivies avec le général Salan alors dans la clandestinité. Antoine Pinay, Jacques Soustelle, Georges Bidault, tous les grands mal-aimés du régime gaulliste, jusqu'au débonnaire président du Sénat, Gaston Monnerville, passeront, eux aussi, la tête dans des réunions de *carbonari* comploteurs. Ils se rêveront tous en recours à un général plus mortel que les autres en ce temps-là... L'ambitieux Valéry Giscard d'Estaing peut-être aussi.

Chirac, une nostalgie d'Empire ?

Mars 2003.

Quarante et un ans ont passé. Le plus buté des partisans de l'OAS n'aurait jamais osé décrire la situation de ce pays aujourd'hui. Chirac y va. Il est accueilli comme le messie, lui le « fana-mili », comme « un autre de Gaulle ». Avouez que cela peut s'appeler une surprise...

Et l'archevêque d'Alger, contrairement à son fameux prédécesseur des années 1960 Mgr Duval[7], s'écrie : « Jamais le désir de

_____

7. Né en 1903, archevêque d'Alger depuis février 1954, il se prononce dès la fin de 1956 pour l'autodétermination. Il condamne le contre-terrorisme,

France n'a été aussi fort en Algérie... » Réconciliation d'anciens ennemis ? Je n'y ai jamais cru. Le mystère de ce « pays maudit » reste entier.

Oran. Après Alger, le même triomphe pour le président français. Un million de personnes paraît-il ; et même si, comme lors des voyages officiels de De Gaulle dans l'Algérie française, la foule avait été tirée des écoles et des quartiers populaires, le chiffre est impressionnant. Autant ou plus de monde qu'à Alger, comment savoir ? Revoilà – même sans les pieds-noirs – la vieille rivalité entre Oran et Alger qui amusait tant Camus. La coquetterie des deux métropoles de l'Algérie d'hier n'a pas disparu.

Lequel des Chirac applaudissaient-elles, ces foules algériennes, agglutinées à son passage, dans les villes rafraîchies pour l'occasion par le pouvoir ? Célébraient-elles l'ami français venu récemment s'incliner sur les sept cents victimes de la catastrophe de Bab el-Oued – trouvant les mots que le président Bouteflika n'avait pas eus ? Étaient-elles là pour rendre hommage au « nouveau de Gaulle », ce Chirac qui, dans les instances internationales, s'échine à contrer l'Amérique de George W. Bush ? Ou bien étaient-elles venues saluer comme un frère l'ancien soldat, le jeune Chirac « fou d'Algérie », pour qui le combat, cette terre, son peuple, et ces moments passés sur les pitons oranais, furent « une expérience inoubliable » ? Ou étaient-elles tout simplement rassemblées pour retrouver ce jeune homme qui fut, sentimentalement, Algérie française ?

Ses biographes[8] l'attestent. Chirac fut bien Algérie française, comme la jeunesse administrative de cette époque et nombre des énarques de sa promotion.

Le sous-lieutenant Jacques Chirac part en Algérie en mai 1956. Il est à la tête d'un peloton du 3e escadron du 6e régiment de chasseurs d'Afrique, sur le promontoire de Souk el-Arba, en Oranie. Après avoir obtenu une citation, il est libéré le 3 juin 1957. Mais séduit par la mission civilisatrice auprès du monde arabe, à la sortie de l'ENA, il retourne en Algérie en avril 1959 – où la

---

dénonce la torture. Nommé cardinal en 1965, il adopte la nationalité algérienne puis prend sa retraite à Alger en 1988 où il meurt en 1996.

8. Franz-Olivier Giesbert, *Jacques Chirac*, Paris, Le Seuil, 1987.

promotion Vauban sert alors de « renfort administratif ». Le jeune Chirac est alors, au sein de cette « promo », l'un des plus sensibles aux thèses des militaires antigaullistes et des activistes pieds-noirs. Il est avec eux, de cœur. Il n'en fait pas mystère ; et il faut toute la persuasion de ses amis pour le convaincre de signer, avec l'ensemble de ses camarades, une lettre de soutien au général de Gaulle, publiée dans *Le Monde* du 3 février 1960, après la révolte des barricades. Le futur président de la République le reconnaîtra d'ailleurs : « J'aurais pu être factieux[9]. » Du fond de sa retraite, le dernier grand baron du gaullisme, Olivier Guichard, ne dit pas autre chose, lui qui me lâcha, un jour, comme une devinette : « Il y en a un qui fut un OAS raté... »

Guichard laissa la phrase en suspens comme pour travailler son effet – encore les « secrets de famille de la droite »...

« Eh oui..., poursuivit Guichard, en 1963, Georges Pompidou me demande de recevoir un jeune énarque. Il n'a pas le temps, il me le recommande, alors je le reçois. C'est le jeune Chirac qui, durant notre entretien, me confiera : "Vous savez... J'ai hésité entre l'OAS et le pompidolisme. Et j'ai choisi le pompidolisme". »

Une pause, mes yeux écarquillés.

Olivier Guichard haussa les sourcils. Son air de bouddha louis-philippard s'anima ; de l'ironie passa dans son regard, et, de la même manière retenue et cruelle (il a des comptes à régler avec Chirac), il conclut : « Remarquez, il avait raison. Il a choisi le pompidolisme et s'en est tenu là. Il a été ensuite le meilleur des pompidoliens. »

---

9. Maurice Szafran, *Chirac ou les passions du pouvoir*, Paris, Grasset, 1986.

7

Delphine Renard, notre contemporaine

Delphine Renard...

Où est-elle aujourd'hui.. ? Quelle femme est-elle devenue.. ?

Elle a quatre ans et fait la une de tous les journaux de France. Le 8 février 1962, on découvre une petite fille ensanglantée par un attentat de l'OAS-metro qui visait le domicile d'André Malraux, avenue Victor-Hugo à Boulogne-sur-Seine. La bombe posée sur le rebord de la fenêtre du pavillon a explosé à treize heures quinze. Elle n'était pas censée tuer, diront les activistes ; elle a atteint la petite Delphine, dont la famille occupait le rez-de-chaussée de la maison. Trois cents points de suture. Un œil atteint. Un haut-le-cœur national. Et cette fulgurante notoriété qui fera d'elle la petite fille la plus tragiquement célèbre de l'époque.

Pour la génération des plus de quarante ans aujourd'hui, la petite Delphine, c'est la guerre d'Algérie. On ne sait pourquoi elle fut, en quelque sorte, choisie par les médias et attira l'émotion populaire. Pourquoi elle, plutôt que d'autres enfants blessés ou tués à la même période en Algérie ? Des petits musulmans ou des petits Français – comme cette fillette d'Oran, Frédérique Dubiton, treize ans, qu'on amputa d'une jambe – seule la petite Delphine reste dans nos mémoires. Mieux, elle reste une date dans l'historiographie de la guerre d'Algérie. Celle du basculement définitif de l'opinion française en faveur de l'indépendance algérienne, et de son hostilité envers les Français d'Algérie. Un mois et dix jours après l'attentat qui blessa Delphine Renard seront signés les accords d'Évian.

Cet événement tragique provoqua un choc aussi considérable parce qu'il rencontra trois facteurs favorables. D'abord, un sentiment anti-pieds-noirs de plus en plus marqué en France – et l'OAS, dans l'esprit métropolitain, c'étaient les pieds-noirs. L'éloignement entre les Français de métropole et les Français d'Algérie était de plus en plus manifeste depuis 1958. Symptomatiquement, l'un des best-sellers de 1962 fut un livre brillant, mais très critique, à l'encontre des pieds-noirs : *Les Français d'Algérie*, de Pierre Nora[1].

Ensuite, l'attentat qui blessa Delphine Renard fut un des premiers événements médiatiques de l'après-guerre. Tous les ingrédients s'y retrouvaient : Malraux l'antifasciste ; l'OAS fasciste et la petite innocente foudroyée.

Et enfin, ce fut un événement de gauche. La réponse à l'attentat contre Delphine Renard fut, ne l'oublions pas, l'immense manifestation de Charonne au soir de laquelle huit personnes décédèrent sous les coups de la répression policière ; puis, par la suite, la manifestation, plus immense encore, du peuple de Paris, en hommage aux huit « assassinés de Charonne ».

La lutte anti-OAS, nationale ce jour-là, s'inscrit comme un des actes de renaissance de la gauche contemporaine. Elle avait été disqualifiée avec la chute de la IVe République. Elle était KO depuis 1958, mise au tapis par les référendums successifs du Général. Elle était coincée sur sa droite, comme sur sa gauche. Et voilà qu'à la faveur de ces événements tragiques, elle renaîtra. Ses leaders surgiront. Une jeunesse s'affirmera. Le Parti communiste fera oublier ses ambiguïtés algériennes. De même que François Mitterrand et Mendès France qui prendront la tête des manifestations d'alors.

Il y aura un avant et un après Delphine Renard.

Je le compris le jour où, préparant une série d'articles sur la guerre d'Algérie dans un journal que je dirigeais, le chef de fabrication, un homme effacé, m'apporta sans un mot, avec une émotion visible, son cahier « Delphine Renard ». C'était celui qu'adolescent il tenait religieusement après l'attentat qui blessa la petite fille. Les pages avaient jauni, le scotch s'était desséché, mais

---

1. Julliard, Paris, 1961.

il avait conservé là la plupart des articles et des photographies de Delphine Renard, puis de Charonne, parus dans *l'Humanité* et *Clarté*. Il me les tendait. Il voulait bien que l'on dépèce son journal intime. Il me l'offrait comme une relique. Sainte Delphine Renard. Martyre et symbole de toute une génération.

J'ai fait le calcul : elle devrait avoir aujourd'hui quarante-cinq ans. Porte-t-elle encore les traces de l'attentat sur son visage ? Est-elle aveugle ? Ou bien a-t-elle été « très bien soignée », comme le prétendent Georges Fleury et Dominique Salan, par un grand médecin que lui aurait envoyé le chef de l'OAS lui-même, le général Salan, qu'on disait traumatisé lui aussi par cet attentat ?

Y pense-t-elle toujours ? C'est certain. En parle-t-elle ?

La rencontrer. La voir. Entendre son cauchemar.

On me procura un numéro de téléphone, à Paris. J'essayai plusieurs fois, le téléphone sonnait dans le vide. Je laissai sonner longtemps, l'imaginant éloignée du monde, perdue dans son silence.

J'ai réessayé tant de fois. Et puis, un jour, on a décroché. Une femme, voix courte, sèche, minimale.

Moi, surpris : « Je voudrais parler à Mme Delphine Renard. »

La voix féminine : « Pourquoi, monsieur ? »

Moi : « Euh... pour lui parler de la guerre d'Algérie dont elle fut une victime. »

Un silence. Puis plus rien. Elle avait raccroché.

Ma frustration. Mon malaise soudain. Je m'en suis voulu de l'avoir dérangée. Et je me suis dit qu'en effet nous sommes tous les contemporains de Delphine Renard. Plus j'agite ces souvenirs enfouis, plus je me rends compte que je suis loin d'être le seul, dans cette génération d'innocents, à être encore poursuivi par les fantômes de l'OAS ou du FLN.

À ma grande surprise, il suffisait de quelques mots pour allumer leur mémoire. Mes congénères étaient aussi des contemporains de Delphine Renard, et ils gardaient tous leur guerre d'Algérie en mémoire. Ils ne l'avaient pas faite, bien sûr, ils étaient des enfants à l'époque. Mais ils devenaient intarissables dès que je les sollicitais. Ils conservaient leurs flashes, leurs bruits, leurs images, leur propre imaginaire des *événements d'Algérie*. Tout se jouait en famille alors ; la télévision n'existait pratiquement pas et ils étaient trop jeunes pour en débattre à l'école maternelle ou primaire. À six ans, Julien tapait sur les casseroles à Oran ; député socialiste, il fredonne parfois encore les cinq notes d'*Algérie française* : *tititi-tata...* François M. avait sept ans en 1962 ; la nuit, il accompagnait parfois son père, un médecin juif communiste, pour coller des affiches anti-OAS dans les rues de Paris. Il garde un souvenir exalté de ces virées et reste fasciné par ces « damnés » qu'il combattait. Stéphane R., trotskiste conséquent, républicain impeccable, intellectuel intraitable a fini, après quelques années d'amitié, par m'avouer que son père militaire avait été un cadre important de l'OAS. Jérôme C. donne l'impression d'être si loin de tout cela ; il écrit des romans de science-fiction gothiques et rêve de les voir adaptés par Spielberg. Je découvre qu'il est fasciné lui aussi par le monde interdit de l'Algérie française. À ma grande surprise, il connaît tout de l'OAS du fameux colonel Argoud, chef du mouvement terroriste en métropole : son adresse, sa vie perdue dans les Vosges, son nouveau métier de graphologue. Daniel Rondeau, écrivain estimable, reste lui aussi attaché aux lambeaux de l'Algérie française. Maoïste, et l'un des plus illustres, il partage avec moi cette passion pour les premiers résistants[2] ; mais en ce temps-là, à dix ans, en Saône-et-Loire, il vivait l'oreille collée à Europe 1, sursautait à tous les épisodes des « événements » et ne sut longtemps s'il devait choisir le FLN ou l'OAS...

Et moi, si j'avais eu quinze ans au début des années 1960... ?

---

2. Daniel Rondeau, Roger Stéphane, *Des hommes libres : histoire de la France libre par ceux qui l'ont faite*, Paris, Grasset, 1997.

DEUXIÈME PARTIE

Recherche Camus désespérément

> « La justice est à la fois une idée et une chaleur de l'âme. Sachons la prendre dans ce qu'elle a d'humain, sans la transformer en cette terrible passion abstraite qui a mutilé tant d'hommes. »
>
> Albert Camus,
> *Actuelles 1.*

8

L'énigme de son silence

Est-ce, cet été-là, l'effet que produisit sur moi la relecture de *La Peste* ? Le relief que prit alors, dans mon imagination, la ville d'Oran sur laquelle je m'extasiais enfant – et que Camus raillait en disant qu'elle *« tournait le dos à la mer »* ? Ou bien, est-ce le récit, portant sur le mois de juin 1962, trouvé dans une vieille revue d'histoire, les photographies de l'exode de ce million de Français d'Algérie, les images apocalyptiques de l'incendie du port d'Oran, les cadavres dans la rue sur lesquels on ne se retourne plus, qui me firent réaliser que Camus avait décrit cela de façon prémonitoire ? L'agonie de l'Algérie française avait été décrite par l'écrivain, à travers l'Oran de *La Peste*.

Camus... Camus... Camus l'Algérien. Dans ce voyage sans boussole fiable, j'avais besoin de lui.

C'était devenu une obsession.

Et s'il avait survécu à l'accident d'automobile, le 4 janvier 1960 ?

Et s'il s'était frotté à cette histoire algérienne, vraiment, à pleins bras, jusqu'au bout ? Et s'il avait vécu cela ? Qu'aurait-il fait face à l'indépendance, à de Gaulle, au FLN, à l'OAS ? Comment se serait-il comporté, durant ces derniers jours de l'Algérie française, si proches de *La Peste* ?

Et d'ailleurs, qu'avait-il en tête ce 4 janvier 1960, au moment de son accident sur la nationale 5 ?

Pensait-il à sa mère restée à Alger, à sa terreur de sortir dans la rue à cause des attentats FLN, à sa tristesse quand elle séjourne à

Paris parce qu'« on n'y voit pas d'Arabes » ? Ricanait-il avec Michel Gallimard en parlant de « cet idiot de Massu » toujours en retard d'un train, que de Gaulle venait de virer comme un malpropre pour son interview « trop Algérie française » dans un journal allemand ? Frémissait-il en pensant à ces ultras Algérie française qui commençaient à s'échauffer ? Au FLN qui se déchaînait ? À la terreur, cette Peste qui, il en était convaincu, allait maintenant se répandre sur sa terre natale... ? Peut-être repassait-il mentalement en revue, tandis que les platanes défilaient, les défauts du *Premier Homme*, ce manuscrit trop épais, traversé par l'Algérie, qu'il portait depuis vingt ans et dont il sentait enfin venir le terme ? Ou bien était-il, à cet instant-là, captivé par le souvenir de la blondeur de Mi[1], son enivrante jeunesse, son visage d'ange terriblement contemporain sur ce Photomaton retrouvé par l'un de ses biographes ?

L'énigme Camus...

J'ai questionné, jusqu'à l'épuisement, ses intimes : Pierre Bénichou, le fils du meilleur ami de Camus, André Bénichou, ses camarades oranais, comme Edgar Bensoussan, le seul témoin vivant de la scène de *L'Étranger* sur la plage d'Oran – le meurtre d'un Arabe. J'ai scruté l'itinéraire politique de Camus, les derniers mois de sa vie. J'ai parcouru ses livres, mal lus à l'adolescence, ses *Chroniques algériennes*, les textes de ses vingt ans sur « La misère en Kabylie », et ses éditoriaux de *l'Express* jusqu'en février 1956. Et je me suis échiné à trouver, comme tout le monde, un sens original à la formule de Stockholm : « Je préfère ma mère à la justice. »

À la veille de sa disparition où se situe-t-il, en effet, sur la question algérienne ? Durant ces quatre mois décisifs qui vont du 16 septembre 1959 – où de Gaulle annonce l'autodétermination et où il est clair que son Algérie est perdue – à sa mort sur la nationale 5, où en est-il véritablement ?

Plus à droite encore que par le passé, comme le disaient avec

---

1. Depuis leur rencontre au café de Flore, en février 1957, Mi est la nouvelle compagne d'Albert Camus. D'origine danoise, après un passage aux Beaux-Arts de Copenhague, elle continue à étudier le dessin à la Grande Chaumière à Paris et travaille comme mannequin pour payer ses études (Olivier Todd, *Albert Camus, une vie*, Paris, Gallimard, 1996).

perfidie les sartriens, ses ennemis ? Presque OAS, comme ces pères de famille tueurs et désespérés, en tout cas « OAS dans la tête » ? C'est ce qu'avance l'historien Pierre Nora[2], enseignant à Oran de 1960 à 1962, familier des amis de Camus.

Ces interrogations ne cessaient de me hanter. Je les savais vaines – qui peut répondre à la place de l'absent ? Mais ce questionnement insensé, des mois durant, déclencha une douleur inattendue.

Je réalisais combien Camus était seul. Cela peut paraître naïf, j'en souffrais pour lui. Si longtemps après. Absolument seul à la fin de sa vie, face à la question algérienne qui s'imposait – est-il besoin de le rappeler ? – comme celle de l'époque. Seul à gauche. Seul contre la droite. Seul parmi les intellectuels. Il hait la « gauche femelle » comme il dit, qui suit Sartre, et pas lui. Il se reconnaît moins que jamais dans la gauche de *France-Observateur*. Il fuit la droite qui tente de s'emparer de lui. Il est encerclé par Mauriac le catholique et par Sartre le marxiste. Pis, il est moqué, calomnié, discrédité. Tout aussi isolé quand il retrouvait ses amis en Algérie : ceux qui étaient restés *libéraux*, et qu'il jugeait trop complaisants à l'égard du FLN ; et les autres qui, comme André Rossfelder[3], étaient en train de devenir des ultras de l'Algérie française. Seul en Algérie. Seul à Paris. Et durant les quatre dernières années de sa vie, mystérieusement absent politiquement.

---

2. Propos polémique d'un « métropolitain » ? Plutôt une manière de dire, selon moi, que, comme le peuple des Français d'Algérie, Camus était hostile au FLN. À la fin de 1959, peu avant sa mort, Camus aurait été tenté de prendre publiquement position contre le FLN, et les négociations envisagées avec lui par de Gaulle. André Rossfelder, mais aussi Jean Daniel avancent cette idée.

3. Jeune Français d'Algérie, André Rossfelder participe au débarquement allié de novembre 1942 et manque d'être fusillé comme résistant par l'armée de Vichy. Aspirant au 1er Régiment de chasseurs parachutistes, il est blessé dans les Vosges en octobre 1944. Démobilisé, il se lance dans la prospection pétrolière. Écrivain, il écrit deux romans en 1949 et 1956, et se lie avec Albert Camus. Le 13 mai 1958, puis pendant le putsch d'avril 1961, il prend la direction de la radio d'Alger. Il réussit à s'enfuir et vit dans la clandestinité à Rome où il participe à la fondation du CNR de Georges Bidault et Jacques Soustelle. Enfin, il est condamné à mort par contumace pour son rôle dans l'attentat manqué du mont Faron contre le général de Gaulle.

De 1956 à sa mort, Camus n'intervient plus sur l'Algérie. À l'exception de son célèbre discours de Stockholm de 1957, lors de la remise du Nobel, au cours duquel il parle de sa *mère* et de la *justice*, et des trois pages de la préface aux *Chroniques algériennes*, rien. Pas un mot, pas un texte, aucune intervention publique sur la question. Il quitte même *l'Express* et, durant quatre ans, s'impose une discipline douloureuse. Le silence absolu.

J'étais intrigué par cette rupture avec le grand journal de l'époque. Elle aurait pu être spectaculaire, ouverte, devenir mythique. Imaginez : Camus claquant la porte de *l'Express* ! Étrangement, elle fut assourdie et reste méconnue. Camus quitta l'hebdomadaire sans colère, sans tribune vengeresse. Il ne s'en expliqua jamais, et ne laissa pas la moindre analyse de fond sur ce désaccord qui l'éloignait de ses amis, les « anticolonialistes modérés ». Jean-Jacques Servan-Schreiber et Jean Daniel étaient, en effet, loin d'être aussi radicaux que Sartre ou la gauche de *Témoignage chrétien* sur l'Algérie.

Je suis allé trouver Jean Daniel pour l'interroger sur le départ de Camus. N'est-ce pas lui qui l'y fit venir, le convainquit d'écrire dans le jeune *Express* en 1953 ? Quarante-sept ans après, Daniel banalise l'événement : « Camus était là, comme nous tous, comme Jean-Jacques Servan-Schreiber le fondateur, pour aider Mendès France à gagner les élections. Il n'en faisait pas mystère. Mendès n'ayant pas réussi à revenir au pouvoir – début février 1956, c'est Guy Mollet qui est désigné président du Conseil. Camus n'avait plus de raison d'écrire dans *l'Express*[4]. »

L'explication ne me convainc qu'à moitié. En désaccord avec Camus, Jean Daniel l'avait revu trois fois seulement et, à chaque rencontre, Camus avait prononcé cette phrase obscure : « L'important est que vous soyez, comme moi, déchiré, Jean. » L'explication d'un « départ tranquille » de *l'Express* ne tient pas. Camus n'a pas quitté *l'Express* à cause de l'échec de Mendès. Ni à cause de Mauriac, son voisin de colonnes qu'il ne supportait plus, pour d'autres prétextes[5], notamment, l'adhésion de Mauriac à France-URSS, une organisation proche du Parti communiste.

---

4. Rencontre avec l'auteur, novembre 2002.
5. Olivier Todd, *Albert Camus, une vie, op. cit.*, p. 632.

En vérité, il s'agit de l'Algérie. Encore de l'Algérie. Camus est alors en pleine « crise d'Algérie ». Il dit, il répète à ses amis : « J'ai mal à l'Algérie comme j'ai mal aux poumons[6]. » Il suffoque, au sens propre. Les séances d'oxygène, auxquelles il est astreint à cause de sa tuberculose, ne le soulagent plus. Il souffre. Il enrage. Il étouffe. Il n'est plus seulement *déchiré* ; il engueule Paris, et jusqu'à ses plus proches amis accusant, par exemple, « *l'Express* d'applaudir quand les Français se faisaient tuer ».

Alors, il se tait. L'entendrait-on d'ailleurs ? Les vaniteux Parisiens non seulement ne l'écoutent plus quand il parle de l'Algérie, mais refusent de le prendre au sérieux, sous prétexte qu'il est *concerné*. Donc douteux, suspect, disqualifié. Alors il serre les poings. Ne pas pétitionner. Ne plus écrire. Ne pas avoir à prendre position. Ne pas avoir à répondre. Pour protéger sa mère ? Pour ne pas insulter l'avenir ? Mais ce silence qu'il s'impose lui pèse. Et quand « l'anticolonialisme totalitaire » – l'expression est de Pierre Nora[7] – lui semble trop arrogant, il a quelques échappées rageuses.

Comme ce jour-là à Stockholm.

On venait de lui remettre le prix Nobel de littérature. Il ne pouvait pas ne pas être fier, lui, l'enfant de Belcourt. Il avait rendu hommage à ses maîtres d'école. Il avait même eu l'élégance de souligner qu'André Malraux était plus désigné que lui pour cette récompense. Il devenait une conscience planétaire ; et quoi qu'en disaient ses anciens amis existentialistes de Saint-Germain-des-Prés, sa voix allait maintenant porter plus haut et plus loin. Il aurait dû être le plus heureux des hommes. Or il craque. Face à des étudiants suédois, après avoir donné une conférence, il répond aux questions. Un jeune homme intervient. Un Algérien, se prétendant du FLN, qui le somme de prendre position sur la question algérienne.

Et là, Camus s'insurge. Il est blême tout à coup. Il n'admet ni ce ton ni cette sommation. Et il lui répond. D'abord qu'« il n'a pas de leçon d'anticolonalisme à recevoir, et surtout pas d'un militant FLN »... Puis, devant l'assemblée médusée, il révèle que, depuis

---

6. Cité par Olivier Todd, *Albert Camus, une vie, op. cit.*, p. 671.
7. Pierre Nora, *Les Français d'Algérie*, Paris, Julliard, 1961.

des mois, il s'emploie à sauver des dizaines de nationalistes algériens condamnés à mort, sans pour autant accepter les méthodes « terroristes » du FLN. Et enfin, il prononce son « entre ma mère et la justice...[8] » On l'a tant commentée cette phrase trop fameuse ; on l'a auscultée, disséquée. Et si on était allé chercher trop loin ? Si, tout simplement, Camus avait lâché cette formule, sans l'avoir préméditée, comme quand on s'emporte ? Avec amertume, ou par lassitude, ou peut-être encore parce qu'il était à bout ce jour-là face au jeune Arabe qui semblait le haïr. Et qu'il avait voulu dire : « Vous savez... Entre votre justice et celle de ma mère... »

---

8. « Je crois à la justice, mais je défendrai ma mère avant la justice. »

9

La Nuit de la trêve civile

Albert Camus se tait, sur la question algérienne, précisément depuis le 22 janvier 1956. C'était un dimanche après-midi, à Alger. Une date oubliée. Celle de l'échec d'une initiative de paix voulue par lui, et indirectement par Mendès France. Ce pourrait être d'ailleurs un de ces *débuts français* à cette guerre dont je constatais, plus haut, qu'elle était sans bornes.

22 janvier 1956. La Nuit de la trêve civile.

Une conférence peu banale, ce dimanche, entre la casbah et Bab el-Oued, place du Gouvernement, dans une bâtisse typiquement IIIᵉ République, qui s'appelait alors le Cercle du Progrès. Pour la première fois, se tenait un meeting franco-algérien. Avec pour invité de marque Albert Camus, résolu à lancer cette trêve civile qu'il appelait de ses vœux depuis des semaines, notamment dans deux articles de *l'Express* : « Trêve pour les civils » et « Le parti de la trêve[1] ». Elle débuta à 17 heures. Les amis algérois de Camus, organisateurs de la réunion, avaient préféré attendre la fin de l'après-midi, le retour des plages.

L'événement n'a pas accroché l'Histoire. On le trouve peu cité dans les chronologies de la guerre d'Algérie. Plus personne ne se le rappelle, à l'exception de quelques amis de Camus, ou de Jean Daniel qui considère que ce 22 janvier 1956 constitue une date charnière[2] : « une anticipation camusienne extraordinaire ». Le

---

1. La Pléiade, p. 981 et suiv.
2. Jean Daniel, entretien avec l'auteur le 31 octobre 2002.

grand éditeur algérois Charlot[3] y pense parfois, me dit-on, en Provence où il finit sa vie, non loin de ses amis René Char et Albert Camus. Germaine Tillion en parle comme d'une épopée ; il est vrai qu'elle n'a jamais cessé d'aimer Camus, et fut une des rares intellectuelles de gauche à ne pas être « anticolonialiste totalitaire » – pour reprendre le concept de Pierre Nora[4].

L'événement était exceptionnel. Camus, le grand Camus, réunissant à Alger musulmans et Européens d'Algérie. À l'heure où les bombes du FLN explosaient dans la capitale.

Quatre jours avant le meeting, Camus débarque à Alger. Il a en poche son projet de manifeste pour la trêve civile. Le texte est simple, clair, très court, volontairement. Il l'a peaufiné depuis si longtemps, avec son ami algérois l'écrivain Emmanuel Roblès qui est pour lui un « libéral » plus libre que les autres, surtout à l'égard du FLN. Ils en ont ensemble limé les crêtes, arrondi les angles. L'appel a été pesé et soupesé pour être susceptible d'être signé par leurs amis musulmans autant que par des pieds-noirs éclairés. Lors de la réunion, ce court texte de soutien en faveur de l'appel devait circuler dans le public et recueillir des signatures.

« Nous demandons qu'en dehors de toute position politique et sans que cela entraîne aucune interprétation de la situation actuelle dans un sens comme dans l'autre, un engagement général soit pris pour assurer la protection des civils innocents[5]. »

Loin de Paris, et en mission, Camus retrouve ses forces. Il est de retour dans sa ville natale et il se sent revivre : « [...] tout vaut mieux que cette France de la démission et de la méchanceté, ce

---

3. Premier éditeur de Camus (*L'Envers et l'Endroit*, en 1937), ce libraire, à l'enseigne des « Vraies Richesses » en hommage à Giono, fut au centre de la vie culturelle algéroise. Exilé en Provence après avoir vainement tenté sa chance à Paris dans les années 50, il se brouilla avec Camus. Sa boutique, reprise par un pied-rouge en 1963, puis par un Algérien libéral, fut détruite et son propriétaire massacré par les islamistes.

4. Pierre Nora, *Les Français d'Algérie, op. cit.*

5. Le 22 janvier, Albert Camus lit un discours qui fut publié à Alger, avec le nom de l'imprimeur rendu illisible pour éviter les représailles, puis reproduit dans *Actuelles III-Chroniques algériennes, 1939-1958* (p. 989 et suiv.). Un court texte de soutien en faveur de l'appel devait circuler dans le public et recueillir des signatures, sans succès puisque la conférence fut interrompue. Enfin, après la conférence, le Comité pour la trêve civile rédigea une convention de trêve qui fut montrée à Guy Mollet, mais celui-ci ne donna aucune suite à cette initiative.

marais où j'étouffe. Oui, je me suis levé heureux, pour la première fois depuis des mois. J'ai retrouvé l'étoile[6] ». Cette fois, il ne bataille plus dans les couloirs de chez Gallimard, ou dans les colonnes de *l'Express*, contre un Paris hostile. Il a perdu ses illusions, ne croit plus à une solution miracle algérienne, mais est animé par une conviction, un dernier espoir : trouver autour de lui, à Alger, assez d'hommes de bonne volonté, chez les Arabes et les Français, pour éviter l'emballement de la machine à terreur. La bataille d'Alger n'a pas encore commencé ; et le terrorisme n'est pas encore la stratégie clairement choisie par le FLN – même si on en devine, depuis les massacres de Français dans le Constantinois en août 1955, la tentation. Il vient donc à Alger pour mener un combat politique – comme il n'en n'avait jamais mené peut-être, depuis son bref passage au Parti communiste algérien dont il fut exclu en 1937.

Pourtant, si Camus retrouve à Alger le « bonheur et l'étoile » – comme il l'écrit –, il demeure inquiet. Il redoute sa ville. Il la connaît trop bien. Ses complots, ses ultras, sa rumeur... Et puis il y a ces contre-terroristes Algérie française, recrutés dans le petit peuple de Bab el-Oued dont on commence beaucoup à parler à Paris... Les jeux byzantins d'un FLN de plus en plus puissant, au détriment du MNA de Messali Hadj... Les positions de plus en plus raides de son ami Ferhat Abbas... Les rivalités des « libéraux d'Alger » divisés entre humanistes avec Emmanuel Roblès, communistes du PCA avec Daniel Timsit, ou chrétiens de gauche avec André Mandouze, que Camus refusa de rencontrer lors de ce séjour parce qu'il le jugeait trop favorable au FLN...

Il n'ignore pas le caractère explosif de son initiative, si simple pourtant, presque banale, mais combien dangereuse, car irréductible à l'un ou à l'autre camp qui déjà – Camus le sait trop bien – fourbissent leurs armes. En dépit d'une légende répandue, les « libéraux d'Alger » n'ont pas sa confiance. André Rossfelder, alors jeune écrivain, son chauffeur et confident durant ces journées, le confirme. Il arrive en terrain miné et il le sait. « Il y a eu, pour moi, deux choses claires lors de ce retour de Camus.

---

6. *In* Albert Camus, *Carnets III, mars 1951 - décembre 1959*, Paris, Gallimard, 1989, p. 182.

D'abord, s'il s'est adressé à moi pour que je sois son chauffeur durant ces quelques jours alors que je n'avais aucun rapport avec le Comité des libéraux. C'était certainement pour marquer une certaine distance à leur égard. Cela n'a pas échappé à notre ami Maisonseul qui s'en est irrité dans notre dos en s'exclamant : "Mais enfin qui est ce Rossfelder[7] ?". »

Durant ces quelques journées préparatoires à la réunion de la trêve civile, Camus va naviguer à vue. Il se méfie de tout le monde, y compris des instigateurs de la réunion, ses compagnons européens et musulmans. Il est incertain, hésitant. Il se garde des uns, s'éloigne des autres, tente de dégoupiller tout mot piège dans le texte qu'on discute encore. Après avoir assisté à quelques réunions lors desquelles il s'oppose violemment à des militants pro-FLN[8], il donne l'impression de se rétracter. Le 19 janvier, dans les locaux du Mouvement de l'abondance, un musulman lui assène la thèse du FLN : nous ne pourrons mettre fin au terrorisme qu'une fois le préalable de l'indépendance accepté par le gouvernement français. Camus quitte la salle. Quelques instants plus tard, il dira à ses amis : « Je crois qu'ils nous ont eus. » Une phrase qui, selon André Rossfelder, faisait écho à ce commentaire de Camus, choqué par certaines exigences des nationalistes algériens : « Ils veulent quoi, que je me déboutonne ? »

À la veille du meeting au Cercle du Progrès, il est prêt à rompre. Les difficultés se multiplient. De fausses cartes d'invitation, contrefaites par les ultras de l'Algérie française, circulent ; on doit en réimprimer avec un nouveau texte par crainte d'un attentat. Tous les propriétaires de salle refusent d'héberger la réunion. Camus songe à tout annuler lorsque le maire d'Alger, le mendésiste Jacques Chevallier, refuse à son tour au dernier moment de prêter la salle promise. De guerre lasse, Camus accepte que la réunion se tienne au Cercle du Progrès. Nouvelles discussions là encore. Le Cercle du Progrès, situé à l'entrée de la casbah, est considéré comme une salle musulmane.

C'est l'erreur fatale. Elle va condamner l'initiative de la trêve

---

7. Correspondance d'André Rossfelder avec l'auteur.
8. Olivier Todd, *op. cit.*, p. 625.

civile. L'autre était involontaire. Camus ignorait que ses interlocuteurs musulmans appartenaient au FLN : ils s'étaient bien gardés d'en faire état. Il s'agit d'Amar Ouzegane, ancien membre du PCA, et de son neveu Mohammed Lebjaoui, dirigeants en fait du Front à Alger[9].

La réunion va se tenir dans une atmosphère de guerre civile. Dans la salle, mille personnes. Un tiers d'Européens, deux tiers de musulmans, dont – fait remarquable – Ferhat Abbas et, arrivant da façon spectaculaire sur une civière, un chef ouléma défendu par Camus avant-guerre[10]. La salle est enfumée, nerveuse, assiégée. Dehors, sur la place du Gouvernement, le peuple des petits Blancs de Bab el-Oued et de Belcourt, les ultras, quelques militants d'extrême droite, des fonctionnaires inquiets du terrorisme hurlent à la mort contre les « bradeurs », Mendès « le Juif » et Camus « le traître ».

Lorsque Camus lit son discours, c'est déjà la cohue. Le court texte de soutien en faveur de l'appel ne peut circuler dans le public. La conférence est interrompue. C'est la débandade. L'appel à la trêve civile passe presque inaperçu. L'important c'est l'émeute.

Le lendemain, dans *Le Monde*, paraît un compte rendu factuel de ces bagarres algéroises. On cite à peine l'appel de Camus. Dans *l'Express*, auquel il collabore pour quelques jours encore, la moitié du papier est consacrée aux ultras qui ont perturbé la réunion des « libéraux ». Curieusement, dans ce numéro de l'hebdomadaire[11], la ligne politique est donnée par Jean Daniel, plutôt que par Camus ; Daniel semblant douter de l'optimisme réformateur de Mendès et, par ricochet, de l'utopique « trêve civile » de son ami Camus. Dans le droitier *Écho d'Alger*, est publié, au lendemain de la réunion, un texte compliqué, plus symptomatique du malaise

---

9. Nombre des autres interlocuteurs musulmans de Camus sont des sympathisants, ils lui expliquent qu'ils ne veulent pas désapprouver le but de la lutte : l'indépendance immédiate, mais humaniser le combat (Olivier Todd, *op. cit.*, p. 623-625).

10. Olivier Todd, *Albert Camus, op. cit.*, p. 626-629.

11. *L'Express*, lundi 23 janvier 1956, « Le vrai dilemme algérien : négociations ou répression » par Jean Daniel.

provoqué par l'initiative de Camus. Il fut rédigé, sans doute, dans le bureau du directeur, comme tous les papiers sensibles en ce temps-là, par le puissant Alain de Sérigny, ancien pétainiste rallié au RPF gaulliste et l'un de ses financiers. Un modèle d'ambiguïté : dans sa première partie, la charge antimendésiste convenue en Algérie à l'époque ; dans la deuxième partie, un exposé presque bienveillant de l'appel à la trêve civile ; et, en conclusion, une scène patriotique avec la description de la belle jeunesse algéroise – qui avait alors manifesté contre Camus – réunie devant la statue de Jeanne d'Arc, rue Charles-Péguy : « Ils ont juré que, tant qu'ils seraient vivants, l'Algérie resterait française. »

Cinquante après, en visitant ce tombeau, je reste fasciné par les deux mille destins qui s'entrechoquent ce soir-là, place du Gouvernement. Les mille avec Camus ; les mille contre Camus, réunis dans une sorte de grand théâtre où déjà on distribue les rôles pour la guerre à venir.

En effet, tous les acteurs du drame sont présents. Comme pour une répétition générale. L'OAS en puissance, parmi les ultras rameutés par le Front national français, chauffés par le poujadiste algérois Goutalier ; Jean-Jacques Susini, dans le sillage du cafetier du Forum, Jo Ortiz ; et, au premier rang des braillards, le fameux commissaire Achiary[12], héros du débarquement américain du 8 novembre 1942[13], massacreur des émeutiers arabes de Sétif en mai 1945, et qui deviendra l'Ange noir de l'Algérie française en créant l'OAS avant l'heure, puis s'exila, accroché aux basques d'un soldat perdu, dans une planque espagnole à la fin des années 1960.

---

12. Durant ces journées de 1956, l'inventeur des groupes d'autodéfense de l'Algérie française.
13. André Achiary est un ancien policier à qui son rôle héroïque pendant le débarquement américain de novembre 1942 a valu son intégration dans le corps préfectoral. En mai 1945, sous-préfet de Guelma, il constitue une milice pour éliminer tout Arabe susceptible de manifester de la sympathie pour les nationalistes et participe ainsi à la répression meurtrière qui s'abat sur les musulmans dans le Nord-Constantinois. Il quitte la préfectorale peu après, se reconvertit à Alger dans une affaire de construction et, après novembre 1954, devient un des leaders des milieux ultras qui prônent le contre-terrorisme et l'autodéfense face au FLN.

Le FLN, dominateur mais encore masqué, est là aussi, derrière les acteurs de la troupe du théâtre franco-algérien et des membres du Parti communiste algérien. Et les « libéraux » d'Alger, généreux et divisés.

Les perdants et les gagnants. Les perdants surtout, mais l'on ne sait pas encore comment se terminera la pièce.

Que sont-ils tous devenus ?

Combien d'Européens sont, ensuite, tombés sous les bombes du FLN ou les coups de l'OAS ? Combien de musulmans, présents ce soir-là, ont rejoint le FLN ? Combien d'entre eux ont été torturés dans la bataille d'Alger de 1957 ? Combien seront liquidés par la Radieuse Révolution algérienne, à partir de l'été 1962 ? Que deviendront certains de ces libéraux français pro-FLN dont Camus se méfie ? Ont-ils fini leur vie en France, dans l'amertume, eux qui crurent si fort à la Révolution algérienne, seuls et désespérés, comme Daniel Timsit, mort trop tôt pour que je puisse le rencontrer[14] ? Ou bien ont-ils été torturés, exécutés par la police de Boumédiène, comme Jean Sénac[15] – cet autre ami de Camus

---

14. Homme politique, médecin et écrivain, Daniel Timsit est né en 1928 à Alger au sein d'une famille juive devenue française grâce au décret Crémieux de 1870. Adolescent, il fait l'expérience de l'exclusion du lycée, en application des mesures antijuives de Vichy à Alger. Après la guerre, il entre au Parti communiste algérien et s'engage très tôt aux côtés des nationalistes algériens. Étudiant en médecine, il confectionne un laboratoire d'explosifs pour les maquis du FLN. En 1956, il est arrêté et emprisonné. À la fin de la guerre, il termine ses études de médecine et retourne à Alger où il collabore au gouvernement. Après le coup d'État de juin 1965, il quitte définitivement l'Algérie pour revenir, amer et critique, exercer en métropole. Il est mort le 2 août 2002.

15. Né à Beni Saf (Oranie), en 1926, au sein d'une famille ouvrière d'origine espagnole, Jean Sénac devient enseignant. En 1943, il s'engage dans l'Armée de l'air. Après-guerre, il fréquente le milieu littéraire d'Alger, adhère à l'Association des écrivains algériens. Poète, il fonde la revue *Soleil* en 1950 où publient Kateb Yacine et Mohammed Dib. Grâce à une bourse, il séjourne en France où il se lie avec René Char et Albert Camus. Après le déclenchement de l'insurrection, il soutient le FLN. En 1962, de retour en Algérie, il prend la nationalité algérienne, devient conseiller du ministre de l'Éducation nationale dans le gouvernement de Ben Bella, participe à la fondation de l'Union des écrivains algériens. En 1963, il crée une émission de radio hebdomadaire, « Poésie sur tous les fronts ». Son œuvre plaide pour une société pacifiée, respectueuse des identités culturelles. Après la chute de Ben Bella, il tombe en disgrâce, démissionne de l'Union des écrivains, son émission est censurée en 1972. Il meurt assassiné durant la nuit du 30 août 1973, officiellement par un voleur. Un film retrace les derniers mois de la vie du poète, après son

qu'on présente comme le Pasolini algérois – souvent dans les mêmes geôles où les hommes de Massu pratiquaient la gégène ?

Par miracle ce dimanche-là, on ne compta pas de morts parmi les manifestants, ni dans l'assistance des ultras. S'il y en avait eu, la réunion de la trêve civile aurait peut-être, et pour de mauvaises raisons, durablement marqué l'Histoire. On s'en serait souvenu, comme de l'attentat de la Corniche qui endeuilla la jeunesse algéroise, ou de la semaine des barricades de janvier 1960, ou encore de l'arrestation de Yacef Saadi, le chef du FLN de la casbah d'Alger. Mais ce jour-là, dans Alger où la fièvre monte et où elle ne cessera de monter jusqu'au 13 mai 1958, *L'Écho d'Alger* et les Algérois se félicitèrent que le commissaire Benhamou ait su maintenir l'ordre : « Rendons donc grâces au commissaire central M. Benhamou d'avoir créé un climat paisible en un lieu où l'on s'attendait à une violente et dangereuse bagarre. » C'était donc lui, l'un des deux légendaires commissaires Benhamou, dont on parlait fièrement dans les réunions familiales. Ils étaient vaguement cousins, deux fiertés du pays, deux grands républicains ; l'un deviendra respectable par la voie gaulliste, l'autre, sulfureux, car jugé trop proche de l'OAS.

Si j'insiste sur ce rendez-vous manqué de la trêve civile, c'est pour tenter de rendre justice à Camus. Pour en finir, je l'espère, avec le mauvais procès qu'on lui intente depuis cinquante ans. Car je ne me résous pas au poncif, c'est-à-dire à considérer ce Camus-là comme un utopiste myope, un intellectuel en retard sur l'Histoire, qui en serait resté à ses textes de 1939 sur « la misère en Kabylie[16] ». Ou bien, pis encore, à cette légende sympathique d'un pied-noir généreux et tourmenté.

---

installation dans la cave d'un quartier misérable d'Alger (*Le Soleil assassiné*, d'Abdelkrim Bahloul).

16. En mars et juin 1939, Camus publie un reportage sur la Kabylie, 11 articles sous le titre de *Misère de la Kabylie*, qui mêlent statistiques et choses vues, analyses et descriptions d'un « peuple qui vit avec trois siècles de retard ». Il dénonce les conditions de vie et de travail : « le régime du travail en Kabylie est un régime d'esclave ». Mais il ne met pas en cause la colonisation. Pour lui, les propriétaires kabyles exploitent leurs ouvriers de la même façon que les Européens. C'est donc la politique sociale qui doit changer. Si la colonisation apporte le progrès, elle n'entraîne pas automatiquement une amélioration du

Ce sont des lieux communs. Les innombrables variantes de la funeste phrase prononcée un jour par le critique Jean-Jacques Brochier – qui doit au fond s'en repentir : « Camus, philosophe pour classe terminale. » C'est une manie parisienne ; sans prendre la peine de le lire, ou de le relire, on caricature Camus. Camus le dépassé. Camus le velléitaire. Camus l'humaniste – forcément « benêt ». Camus, aveuglé par ses racines – ah ! sa mère...

Cette légende – hélas tenace – d'un Camus *égaré* sur l'Algérie est non seulement discutable, mais risible. Surtout quand elle émane des cercles qui ont aveuglement soutenu le FLN – je dis bien le FLN et non l'indépendance algérienne. Elle est si répandue que certains de ses biographes les plus attentifs se sont laissé convaincre. Selon Olivier Todd[17], Camus aurait été déconnecté de son temps, incapable d'appréhender le phénomène colonial, bloqué sur la situation d'avant-guerre, le temps où il écrivait dans *Alger républicain*. Jean-François Sirinelli, d'ordinaire si aigu quand il s'agit d'analyser les positions de Raymond Aron ou de Sartre à cette période, néglige celles de Camus dans un des seuls ouvrages consacrés à la guerre d'Algérie des intellectuels[18].

Or, l'apport de Camus sur la question algérienne est unique, tant sur le plan de l'éthique de la responsabilité, que sur celui de l'éthique de la conviction. Ce qui fait l'originalité d'Albert Camus dans cette affaire, ce n'est pas ce que l'on croit généralement. Ce n'est pas qu'il ait été touché, jusque dans sa chair, par l'affaire algérienne, ni qu'il ait pleuré à l'idée qu'il n'irait plus se promener à Tipaza. L'apport de Camus n'est ni terrien ni sentimental, et pas le moins du monde anecdotique.

Face à la guerre d'Algérie, Camus est un intellectuel antitotalitaire. Quelques années seulement après le débat lancé par *l'Homme révolté* sur le communisme et plus généralement le

---

sort des colonisés. Il relève le « mépris général où le colon tient le malheureux peuple de ce pays ». Il précise : « Si l'on veut vraiment d'une assimilation, et que ce peuple si digne soit français, il ne faut pas commencer par le séparer des Français. Si je l'ai bien compris, c'est tout ce qu'il demande. » (Olivier Todd, *op. cit.*, p. 192 à 195).

17. Olivier Todd, *op. cit.*

18. *La Guerre d'Algérie et les intellectuels français*, J.-P. Rioux et J.-F. Sirinelli, *op. cit.*

totalitarisme, il se trouve confronté lui-même à ce défi. C'est Camus l'antifasciste, le résistant non conformiste de *Combat* qui, avec Koestler et quelques intellectuels lucides, s'inquiète de la « passion » pour la violence révolutionnaire du tiers-monde, cette « pureté dangereuse[19] » qui transporte nombre de penseurs parisiens, et fascine la gauche française à la manière des fascismes des années 1930. C'est l'intellectuel, matérialiste mais non marxiste, qui s'insurge contre la supposée marche de l'Histoire.

Au contraire de ce que l'on croit, ce qu'il faut retenir de la relecture de Camus, ce n'est pas la naïveté, mais plutôt l'extrême lucidité. La science politique intime du terrain ; la prescience des rapports de force à venir ; la prémonition littéraire du malheur : l'anticipation camusienne sur les événements[20].

Il fut le premier à dénoncer le colonialisme, ses tares, son oppression et sa misère en 1939, avec *Misère de la Kabylie*.

Il est, en 1956, le premier à dénoncer la maladie du tiers-monde : « l'anticolonialisme totalitaire » du FLN.

Camus utopiste ? Pas du tout. Il faut remettre l'initiative de la trêve civile dans son contexte.

Car il y a Mendès, et, peu avant l'initiative de la trêve civile, la formidable espérance de son retour au pouvoir, qui pousse Camus à agir.

Camus attend Mendès, donc. Toute la France l'attend, comme en attestent les sondages de l'époque. À la fin de la campagne électorale, il est l'homme politique sur lequel se rassemblent le plus de Français : 27 % veulent que Mendès France soit président du Conseil, contre 8 % pour Antoine Pinay, 6 % pour Edgar Faure, 3 % pour Maurice Thorez et 2 % pour Guy Mollet[21]. Mendès offre donc une perspective politique à l'appel de la trêve civile. Camus croit à l'intégration. Il espère de profondes réformes en Algérie, et rêve d'un État fédéral, formé de citoyens égaux, permettant aux deux communautés de coexister. Il n'a jamais été fanatiquement

---

19. Bernard-Henri Lévy, *La Pureté dangereuse*, Paris, Grasset, 1994.
20. L'expression est de Jean Daniel. Rencontre avec l'auteur le 31 décembre 2002.
21. Sondages IFOP, 1955, n° 4.

mendésiste, mais il a confiance dans l'homme politique qui a promis – s'il était élu – de s'installer à Alger, des semaines s'il le fallait, afin de prendre à bras le corps l'affaire algérienne.

Camus a conscience que s'il reste quelque chose à faire en Algérie, c'est le moment. Le dernier moment. Lorsqu'il se trouve à Alger, la stratégie du FLN hésite encore. Elle est à un tournant. Les attentats du terrorisme urbain des nationalistes algériens ont fait des ravages à Philippeville, à Bône, à Constantine ; mais cela n'est pas encore une stratégie délibérée. Le FLN n'est pas encore hégémonique, loin de là. Il talonne le vieux MNA[22] de Messali Hadj. Ferhat Abbas[23] n'a pas encore rejoint le Front – quelques mois plus tard, politiquement dans l'impasse, il rejoindra le FLN. Du côté de l'Algérie française, et de l'armée, les groupes clandestins foisonnent à Alger sous l'œil bienveillant des gaullistes, de ses anciens pétainistes, des poujadistes. Camus voit monter la haine. Il redoute l'irrémédiable. La nuit de la trêve civile témoigne de ce moment où l'Histoire semble prête à basculer.

L'ingouvernable Assemblée a été dissoute le 1er décembre 1955. La popularité de Mendès, la nécessité de traiter la question

22. Le Mouvement national algérien est créé par Messali Hadj en décembre 1954. Mais il n'est que la nouvelle dénomination du plus vieux mouvement nationaliste algérien, l'Étoile nord-africaine, fondé en 1926, dissous par les autorités françaises en janvier 1937, reconstitué en Parti du peuple algérien (PPA), à nouveau interdit, et refondé après la guerre sous le nom de MTLD (Mouvement pour le triomphe des libertés démocratiques). Ce dernier a été dissous après la Toussaint rouge et nombre de ses membres emprisonnés alors qu'ils n'étaient pour rien dans les attentats du 1er novembre 1954. À ce moment là, Messali Hadj était de plus en plus contesté, des activistes sont passés à l'action alors que le MTLD se scindait entre messalistes et centralistes. Beaucoup de ces derniers rejoindront les rangs du FLN.
23. Ce sera la fin de la longue évolution de Ferhat Abbas, qui s'éloigna progressivement de la France. Né en 1899 dans le Constantinois, docteur en pharmacie, Abbas fait partie des premiers intellectuels algériens qui réclament dans les années 1930 l'égalité des droits pour les musulmans dans le cadre de la souveraineté française. Après l'échec des projets de réforme du Front populaire et la Seconde Guerre mondiale, il ne s'agit plus pour lui de s'intégrer à la France. La République doit mettre fin à la domination coloniale. Son mouvement l'UDMA, fondé en 1946, parti de cadres et de notables musulmans francisés, milite en faveur d'une Algérie autonome et démocratique, issue d'un dialogue constructif avec les autorités françaises. Sa modération et son légalisme ne résistent pas à l'immobilisme de la politique algérienne des gouvernements français.

algérienne, la crise de la IVe République, tout permet d'espérer que Pierre Mendès France sera désigné président du Conseil par René Coty.

Hélas, ce sera Guy Mollet.

Le nouveau président du Conseil est investi le 1er février, dix jours après la réunion de la trêve civile. Moins d'une semaine plus tard, il se rend à Alger, n'écoutant ni Mitterrand qui lui déconseille de s'y rendre car il craint des troubles, ni Mendès qui l'exhorte à la prudence. Il fonce dans l'obstacle. C'est le 6 février 1956, la journée des tomates durant laquelle Guy Mollet échappe de peu à un piteux lynchage.

Le lendemain Mollet se déjuge, cédant à l'émeute de la manière la plus enfantine, lui le roué. Il accepte la démission du général Catroux, jugé trop réformateur par les activistes Algérie française. Ainsi, il se déshonore, et avec lui la République. Les ultras et leurs amis de l'armée jubilent. Ils ont fait céder l'État. Et un 6 février, trente-deux ans précisément après l'émeute sanglante qui fit vaciller la IIIe République...

C'est au lendemain de ce funeste 6 février 1956 que se met en place le terrible engrenage. Le 12 mars, c'est le vote des « pouvoirs spéciaux par l'Assemblée nationale ; le 22 avril, le ralliement du modéré Ferhat Abbas à un FLN que plus rien ne semble arrêter ; le 27 mai, le premier ratissage de la casbah qui annonce la terrible bataille d'Alger ; le 20 juin, une vague d'attentats individuels inouïs à Alger, auxquels répondent très vite les bombes des « contre-terroristes » européens, avec l'attentat de la rue de Thèbes qui fit plusieurs dizaines de victimes musulmanes.

La nuit de la trêve civile marque une borne symbolique. C'est une date rupture. La guerre d'Algérie commence vraiment là, côté français. C'est une date rupture également pour le FLN : elle annonce la politique du pire, avec le congrès de la Soummam qui institue, à l'été 1956, le terrorisme en stratégie politique. La terreur se met en place. La terreur d'État et la répression sanglante du peuple algérien. La terreur blanche des activistes français d'Alger fous d'inquiétude, chauffés et manipulés par les services secrets militaires, les comploteurs d'extrême droite et leurs rivaux gaullistes. La terreur du FLN qui s'institutionnalise – on l'a vu – au moment même où certains comme Yacef Saadi, patron de la casbah d'Alger, envisagent d'y renoncer à la suite des courageuses tractations de Germaine Tillion[24]. La terreur interne aussi. Dès lors, la guerre civile fera rage entre les nationalistes algériens du MNA et ceux du FLN avec des milliers de morts dans les maquis et dans la région parisienne. Et puis la contre-terreur de l'Algérie française. Les complots et les contre-complots. La machine infernale. L'enterrement de la trêve civile.

---

24. *Cf. infra*, chap. 13, p. 111 et suiv.

10

Ils voulaient assassiner Camus

Voilà des heures que l'ancien commando Delta de l'OAS, devenu un respectable notable de la Côte d'Azur, raconte sa guerre, ces combats qui ressemblaient, à l'entendre, à un remake algérois des *Canons de Navarone*, la superproduction de l'époque, et ce coup fameux où il « régla leur compte » à dix-neuf barbouzes dans leur fief. Je décroche. Plus le goût pour ce ronron meurtrier, ces crimes en série racontés comme autant de souvenirs de jeunesse. Une vague nausée. L'ennui surtout jusqu'à cet instant où l'ancien terroriste français balance tout à coup, banalement, comme à regret, qu'un jour ses amis et lui avaient « envisagé d'assassiner Camus ».

Assassiner Camus !

J'ignorais cette histoire. Je ne l'avais lue nulle part. Elle ne figurait pas dans les biographies de Lottman ou de Todd, ni dans le *Onzième Commandement* de son ami Rossfelder. Aucune mention n'en était faite par Camus lui-même ; il en aurait certainement parlé dans ses *Carnets* ou dans ses *Chroniques algériennes*. Tout juste fait-il état de quelques menaces téléphoniques adressées au standard de l'hôtel Saint-Georges à Alger où il descendit en janvier 1956.

Je demande à mon interlocuteur s'il ne se trompe pas. S'il ne confond pas. S'il parle bien de l'écrivain Albert Camus.

L'homme insiste. Il confirme. Le projet était sérieux, très avancé. Au cours d'une « réunion de travail », avec ses amis activistes de l'Algérie française, ils étaient à la recherche d'un

« coup » qui frapperait l'opinion en Algérie et en métropole, comme l'OAS tentera d'en organiser avec le projet d'enlèvement de Brigitte Bardot, de destruction de la tour Eiffel, ou de vol de la bombe nucléaire française. L'idée de s'en prendre à Camus leur avait plu. Ne s'agissait-il pas à la fois de punir un « traître » et de réaliser un acte de « guerre révolutionnaire » spectaculaire... ?

Tandis qu'il raconte, j'imagine la scène. Le macabre *brainstorming* d'Alger. Une réunion clandestine dans un F3 moderne, dans une de ces HLM flambant neuves qu'on venait de construire boulevard du Telemly. Une pièce vide, surchauffée, enfumée par les Gitanes ; à peine une table et quelques chaises ; autour, des pieds-noirs prêts à tout et des légionnaires déserteurs lancent des idées de « coup ». L'un d'entre eux désigne ce pharmacien juif de Médéa qui couche avec une Mauresque. Un autre, un peu plus chef que lui, tranche : « Non, pas un juif, ça nous ferait des histoires... » Un deuxième désigne cette maîtresse d'école d'El-Biar, une mendésiste militante. « Non, pas une femme. Ça ne se fait pas... » Un troisième propose de descendre ce colonel parisien pro-Arabe qui a publié un article « pour ces communistes de *l'Express* ». « Non, pas un militaire, l'armée le prendrait mal... » Et puis un autre encore, plus culotté, peut-être vaguement plus lettré que les autres, ose une timide suggestion : « Camus ! »

L'audace est grande. Le silence se fait un moment. Parmi ceux qui se taisent, il y a ces légionnaires slaves qui n'ont jamais entendu parler de Camus, et les autres, les Algérois, qui le connaissent de vue ou de réputation, ont joué au foot au lycée avec lui. Un instant, ils restent abasourdis, presque effrayés par eux-mêmes. Puis très vite, la stupeur passée, ils s'échauffent à nouveau. Sur la table, ils jettent la haine et les vieilles rancœurs.

*Oui Camus... Le communiste d'*Alger Républicain – *ce maudit journal dont ils plastiquaient souvent les locaux. Camus, le pied-noir de Saint-Germain-des-Prés, l'ami de Sartre et de tous les pédérastes de Paris ; le mondain qui aime les Arabes depuis toujours, avec sa dénonciation de* La Misère de la Kabylie *; Camus qui récidive dans* l'Express *et nous poignarde à chaque fois. Oui, Camus, quelle bonne idée, le traître qu'il faut châtier.*

La proposition est adoptée.

Va pour Camus.

« C'est un miracle, poursuit l'ancien Delta, si ce projet d'assassinat n'aboutit pas. » Un de leurs grands chefs algérois eut vent du projet, débarqua, et le stoppa. Il s'agirait de Jean-Jacques Susini qui donna une leçon de littérature à des légionnaires yougoslaves médusés et à des petits commerçants de Bab el-Oued frustrés et presque vexés qu'en haut lieu on n'ait pas aimé leur idée. Le grand chef d'expliquer que Camus était un monument, que *Noces* contenait les plus beaux textes sur la terre algérienne, et qu'en lisant bien *L'Étranger* on se dit que l'Arabe de la plage était un FLN avant l'heure... Puis le grand chef conclut son exposé avec un argument choc : tuer Camus aujourd'hui, c'est comme si la Résistance parisienne avait fait sauter la tour Eiffel en 1942. Il fallut donc toute l'autorité du jeune Susini – ce « bébé-tueur » qui avait lu tant de livres, disaient ses camarades – pour qu'ils acceptent finalement de ne pas assassiner Camus.

Cette histoire inconnue sonne vrai. Mais l'est-elle ? Car il y a quelque chose qui cloche dans le récit de cet homme : la date.

L'assassinat de Camus devait être réalisé par l'OAS. Or cette organisation ne naît officiellement qu'au printemps de 1961. À cette date, Albert Camus est mort depuis un an.

Soit l'homme a tout inventé – il cherche à se faire valoir, à se placer au centre de l'Histoire comme en sont souvent tentés les témoins. Cependant, il n'a rien d'un vantard ; ce n'est qu'avec insistance que j'ai obtenu ce rendez-vous et ces informations. Il aurait même tendance à faire de la rétention, en particulier à propos d'un autre assassinat fameux qu'on lui attribue – et sur lequel il n'avait pas voulu répondre lors d'un précédent entretien. Quel intérêt aurait-il à affabuler, alors que, par ailleurs, il pondère, précise et atténue les responsabilités de l'OAS ?

Soit l'histoire aura été reconstruite sous l'effet de la mémoire. Le projet d'assassiner Camus se situe dans le droit fil des méthodes activistes de l'Algérie française, dont les cibles à Paris ou à Oran sont alors les journaux et les intellectuels « libéraux ». Les contre-terroristes de l'Algérie française ne faisaient d'ailleurs pas dans la nuance. Ils plastiquaient les domiciles de Malraux, des porteurs de valises, les locaux de *l'Express* et de *l'Humanité*, ou de journaux amis comme *L'Aurore*. Quiconque n'était pas un inconditionnel de l'Algérie française était un traître, un homme à abattre. Cela leur ressemble donc. Le témoin a déplacé dans le temps un fait réel. Il se trompe de date. Il est fort possible, en effet, que les activistes de l'Algérie française aient pensé s'en prendre à Albert Camus avant même l'existence de l'OAS. Pourquoi pas d'ailleurs au soir même de la conférence de la trêve civile, après qu'ils se furent dispersés à la suite de leur serment de conserver l'Algérie à la France devant la statue de Jeanne d'Arc ? Le projet d'assassiner Camus remonterait, dans cette hypothèse, à 1956.

Cette supposée tentative d'assassinat de Camus – si toutefois elle est vraie – est intéressante en tant que symptôme d'une maladie de l'Algérie française : l'infantilisme politique. Le grand malentendu entre les pieds-noirs et Camus l'illustre à la perfection. Les Français d'Algérie avaient été, en effet, infantilisés depuis des décennies par le parti des colons et par l'administration de Paris. Bardés de certitudes, gavés de propagande, assiégés par l'ennemi, ils avaient fini par ne plus rien entendre.

Camus, écrivain de cette Algérie-là ? Foutaises ! En Algérie, on avait appris à le détester. Pour l'opinion pied-noire, travaillée par les réseaux ultras et la propagande de *L'Écho d'Alger*, l'écrivain n'était plus vraiment des leurs. Il était un Parisien, un intellectuel. Un traître puisqu'il écrivait dans *l'Express*. En Algérie, on haïssait Camus par principe, sans le lire, sans l'entendre. C'était une évidence, comme une vague portée par la rumeur simpliste de la rue. À cause de Sartre, de Saint-Germain-des-Prés, de ses succès féminins, de son théâtre que l'on ne comprenait pas. Et en Algérie, dans ces villes cernées par la Peste, on avait besoin de détester pour se rassurer.

De ce ressentiment populaire, je m'aperçois qu'il reste quelque chose aujourd'hui. Quand j'évoque son nom devant certains témoins de l'Algérie française, il tombe sur leur visage un début de rictus, un air gêné, et je comprends *qu'ils ne pardonnent pas à Camus*. Si cette hostilité diffuse s'exprime et que je leur demande ce qu'ils ne lui pardonnent pas, ils hésitent, ils bafouillent, certains parlent de *l'Express*, mais aucun ne trouve de raison à cette vieille rancune. Si le mot « traître » n'est pas prononcé, il n'est pas loin, toujours au bord de leur mémoire. Incroyable malentendu quand on a lu Camus, le seul qui les ait compris et défendus, ait entendu la souffrance qui était la leur... On a beau leur expliquer qu'entre Sartre et lui il y avait un océan ; que les dernières années de sa vie étaient marquées par d'incessantes disputes avec les porteurs de valises, ses amis parisiens, qu'il n'a eu de cesse, dès 1957, de dénoncer la « terreur du FLN » et les « dangers de l'islamisme ». On a beau leur rappeler la phrase du Discours de Stockholm et son choix de la mère contre la justice, rien n'y fait. Un mur d'incompréhension. Pas la moindre fierté chez ces Méditerranéens, si prompts à se vanter d'avoir leur Nobel d'Algérie. Non, dans leur exil, la plupart des pieds-noirs n'ont pas trouvé de place pour lui, pas le temps de le relire, pas le goût. Et même, c'est frappant chez certains, une espèce de dégoût.

L'allergie pied-noire à Albert Camus reste mystérieuse. Elle présente toutes les caractéristiques d'un préjugé construit et colporté, et relève du religieux tant elle est profondément enracinée.

Pour la bourgeoisie coloniale d'Alger, Albert Camus était devenu l'ennemi. Le parti colon antisémite, dans la ligne de Max Régis[1], considérait tout désordre comme une menace pour le système – cet apartheid racial, religieux, politique et social ; cette frontière invisible entre chrétiens, musulmans et juifs.

L'Écho d'Alger se fit ainsi, durant des années, le propagateur de cette thèse d'un Camus traître à sa terre.

Car Camus, plus que tout autre, dérangeait cet ordre-là. Son existence était un permanent défi à cet apartheid, car il avait violé toutes les frontières.

L'apartheid racial d'abord. En 1941, alors que l'Algérie des élites et des contremaîtres applaudit à l'abolition du décret Crémieux – qui exclut de fait les enfants juifs des écoles –, il rejoint André Bénichou pour créer le cours Descartes à Oran.

L'apartheid social ensuite, le plus dérangeant peut-être pour les grands bourgeois des Balcons de Saint-Raphaël, les beaux quartiers d'Alger. Camus est pauvre, fils de pauvre, sa mère est illettrée, elle gagne sa vie en faisant des ménages. Sur son père, disparu si tôt, plane un soupçon d'illégitimité. Avoir réussi à se

---

1. Le délirant maire d'Alger, élu en 1898, croix-de-feu dans les années 1930, pétainiste en 1940, adepte de l'amiral Darlan fin 1942, giraudiste début 1943.

sortir du ghetto blanc de Belcourt et s'être hissé, lui, le fils de rien, au rang des illustres du monde reste impardonnable. Avoir fréquenté les Arabes, pis, avoir osé jouer au football ou fait du théâtre avec eux : impardonnable encore.

Et enfin, le plus terrible méfait de Camus, matrice de cette haine : le texte de ses vingt ans, celui des origines, publié en feuilleton dans *Alger républicain* : *Misère de la Kabylie*.

Camus avait eu raison trop tôt.

11

La Peste s'annonce, Camus s'en va

4 janvier 1960 : mort d'Albert Camus. 24 janvier 1960 : premier jour de la semaine des barricades où, pour la première fois, les Français d'Algérie prennent les armes contre de Gaulle et l'armée française.

J'étais frappé par cette presque concordance dans le temps. Je voyais là, sans rationalité aucune, un chassé-croisé macabre, comme prémonitoire. Vingt jours après la disparition d'Albert Camus, ses prophéties commençaient à se réaliser. L'OAS allait naître, le FLN prospérer. Ce serait, vraiment, terreur contre terreur. Le cauchemar qu'il décrivait dans sa préface aux *Chroniques algériennes* en 1958 devenait réalité : « Tels quels, ces textes résument la position d'un homme qui, placé très jeune devant la misère algérienne, a multiplié vainement les avertissements, et qui [...] ne peut approuver une politique de conservation ou d'oppression en Algérie. Mais, averti depuis longtemps des réalités algériennes, je ne puis non plus approuver une politique de démission qui abandonnerait le peuple arabe à une plus grande misère, arracherait de ses racines séculaires le peuple français d'Algérie et favoriserait seulement, sans profit pour personne, le nouvel impérialisme qui menace la liberté de la France et de l'Occident. »

Camus a pressenti les événements, mais il ne s'était jamais résolu à imaginer l'indépendance de l'Algérie. Le FLN comme les ultras lui faisaient redouter le pire. Et pourtant, s'il aimait fanfaronner en affirmant qu'il allait « quitter la France, oui, si elle abandonnait l'Algérie », s'il parlait d'aller « vivre au Canada », ou s'il répétait : « Les pieds-noirs sont les juifs de la France », il croyait encore à une possibilité de réforme, d'intégration, d'égalité politique, civique et sociale entre Français et musulmans – semblable à celle dont il rêvait en 1939. Il se disait qu'au pire une solution de partition viendrait mettre fin au conflit – on garderait l'Oranie et la région d'Alger, peut-être pas Mondovi. L'essentiel, ce goût d'Algérie, serait préservé.

Pour Camus, le choc vint du discours de De Gaulle le 16 septembre 1959, le fameux discours sur l'autodétermination. Le piège se refermait, il l'avait compris. Camus a dû être foudroyé. Le 5 mars 1958, il avait rencontré le général de Gaulle. Celui-ci lui avait joué une scène de scepticisme dont il était coutumier à l'époque : « L'Afrique est perdue. Les Français sont dans une période de découragement et de manque de confiance en eux. Il n'y a rien à faire. » Camus avait été effaré par le cynisme du chef de l'État à propos de l'avenir des pieds-noirs : « Ils demanderont de lourdes indemnités », ou de l'intégration des Algériens : « Nous aurions cinquante bougnoules à la Chambre[1]. »

Le discours du 16 septembre 1959[2] était le vrai signal de la fin. On était loin de son « ni victimes ni bourreaux », de son rêve d'une Algérie fédérale, de la sortie du colonialisme dont il avait rêvé avec Mendès France. Le pire s'annonçait.

Camus disparaît à la veille de la crise finale, il nous laisse l'énigme de sa liberté. Et un texte, une œuvre qui annonce l'agonie. *La Peste* nous dit l'histoire littéraire, serait une parabole de l'Occupation allemande – mêlée à cette fascination qu'éprouva

---

1. *In* Olivier Todd, *op. cit.*, p. 712.
2. Dans ce discours, le général de Gaulle annonce qu'une fois la paix rétablie en Algérie, une période transitoire s'ouvrira, quatre ans au maximum, au terme de laquelle les Algériens seront appelés à décider de leur destin librement par le recours à l'autodétermination. Ils devront choisir entre trois solutions : la sécession, la francisation ou l'association. C'est la première fois que l'hypothèse de l'indépendance totale est lancée officiellement et que la personnalité algérienne est reconnue. C'est une évolution certaine de la position du chef de l'État, qui en août 1958, au retour d'un périple en Afrique, déclarait que « l'évolution nécessaire » de l'Algérie devait « s'accomplir dans le cadre français ».

Camus pour les grandes pestes de l'Occident. Oran ne compterait pas, puisqu'il s'agirait de Clermont-Ferrand ! Mais *La Peste* décrit avec une précision stupéfiante tout se qui se déroulera en 1962, durant cette année où la fièvre de l'OAS s'empara du peuple des Français d'Algérie. Jean Marin, le mythique patron de l'AFP, déclara à l'un de ses journalistes, alors qu'il était de passage à Oran : « Les dépêches que je lis ici, c'est *La Peste*... » Tous les témoins de l'époque évoquent *La Peste*, dans leurs textes, dans leurs mémoires, dans leurs journaux intimes tel ce *Journal d'un prêtre à Oran* par le R.P. de Laparre, qui vaut bien celui que tenait Tarrou le héros de Camus, dans *La Peste* justement.

L'agonie de l'Algérie française fut courte, six mois environ, comme dans le roman, et d'une violence insensée, aveugle. La Peste comme prémonition de la mort ordinaire, de ces cadavres allongés à tous les coins de rue et sur lesquels on ne se retourne plus. La prémonition d'une Algérie tout entière ressemblant à Oran, avec ces grandes villes interdites, isolées à l'extérieur, verrouillées à l'intérieur dont on ne pouvait, toujours comme dans le roman, ni entrer ni sortir. Et durant les couvre-feux, les mêmes rêves de fuite, les mêmes soldats qui patrouillent. La prémonition de ces jours où la mort deviendrait si banale que les adolescents joueraient avec elle, comme ces petits tueurs blancs de seize ans à peine qui tiraient à vue. La prémonition des rats, ces activistes qui, tout au long de la IVe République, proliférèrent dans les souterrains d'Alger et de Paris, grignotèrent les âmes et les pouvoirs jusqu'au moment où ils surgirent à la lumière. La prémonition d'un temps où les femmes de ménage, ces pauvres fatmas, étaient abattues certaines semaines par l'OAS, d'autres par le FLN. Avant que vienne le tour des facteurs.

L'agonie fut terrible, à l'image de l'OAS, cette aventure désespérée, sanguinaire, folle, dont les héros semblent parfois s'échapper de l'Oran que Camus décrivit.

À force d'interroger le silence auquel il s'astreint à partir de 1956, j'ai fini par être convaincu qu'Albert Camus a partagé les mêmes affres que Stefan Zweig, suicidé à Petrópolis, dans son exil brésilien en 1943. Comme Zweig, le juif viennois, l'idée que son « monde d'hier » – celui d'Alger, de Belcourt, de Tipaza et

96

d'Oran – disparaisse, pis, lui soit interdit, a dû lui paraître insupportable.

Cette mort ? Une délivrance. Ne pas être obligé de choisir.

Le cauchemar Camus

Une de ces nuits d'obsession, je fis un rêve étrange. Camus n'était pas mort le 4 janvier 1960, dans la Facel Vega de Michel Gallimard. Dans mon songe, j'avais reconnu Janine et Anne Gallimard repliées sur la banquette arrière du coupé, jambes au menton depuis des heures ; la longue ligne droite de la nationale 5 ; le ciel d'hiver, bas, une fois passée la Bourgogne ; et aussi les platanes qui se penchaient comme des bâtonnets sous l'effet de la vitesse ; puis tout à coup, la courbe qui s'annonce, mais trop tard. J'avais frémi, dans la nuit, en imaginant la frayeur d'enfant de Camus à ce moment-là, pauvre Camus qui redoutait les voyages en automobile. J'avais senti les corps qui se crispent à l'approche de ce traître virage ; puis se tendent, se cabrent ; et se cassent.

Dans le ruban de tôles enroulé autour du platane, les corps inanimés. Celui de Camus avait été projeté à quelques mètres plus loin en contrebas de la nationale 5, blotti contre lui-même, attendrissant comme le Dormeur du Val. Et je l'imaginai blessé, inconscient, mais vivant.

Il est tôt, la route nationale est peu fréquentée à cette heure-là, et la carcasse de la Facel Vega, coupée en deux, à peine visible. Plusieurs voitures passent, faisant rugir leur frein moteur dans le long virage. On ne la voit pas. Les morceaux de carrosserie fument, et les secours n'arrivent toujours pas. Une automobile finit pourtant par ralentir. Elle stoppe lentement, comme si son chauffeur avait été prévenu du lieu précis où s'était produit l'accident. C'est une grosse voiture chromée, choucroutée, lourde et souriante à l'avant, un de ces paquebots de la route américains – et pourquoi pas une Ziss ? – qu'on fabriqua dans les années 1950. À l'intérieur, trois personnes. Elles semblent minuscules. On distingue à peine le chauffeur, perdu derrière le volant.

Les passagers descendent. Trois nains, plutôt des enfants à tête d'adulte. Dans le brouillard de mon rêve, je les reconnais : au volant, c'est Sartre. Il porte un drôle de blouson de cuir. Il rit et j'entends sa voix métallique. Il semble en goguette. Derrière lui, enfoncé dans l'énorme banquette, maigre, pincé, un costume sombre, une chemise blanche et une cravate fil, et des chaussures anglaises impeccables, un petit homme qui ressemble à François Mauriac.

Devant, il y a la petite dame : Simone de Beauvoir. On la reconnaît à son turban de reine sévère. Cette fois, elle a sorti son bandeau de gala, il traîne derrière elle et, soulevé par le vent, a chatouillé durant tout le voyage le nez du petit Mauriac qui a supporté sans rien dire.

Les trois nains surgissent de leur voiture ; ils laissent de côté la carcasse fumante de la Facel Vega pour se diriger vers le corps d'Albert Camus, gisant dans le champ. Ils ressemblent aux enfants de Saint-Agil, avant leur évasion du collège. Mêmes chuchotements, mêmes pas de loup rapides, mêmes coups d'œil inquiets. Ils s'emparent du corps et le fourrent dans le coffre.

À quelques pas de là, ils le ressortent, le traînent jusqu'à une grange haute, très haute. Camus reprend conscience et grogne en découvrant, en contre-plongée, ses petits camarades qui, à l'intérieur du lieu, le posent sur un siège très haut, le redressent, et à coups de légères tapes essaient de le réveiller. Une fois le blessé bien calé, la Simone de Beauvoir de mon songe se dresse tout à coup face à Camus. Tous les trois forment alors un effrayant tribunal.

Camus entend une voix pincée d'huissier, celle de Mauriac, lui lire un réquisitoire long, articulé, précis, nourri de citations tirées de *l'Express* ou de sa préface aux *Chroniques algériennes*, ponctué de reproches, celui en particulier de « ne pas être assez chrétien », ce qui le rend, selon l'inquisiteur, responsable d'un million de morts arabes. Après cet énoncé, il conclut : « Décidément, Camus, vous n'avez pas la grâce. » Murmures d'approbation des juges et leur sursaut lorsqu'un grand projecteur éclaire l'autre bout de la grange. On y distingue deux silhouettes.

Une vieille dame, menue, mains nouées sur le ventre, cherchant à disparaître, à ne pas déranger, modeste, si modeste. Dans mon rêve elle ressemble à Suzanne Flon. C'est la mère de Camus.

Sous l'autre projecteur apparaît, comme dans un cirque au centre du rond lumineux, un général du FLN qui hurle en désignant l'accusé Camus : « Je ne suis pas ta mère... je suis la Justice. » C'est le jeune Algérien qui l'a apostrophé à Stockholm, le lendemain de la remise du Nobel, devant l'assemblée d'étudiants. Le vieux général du FLN revient sur l'altercation. Il raconte au tribunal qu'il forme depuis un vœu impossible. Il réclame quelque chose qu'on lui a volé, Camus le premier : *il veut cesser de rêver en français*. Oui, il veut rêver en arabe, et n'y parvient toujours pas. Le petit Mauriac semble s'intéresser à cette pathologie ; il prend des notes.

Au bout d'un moment, vient la sentence. Elle est lue par Sartre.

On condamne Camus à vivre, et non pas à mourir bêtement au bord de la nationale 5 ce 4 janvier 1960. On le condamne également à choisir, et pour de bon cette fois, entre sa mère et la justice.

Après cet énoncé, que Sartre conclut par un « mon pauvre Camus... », les hurlements de Camus. Il refuse la condamnation. Il ne veut pas vivre. L'enfer, c'est vivre l'agonie du pays aimé. L'enfer, ce sont ces déchirements, cette équipe de football du Club des Joyeusetés où il n'y aurait plus de goal arabe. L'enfer, c'est sa mère, peut-être assassinée à Belcourt ou jetée sur le port, attendant un improbable bateau pour rejoindre la France, cette terre qui n'est plus la sienne. L'enfer, c'est la réalisation de toutes ses sombres prophéties. Alger en ruine, Oran en flammes durant des jours sous la nuit de la fumée des raffineries éventrées. Il veut être mort, Camus, rester mort sur le seuil de cette année 1960 qui va dérouler devant lui un cauchemar annoncé. Ne pas entendre le bruit des armes, le roulement narquois de la Peste. Il veut rester là, inanimé, sur le bord de la nationale 5.

12

L'axe de Gaulle-Sartre

Ce voyage est décidément déroutant. La vieille dame vient de lancer : « Mais Sartre, il était du côté des assassins... ! » Devant ma perplexité, elle reprend d'un air entendu, presque ironique s'il ne s'agissait de la tragédie algérienne : « Oh ! Sartre n'aurait jamais suivi les assassins... Non... Il était trop orgueilleux. Il fallait qu'il soit à leur tête... ! Et que les autres le suivent. »

La vieille dame, c'est Germaine Tillion[1]. Je l'aime comme un élève de lycée aimait jadis son professeur. Mieux qu'une grande conscience, Germaine Tillion est l'un de mes rares repères fiables dans le XXᵉ siècle français. À l'été 1940, elle était la première des résistantes, créait avec Boris Vildé le réseau du musée de l'Homme, avant d'être déportée à Ravensbrück. Ethnologue, elle connut l'Algérie de l'intérieur avant la Seconde Guerre mondiale : de 1934 au mois de juin 1940, elle migrait de tribu en tribu, et dormait dans les grottes des Aurès. Elle y revint en 1955, comme chargée de mission par le gouvernement Mendès France, puis comme haut fonctionnaire du gouverneur Soustelle[2], avant de

---

1. Entretien avec l'auteur, décembre 2002.
2. Née en 1907, Germaine Tillion aime à se qualifier ethnographe. Après guerre, elle enquête sur les crimes de guerre nazis, recueille des témoignages de déportés et poursuit ses travaux d'ethnologie. Fin novembre 1954, elle est envoyée en Algérie, en mission d'observation, par le ministre de l'Intérieur François Mitterrand, sur recommandation du professeur Louis Massignon. Dès son arrivée à Alger, en février 1955, le nouveau gouverneur général de l'Algérie, Jacques Soustelle, la nomme, au sein de son équipe, chargée des affaires sociales et éducatives. Elle fonde les centres sociaux le 27 octobre 1955.

rompre avec son ancien patron du musée de l'Homme et de prendre la tête du mouvement de protestation contre la torture[3]. Elle devint pour toute la gauche pensante l'emblème du refus de la sale guerre.

Tillion contre Sartre... Je suis si ébranlé par sa colère que je lui fais répéter.

« Oui, insiste-t-elle, Sartre était du côté des assassins. »

Sa charge antisartrienne me semble *a priori* incompréhensible. Durant la guerre d'Algérie, Germaine Tillion n'appartenait-elle pas au même parti que Sartre, le parti anticolonialiste ? Dans mon esprit, elle avait dû pratiquer tous les rituels de cette religion anti-colonialiste en vogue dans la France des années 1960, participé à tous ses combats et, à coup sûr, signé le texte sacré de ce parti, le fameux Manifeste des 121*. Tout comme elle devait se trouver, c'était une évidence pour moi, avec Sartre, en septembre 1960, au premier rang des défenseurs du réseau des porteurs de valises, le procès Jeanson, ce grand moment de la liturgie tiers-mondiste.

Je me trompais. Ce n'était là qu'une illusion d'optique[4].

Ils doivent améliorer le sort de la population musulmane par une action sanitaire et éducative. Deux ans après, trente-cinq centres seront créés. Ils deviennent bientôt la cible des attaques du FLN et des ultras européens. Le 15 mars 1962, les six principaux responsables de l'organisation, dont l'écrivain Mouloud Feraoun, seront assassinés par l'OAS (*cf. infra*, p. 222 et suiv.).

3. *Cf. infra*.

4. Vérification faite, Germaine Tillion n'a pas signé le Manifeste des 121. Elle désapprouvait ce texte fondateur de l'anticolonialisme – tout comme, à ma grande surprise, Jean Daniel, qui le refusa lui aussi, pour des raisons disons camusiennes. Et si Tillion ne figurait pas parmi les témoins de la défense au procès du réseau Jeanson, ce n'est pas parce qu'elle n'était pas de la tribu, mais parce qu'elle était en désaccord politique profond avec les sartriens et les porteurs de valises. Les idées fausses sont tenaces. Sartre lui-même était absent ce jour-là, trop occupé à faire la course avec son rival, le ministre Malraux, engagé comme lui dans une tournée en Amérique latine. Sartre n'était pas là où la légende le croit. L'auteur de l'historique lettre de soutien aux inculpés, qui lui est attribuée, fut Francis Jeanson. Ce texte glorieux, fondateur lui aussi disent les dévots, emblématique du mythe du porteur de valises, est donc un faux – dont même la signature fut imitée, par le dessinateur Siné. Quand s'ouvre le procès, le 5 septembre, Sartre est à Bahia, en tournée de conférences. Il ne veut pas revenir en France, car Malraux l'avait précédé au Brésil, mais il promet d'envoyer un texte. Il intervient par l'entremise d'un télégramme et d'une lettre, lus le 20 septembre au Tribunal permanent des forces armées de Paris par Roland Dumas...

* Voir annexe 3.

Depuis, j'ai relu un texte connu, mais singulièrement négligé par la plupart de mes contemporains. Un texte fou et – c'est bien là le drame – fondateur de la pensée anticolonialiste. Il est signé Jean-Paul Sartre. On y trouve ce genre de propos :

« Abattre un Européen, c'est faire d'une pierre deux coups, supprimer en même temps un oppresseur et un opprimé ; restent un homme mort et un homme libre. »

Il s'agit de la préface des *Damnés de la terre*, le livre de l'époque, écrit par un intellectuel martiniquais, Frantz Fanon[5]. C'est l'événement de l'année 1961. Sa préface surtout[6].

Et là, en relisant Sartre, on se frotte les yeux. On parcourt quelques lignes, on y revient. Il y a ce ton badin, dialectique et joyeux, péremptoire quand il le faut. Constamment, cette extase devant la violence révolutionnaire du tiers-monde... Son caractère sacré... Son esthétique incomparable... Son exemplarité surtout... Parfois, on se demande s'il n'y a pas de l'ironie dans une formule ou si, dans le paragraphe précédent, on n'aurait pas sauté une phrase, échappé à une nuance. Non ! Que l'on remonte à la Révolution française, ou que l'on s'attarde sur les révolutionnaires russes de la fin du XIXe siècle, aucun intellectuel contemporain de premier plan n'a été aussi loin dans l'ivresse totalitaire que ce Sartre-là. Peut-être Che Guevara dans son *Journal* méconnu[7].

Comment ce Sartre-là, dont ce texte n'est que le fragment d'un délire totalitaire, a-t-il pu finalement s'imposer dans l'histoire des idées ? Comment cette vision du monde, terroriste, réductrice, démentie par les faits – on pense aux harkis, à la soviétisation, à la militarisation du régime, à tous les malheurs algériens jusqu'à aujourd'hui –, a-t-elle pu avoir raison de toutes les autres ? Comment tant d'erreurs tragiques ont-elles pu se transformer en victoire morale de Sartre et des sartriens durant la guerre d'Algérie ?

Il y a de quoi s'interroger.

Jean-Paul Sartre reste, dans l'imaginaire, le Grand Libérateur.

---

5. Frantz Fanon, médecin psychiatre d'origine martiniquaise, pro-FLN depuis 1956, préconise dans son livre la lutte contre la colonisation par la violence et la rupture avec l'Occident. Maspéro a fait la première édition de l'ouvrage.

6. Frantz Fanon, *Les Damnés de la terre*, Paris, La Découverte, p. 21.

7. Ernesto « Che » Guevara, *Journal de Bolivie*, Paris, La Découverte, 1995.

Le véritable héros de cette décolonisation. Et, avec Ben Bella et de Gaulle, l'alpha et l'oméga de la pensée sur l'Algérie.

« Il vaut mieux avoir tort avec Sartre que raison avec Aron. » L'antique précepte, qu'on prête à Jean Daniel, fait toujours des ravages. Il subsiste une tendresse incompréhensible, selon moi, pour le maître à penser qui établit sa doctrine, sur l'Algérie et le tiers-monde, dans cette préface aux *Damnés de la terre*. Grand Libérateur... Le mystère est d'autant plus épais que le Sartre de la guerre d'Algérie est indigent sur le plan de la pensée. Ce n'est pas l'existentialiste d'hier, intuitif et courageux. C'est l'hégélien le plus abrupt, le marxiste-léniniste maniant les concepts comme la serpe. Le révolutionnaire qui parle avec des cailloux dans la bouche et théorise follement autour de la « névrose coloniale ». Tout au long de ces années algériennes, ce fut un Sartre lyrique, exalté, irresponsable, qui ne craignait pas de déborder Frantz Fanon sur son propre terrain. Avec l'Algérie, Sartre, affaibli par son retard à dénoncer, comme Camus, Koestler et Harendt, le totalitarisme soviétique, retrouve des couleurs. Il bricole des concepts et remplace le vieux binôme rouillé et soviétique (prolétariat/bourgeoisie) par un autre plus clinquant (tiers-monde/impérialisme). Il rêve de faire surgir l'Homme nouveau, le bon sauvage progressiste, des chaudrons de la décolonisation. Il prône l'importation en France de la révolution FLN – « L'Algérie n'est qu'un début... » Selon Sartre, combattre avec les nationalistes algériens n'est pas simplement un acte de décolonisation, mais le génie d'une avant-garde. Et l'Algérie, le laboratoire de la révolution mondiale...

Il y a le mythe Sartre. Et puis il y a le ciment. Ce qui fait tenir debout cet édifice et, depuis quarante ans, l'a protégé de toutes les intempéries idéologiques. Avant de devenir le grand libérateur de légende, le Sartre algérien trouva sur son chemin deux alliés de poids. Une génération disponible. Et un complice prestigieux : Charles de Gaulle.

Si la guerre d'Algérie fut une aubaine pour Sartre, elle fut aussi l'occasion d'un coup de foudre. La jeunesse rencontrait Sartre... Pour des raisons différentes, la jeunesse et Sartre n'en pouvaient plus depuis vingt ans de ces histoires glorieuses, ressassées, rabâchées de la guerre faite par les pères. Ils étaient écrasés par la statue du résistant, du professeur exemplaire, parfois traumatisés par celle du parent collabo. Eux qui n'avaient pas participé à la grande affaire française du siècle. Lui, qui n'avait pas été résistant – trop prudent, incapable d'anticipation ou d'action, il avait passé sa guerre près du poêle en fonte du café de Flore. Ensemble, ils voulaient se libérer de la « Résistance de papa », en même temps que de l'« Algérie de papa ». Les fils de résistants – ou de pétainistes – se toquèrent pour cet « oncle indigne » symbolique qu'il était devenu alors. Comment ne pas être d'accord avec Alain-Gérard Slama[8] quand il considère que Sartre ne faisait là qu'imiter, et à moindres frais, la Résistance dans laquelle il ne s'engagea pas au temps du Mal absolu... ? Car dans le parti anticolonialiste, on va beaucoup mimer les résistants d'hier. Les jeunes chrétiens parlent de « Résistance spirituelle ». Les enfants des résistants communistes vont s'imaginer que le FLN est le prolongement des FTP – Moi de leurs pères. L'armée française est comparée à la Wehrmacht, et les légionnaires aux Waffen SS. Partout, on croit voir des Jean Moulin dans les rangs du FLN. Certains peuvent à raison prétendre à la Résistance ; ils en ont le droit et les titres de gloire. Parmi eux, Jérôme Lindon, directeur des éditions de Minuit, Claude Bourdet à *France-Observateur*, Francis Jeanson ou les fondateurs de *Témoignage chrétien*. Mais pour les autres, l'engouement pour la Résistance est souvent caricatural ; dérisoire par son manichéisme ; navrant par sa naïveté ; inquiétant même, a posteriori, compte tenu du bilan historique de la révolution algérienne. On tremble entre Paris et Genève, avec des valises chargées d'armes ou bourrées de billets de banque ; on croit être traqué par la Gestapo. Mais ce n'est que la police bonasse de M. Jules Moch, intraitable mais républicain, ou celle du matois Roger Frey qui est là pour vous mettre à l'ombre quelques jours, quelques mois tout au plus.

Hermann Broch écrivait que l'Histoire se répète sous la forme de la parodie, ou du kitsch. La règle doit être appliquée à la guerre (d'Algérie) des intellectuels.

L'alliance entre Sartre et – ce qu'il est convenu d'appeler – la

---

8. *In Sans mythes ni tabous, la guerre d'Algérie*, les collections de l'Histoire, mars 2002, et Alain-Gérard Slama, *La Guerre d'Algérie : histoire d'une déchirure*, Paris, Gallimard, 1996.

jeunesse sera féconde et durable. La guerre d'Algérie sert de glorieux prétexte, le meilleur à l'époque, pour accoucher d'un monde nouveau. Pour des lycéens, des étudiants et des intellectuels politisés à cette époque, elle est un lieu d'identité. Le lieu de naissance – et de rupture – de toute une génération. Paris redevient, au début des années 1960, la ville lumière de toutes les résistances et du tiers-monde – avant qu'Alger sous Boumédiène ne la supplante. La guerre d'Algérie est une date fondatrice, celle de l'invention de la jeunesse comme force politique et sociologique. Aux États-Unis, ce sont Elvis Presley et les garçons de la Beat Generation qui fondaient alors la jeunesse. En France, c'est dans les congrès de l'UNEF qu'elle émerge, pour s'imposer quelques années plus tard, en mai 1968. La jeunesse comme pouvoir et comme enjeu : c'est une découverte. Les militants les plus avisés vont s'en emparer et, au nom des « appelés », de la prétendue jeunesse incarnée par une UNEF minoritaire, servir d'alliés à la cause sartrienne.

À propos de cette allergie entre la gauche SFIO de Guy Mollet et la génération de la guerre d'Algérie, l'historien Jean-François Sirinelli parle de « court-circuit ». Une rupture décisive s'opéra en effet. Moins tapageuse que le congrès de Tours, elle marque toutefois une date clé dans l'histoire de la gauche. C'est Mai 68 qui s'annonce. C'est la mort de la première gauche, c'est-à-dire de la grande tradition jauresso-blumiste, laïque, jacobine et universaliste. On ne le comprit pas tout de suite. Il fallut, dans les années 1960, le génie politique de François Mitterrand pour masquer cette défaite historique. Ou plutôt pour la différer de vingt ans. Par-delà la question algérienne, c'est la IIIe République qui est mise à mort pour la seconde fois. Son utopie colonialiste, julesferryste, est devenue un cauchemar. Son universalisme, une haïssable oppression. Sa laïcité, un inutile fardeau. Son anticommunisme, une perversion atlantiste. Sa prévention contre l'islamisme, un racisme insupportable. Et sa défense d'Israël, un ralliement à l'impérialisme. Tout était bon pour en finir avec le socialisme de papa. L'occasion rêvée sera la faute algérienne de Guy Mollet...

Il y aurait donc une génération de la guerre d'Algérie comme il y eut une génération de la Résistance. L'Algérie fut l'école politique où se formèrent Rocard, les cadres de la CFDT, les jeunes dissidents du PCF, l'aile gauche du MRP, les intellectuels de la revue *Esprit*... Mais curieusement, quand on évoque cette génération, on ne pense pas immédiatement aux centaines de milliers d'appelés, aux vingt-cinq mille morts parmi eux, aux blessés, aux réfractaires, mais aux jeunes syndicalistes, aux premiers pétitionnaires, au PSU, aux amis des porteurs de valises. Leur guerre d'Algérie ne se menait pas dans le djebel, mais à la tribune de l'UNEF. Pour Alain Touraine, comme pour tous les autres, ce fut « leur plus grande expérience ». Et pour tous, leur jeunesse – forcément belle.

Et puis, pour Sartre, il y a eu l'allié, le plus décisif peut-être dans cette affaire. Celui, en tout cas, qui fera beaucoup pour l'édification du mythe algérien de l'intellectuel. De Gaulle lui-même.

En 1960, le président de Gaulle a un réel problème. La France n'est pas vraiment gaulliste ; elle l'est par raison, faute de mieux. Sur l'économie comme sur l'Algérie, elle est devenue frileuse. Elle est cartiériste. Sans le savoir d'ailleurs, comme monsieur Jourdain. Cartiériste ? Comme Raymond Cartier, dinosaure oublié de la pensée réactionnaire. Journaliste brillant, il développe dans *Paris-Match* des analyses qui sont, en fait, des développements de la « pensée » de Pierre Poujade. Et comme le pays est à bout, il a fini, de guerre lasse, par être convaincu par le slogan de Raymond Cartier : « La Corrèze plutôt que le Zambèze. » Et, en l'occurrence, la Corrèze plutôt que l'Algérie !

En effet, à partir de 1958, la France devient progressivement allergique à l'Algérie, l'ancien joyau de son empire[9]. Elle s'emporte contre l'ogre algérien qui dévore ses enfants – les appelés – dont toutes les semaines on voit, à la une de *France-Soir* ou à la télévision naissante, les cadavres ramenés en métropole. Elle est convaincue, par l'efficace propagande de Raymond Cartier relayée dans les médias économiques et gaullistes, qu'en outre l'ogre algérien coûte bien plus cher qu'il ne rapporte ; et mène la France

---

9. Charles-Robert Ageron, « L'opinion française à travers les sondages » et Serge Bernstein, « La peau de chagrin de l'Algérie française », *in La Guerre d'Algérie et les Français*, J.-P. Rioux (dir.), *op. cit.*

à la ruine. On a occulté cet aspect peu « romantique » du glissement de l'opinion française.

De Gaulle lui-même finit par devenir cartiériste. Dès la fin de 1960, préparant un nouveau coup de barre qui allait mener à la négociation directe avec le FLN en dépit de son refus passé, il introduit soudainement cette argumentation[10] dans le débat français. Au cours de sa conférence de presse du 11 avril 1961, il persiste et déclare clairement que « l'Algérie nous coûte, c'est le moins qu'on puisse dire, plus cher qu'elle ne nous rapporte ».

De Gaulle cartiériste ? Indiscutablement[11], mais comment le dire ? Comment admettre que cet anticolonialiste de la grandeur nationale – pour reprendre la classification de Girardet – ne soit en fait qu'un vulgaire anticolonialiste du repli hexagonal... ? Un inquiet devant ce monde qu'il ne connaît pas. Un perdant dans ce défi méditerranéen et énergétique. Un frileux, un Français banalement raciste, craignant qu'il y ait trop d'Arabes en France. Comment l'avouer ? Impensable. De Gaulle ne pouvait pas être tombé si bas. Il n'était pas question pour lui d'être cartiériste. Il fallait masquer cela.

Avouer que le penseur de la France profonde était son véritable allié – de Gaulle en avait conscience – eût été une déchéance. Trop proche de l'inavouable vérité – celle de la mort de l'Empire français. Le chef de la France avait besoin d'un habillage, d'une superstructure, comme disent les marxistes. Une sortie par le haut – comme seuls les chefs d'État peuvent en concevoir. Bref, d'une idéologie présentable.

Il fallut trouver quelque chose. Inventer un rideau de fumée. Doter de Gaulle de glorieuses inspirations.

Ainsi, un pacte implicite se noua entre de Gaulle et Sartre.

De Gaulle fit de Sartre son « allié objectif », pour reprendre un terme du philosophe. Non pas son inspirateur, mais son correspondant dans la république des lettres. Son Malraux algérien, son Malraux *off* en quelque sorte. Tout valait mieux que Raymond

---

10. Charles de Gaulle, *Discours et Messages*, t. III, *Avec le renouveau (1958-1962)*, Paris, Plon, 1970, p. 288.
11. C'est aussi une idée avancée par Marc Ferro, *in Le Livre noir du colonialisme*, Paris, Robert Laffont, 2003.

Cartier, cette misère. De Gaulle aurait pu choisir Raymond Aron, mais Aron était de droite et il avait mauvais caractère. Il aurait pu consacrer le gaulliste Mauriac, mais Mauriac combien de divisions ? Malgré *l'Express*, il restait un intellectuel isolé. Alors, ce fut Sartre. Plus exalté, moins contrôlable, mais tellement plus romantique que les autres – et qui présentait l'avantage de tenir la gauche.

Dans la dernière ligne droite d'une dangereuse décolonisation, de Gaulle sut se servir de cette « force d'appoint » inespérée – l'expression est de Jacques Berque. Les historiens des idées en conviennent : en dépit de ce tapage idéologique, l'influence des intellectuels anticolonialistes mérite d'être relativisée. Ils se mobilisèrent, ou firent parler d'eux, bien tard, c'est-à-dire en 1960[12], quand tout était joué. Faute d'accès aux médias, il faudra attendre l'année 1960 pour que l'on s'inquiète en France des réseaux de soutien au FLN, celui de Francis Jeanson et celui d'Henri Curiel, son concurrent, contrôlé par le Parti communiste.

En dépit de cette relative marginalité, de Gaulle fit de Sartre le chantre de la décolonisation algérienne – presque son égal. Ne le prenait-il pas pour Voltaire[13] ? Il le répétait à tout propos en ce temps-là ; en particulier au moment du procès du réseau Jeanson où, sommé par un ministre de placer Sartre derrière les barreaux, il lui répondit par un mémorable : « On n'emprisonne pas Voltaire[14] ! »

Et Sartre se laissa faire, ravi de voir ériger par ce pair inattendu sa propre légende de son vivant. De Gaulle en fit son complice, son allié clandestin – on le découvre à bien des indices, à la relative clémence de certains tribunaux, à cet accès aux médias gaullistes dont bénéficièrent les porteurs de valises, et à ce sentiment partagé qu'en 1961-1962 les amis du FLN étaient

---

12. Je parle ici de la ligne Sartre et non pas de la dénonciation de la torture qui fut vigoureuse dès 1957-1958.

13. Annie Cohen-Solal, *Sartre*, Paris, Gallimard, 1985, p. 533 et 547.

14. À l'issue du Conseil des ministres qui avait adopté les mesures de sanctions à l'encontre des signataires du manifeste, le président de la République précise qu'il faut distinguer le cas des serviteurs de l'État – ceux-ci ne peuvent s'élever contre les lois – de celui des intellectuels dont la liberté de pensée et d'expression doit être respectée. Et de citer Villon, Voltaire, Romain Rolland.

devenus ceux des gaullistes. Sartre, la bête noire favorite de De Gaulle, celle qu'il chérissait, dont il prenait des nouvelles, surveillait les amis et devait même parfois les protéger.

Sartre, inspirateur de De Gaulle. La trouvaille était miraculeuse. Elle avait le double avantage d'habiller un cartiérisme trop frustre de respectables atours, ainsi que de calmer les inquiétudes d'une gauche dont il fit une alliée alors que la Ve République était encore fragile. La générosité, le lyrisme révolutionnaire, le « résistancialisme » de Sartre et de ses amis avaient tellement plus d'allure que l'idéologie corrézienne de Cartier.

Le génie de De Gaulle – et de sa propagande – fut cette alliance sartrienne. Un tour de passe-passe.

13

Germaine Tillion dans la casbah

L'indignation de Germaine Tillion contre Sartre m'était inconnue. Elle ne date pourtant pas d'hier et n'est pas, non plus, la conséquence de l'aggiornamento politique d'une vieille dame. Durant ces huit années, Germaine Tillion ne vécut que pour l'Algérie. Elle oublia sa carrière universitaire, s'obstina, se démena, luttant sur deux fronts. Contre la terreur d'État aux côtés d'Albert Camus et de Jean Daniel, mais aussi – on l'oublie trop souvent – contre les ravages de la terreur révolutionnaire du FLN. Et si elle sauva bien des Algériens condamnés à mort – sans le tapage des sartriens –, c'est toujours en affirmant son désaccord avec la stratégie « terroriste » du Front. Elle voulait la fin de l'humiliation coloniale, mais avec lucidité. Elle conservait la distance nécessaire face aux révolutionnaires algériens, et ne confondait pas la décolonisation avec la prise du pouvoir par un parti totalitaire. À la différence de Sartre, elle ne tomba jamais dans la dévotion à la Révolution, ni dans la religion des « damnés de la terre ».

Bref, Tillion fut toujours du bon côté, mais son engagement – je le réalisai – n'entretenait qu'un lointain rapport avec celui des sartriens. Toute son action algérienne dément cette confusion fréquente. À commencer par cette aventure qu'elle vécut, en juin 1957, durant la bataille d'Alger. Elle enquête alors sur la torture ;

elle a accepté de siéger au sein de la Commission internationale contre le régime concentrationnaire[1].

« *Une amie musulmane vient alors me trouver pour me dire :* "*'Ils'*" *veulent vous voir (elle était toute tremblante)*

Je lui demande "Qui c'est 'ils' ?"

Elle répond : "Je ne sais pas..."

Je lui dis : "Dans ce cas, ne vous occupez plus de rien, parce que c'est trop dangereux. Je suivrai la personne qui m'attendra en bas de l'hôtel Saint-Georges. Sachez seulement à quelle heure et comment je la reconnaîtrai."

Le jour convenu, à l'heure convenue (c'était l'heure de la sieste, en plein été, et tout Alger dormait), je vois un jeune homme tout seul qui m'attend. Je le suis sans savoir où nous allons, ni qui nous allons trouver. Nous prenons un tram, nous descendons sur une place. Mon guide s'engage dans la casbah... La maison où la jeune femme nous introduit est belle, grande, moins brûlante que la rue ; elle nous conduit au premier étage, dans un petit salon où attend une autre jeune femme avec, sur une table, des verres à thé et un magnifique moka tout frais sorti de chez le pâtissier ; puis elle sort un instant et revient avec deux hommes tenant chacun une mitraillette et portant à la ceinture un revolver et ce que je présume être une bombe ou une grenade... J'ai su, bien plus tard, que les deux hommes sont les chefs terroristes d'Alger et se nomment Yacef Saadi et Ali la Pointe...

J'étais bouleversée par les dangers personnels qu'ils couraient dans l'immédiat (et que le mois que je venais de passer dans les prisons ne m'avait que trop bien appris) et hantée aussi par l'avenir très noir que je prévoyais pour leur pays : une population française contrainte à l'exil (car rien ne pouvait faire qu'elle ne fût pas minoritaire) et une population musulmane poussée par ses traditions – des traditions bien plus préhistoriques que religieuses – vers une misère sans cesse croissante... C'est seulement après les avoir quittés que j'ai pensé que, puisque les attentats terroristes répondaient aux exécutions capitales, si le pouvoir

---

1. Avec une Norvégienne, Lise Borsüm, un avocat néerlandais, B.W. Stomps, un médecin belge, le Dr Georges André, et un autre Français, Louis Martin-Chauffier.

français arrêtait les exécutions et si, du côté algérien, on cessait les attentats, alors les deux pays pourraient se parler et peut-être s'entendre². »

Germaine Tillion revoit Yacef Saadi. Le courant passe entre le voyou de la casbah et l'universitaire résistante. Elle lui expose son projet. Un deal fou. Une autre forme de trêve civile : il cesse ses attentats contre les civils et elle tente de convaincre le gouvernement français de suspendre les exécutions capitales des condamnés à mort du FLN. Saadi est séduit. Il consulte, réfléchit, et donne son accord à Germaine Tillion. Les attentats cessent effectivement durant quelques jours.

Pendant ce temps, à Paris, Tillion se démène.

« *Le hasard voulut que le directeur du cabinet de Bourgès fût André Boulloche, poursuit-elle, tandis que le chef du cabinet militaire du nouveau président du Conseil était un de mes amis d'enfance : Louis Mangin (fils du grand chef de la Première Guerre mondiale et résistant de la première heure, comme toute sa famille).*

Le 8 juillet 1957, tout en lui disant très sommairement de quoi il s'agissait, André Boulloche annula tous ses rendez-vous et me reçut le jour même très longuement... »

Miracle. L'idée de Tillion séduit.

Commence alors, pour elle, une course contre la montre. Tenir ses engagements vis-à-vis de Yacef Saadi d'arrêter les exécutions capitales et gagner du temps pendant qu'elle lutte à Paris, et à Alger, pour que l'engagement de Boulloche, et à travers lui du président du Conseil, soit suivi d'effets. Malheureusement, le gouvernement de Bourgès-Maunoury est trop faible pour empêcher des exécutions capitales. L'affaire traîne, elle est entravée à tous les niveaux. Les attentats reprendront le 27 septembre, après l'arrestation de Yacef Saadi, attribuée alors à un coup tordu des « services » afin de torpiller l'initiative de Germaine Tillion.

Encore un rendez-vous manqué. Une défaite de la Raison dans cette sale guerre. Aujourd'hui encore, quand on lui parle de ses tractations secrètes avec Saadi, Germaine Tllion regrette : « On aurait pu abréger la guerre de plusieurs années... »

---

2. Récit d'après *La Traversée du mal*, entretiens avec Jean Lacouture, Paris, Arléa, 1997, p. 109-110.

14

Tous porteurs de valises ?

La réalité de la guerre (d'Algérie) des intellectuels est, on le voit, à des années-lumière de la vision idéalisée que nous en avons aujourd'hui.

Derrière ce mythe dominant du porteur de valises, la réalité fut bien différente. Au tournant des années 1950-1960, existait en France une impressionnante palette de positions sur la question algérienne. Du côté des anticolonialistes, autant d'ailleurs que de celui des partisans de l'Algérie française. Chez les premiers, les sensibilités variaient considérablement. Comme Tillion, Camus et Daniel, on pouvait se méfier du FLN, tout en extrayant des geôles françaises ses militants. Avec Albert Memmi, on pouvait être du côté du colonisé, contre le colonialiste, sans être inconditionnellement sur la ligne du FLN. Comme Raymond Aron, il était possible d'être « anticolonialiste de raison », sans éprouver la moindre sympathie pour les nationalistes algériens. Comme le jeune Jacques Julliard – qui signait ses éditoriaux sous le pseudonyme de Frédéric Jura[1] –, nombreux étaient les anticolonialistes chrétiens qui, eux aussi, refusaient de rallier *inconditionnellement* la ligne sartrienne. Des années après, Julliard se souvient : « Le groupe de Sartre était à fois extrême, radical, isolé, donnant l'impression d'une certaine irresponsabilité. » Toutes ces positions

---

1. Il écrit dans *Vin nouveau*, une petite revue fondée par la Fédération française des étudiants catholiques (Jacques Julliard, *in La Guerre d'Algérie et les intellectuels français*, op. cit., p. 359).

diverses parmi les intellectuels ont même été nomenclaturées par un grand historien, par ailleurs Algérie française, Raoul Girardet, qui distingue quatre familles d'anticolonialistes : l'anticolonialisme d'aspiration révolutionnaire, celui de Sartre ; l'anticolonialisme de protestation morale, de Pierre Vidal-Naquet et de nombreux intellectuels de tradition dreyfusarde ; l'anticolonialisme de repli hexagonal, celui-ci de la pensée strictement chauvine de Raymond Cartier ; et enfin l'anticolonialisme de grandeur nationale, incarné par de Gaulle dans ses discours.

Ainsi, en dépit de la légende d'une « résistance » française à la guerre d'Algérie unie derrière Sartre, la position jusqu'auboutiste du philosophe était minoritaire ; son engagement pour la cause algérienne bien tardif ; et les réseaux Jeanson ne devaient pas compter plus de quelques dizaines de membres actifs. En dépit de cela, les amis du philosophe ont écrit l'histoire comme le font généralement les vainqueurs – et ils le furent, avec les gaullistes et le FLN. Ils ont donc articulé ce mythe du porteur de valises, l'ont pensé et diffusé durant des décennies, surpassant de loin leurs rivaux en anticolonialisme. Pourtant il suffit d'interroger les textes, de relire Camus comme on le fait enfin – et même sans avoir la chance de rencontrer Germaine Tillion – pour être convaincu de sa vacuité, et voir d'un autre œil les pieux mensonges entretenus depuis bientôt un demi-siècle. Celui par exemple d'un unanimisme des intellectuels derrière Sartre alors que les initiateurs du Manifeste des 121 avaient eu – c'est connu – tant de mal à réunir quelque cent vingt signatures

Je suis resté longtemps ainsi, tournant autour de ce monument de mémoire, le Manifeste des 121. Repointant soigneusement la liste des pétitionnaires, m'étonnant de constater que Roland Barthes en était absent – il avait préféré l'autre manifeste, moins irresponsable. Ne trouvant effectivement dans cette liste légendaire que peu de grandes figures, incontestables, solides, résistantes ou républicaines. L'icône de Sartre – et celle de Beauvoir – ayant suffi à ériger le mythe.

À quoi tient cette image faussée d'un parti anticolonialiste au garde-à-vous devant le FLN ? Pourquoi, sous prétexte que Germaine Tillion fut l'amie des Algériens, devrait-elle forcément être l'amie du FLN ? Sans parler de ces intellectuels algériens morts trop tôt, comme Mouloud Ferraoun, enrôlés eux aussi de force par la Révolution algérienne, et devenant des « malgré nous » du régime.

Sartre, Grand Libérateur, comment ce monument d'erreurs peut-il encore tenir debout ? Comment est-ce possible ? N'y aurait-il aucune sanction de l'Histoire, de la morale, de la justice ? Pourquoi, alors que tous les communismes, les fascismes, les populismes ont été déboulonnés à la fin du siècle dernier, cette statue-là, celle de l'anticolonialiste totalitaire, peut-elle encore susbsister ?

Tout a été purgé. Toutes les criminelles chimères autour de l'homme nouveau caressées par les intellectuels au XXe siècle ont été mises au rancart. Tout a été jugé, soldé, évacué, des folies léninistes, staliniennes, fascistes ou nazies. De leurs utopies, il ne reste rien que des cendres, des ruines. Tout le monde en convient. Rien n'a tenu, ni le marxisme-léninisme ni les théories raciales. Il ne reste rien des paradis exotiques, chéris jadis par la génération anticolonialiste, rien de l'Albanie, du Cuba de Castro, de la Yougoslavie de Tito, presque rien des séduisants rêves guévaristes dont on s'aperçoit qu'ils sont aussi sanglants que les autres.

Rien de tout cela n'aura survécu au temps. Sauf, curieusement, le mythe de la Révolution algérienne servie par « nos » porteurs de valises.

« Digérer Melouza... »

Le 29 mai 1957, un commando du FLN dirigé par le colonel de wilaya de Kabylie Mohamedi Saïdi, s'introduit dans le village de Mechta Casbah près de Melouza. Trois cents villageois sont assassinés dans la nuit. Le village entier est ainsi puni pour ses sympathies messalistes.

La découverte de ce massacre provoqua une émotion considérable dans le monde entier. On parla dans les journaux français d'un « Oradour-sur-Glane algérien ». Des intellectuels de gauche se mobilisèrent pour dénoncer le « FLN terroriste ». Les ministres de la IVe République promirent de partir en guerre contre ces bandes. L'opinion internationale était révulsée. Tandis que le FLN, affaibli par ces crimes mais, relayé par certains réseaux anticolonialistes en France, nia sa responsabilité dans le massacre et la rejeta sur les harkis...

Melouza fut un tournant, pour nombre de témoins ou d'acteurs de la guerre d'Algérie. Il faut relire Camus pour comprendre l'état d'esprit de certains dans cette année 1957. Dans sa précieuse préface aux *Chroniques algériennes*, rédigée au printemps 1958, il écrit : « Il m'a paru indécent et nuisible de crier contre les tortures en même temps que ceux qui ont très bien digéré Melouza... »

Comme Tillion, l'auteur de ces lignes passait, il faut le rappeler, le plus clair de son temps en cette année-là à tenter de sauver des geôles françaises des condamnés à mort FLN ; à supplier les ministres, à menacer les présidents du Conseil, à faire pression dans les antichambres ; à aller et venir entre Paris et Alger ; bref, à tenter dans l'ombre de combattre concrètement la « gégène ». Toutes les « gégènes ».

Singulièrement, une partie de la gauche française continue encore, quand il s'agit de l'Algérie ou du tiers-monde en général, à « très bien digérer Melouza » pour reprendre l'expression de Camus. Seul à l'époque, l'historien Pierre Vidal-Naquet, anti-colonialiste de la première heure, eut le courage politique et moral de se colleter à tous les paradoxes de cette guerre d'Algérie. Inlassable dénonciateur des méthodes de l'armée française contre les nationalistes algériens, il vint en 1962 spectaculairement témoigner en faveur d'activistes OAS torturés eux aussi par l'armée française[1].

Un demi-siècle plus tard, nous n'avons rien retenu, ni des avertissements de Camus ni des mises en garde de Vidal-Naquet.

Il y a toujours une bonne et une mauvaise torture. Une légitime et une illégitime. Les bons et les mauvais morts. Une bonne « gégène » et une mauvaise. Deux Terreurs. L'acceptable et l'insupportable. C'est cette forme d'hémiplégie du souvenir qui apparaît quand on s'intéresse à cette guerre. La mémoire se cabre. La Bataille d'Alger oui, Melouza non. De la même manière que l'affreux Aussaresses fait oublier que le bourreau de Melouza, Mohamedi Saïd, devint un notable algérien fêté. Cette vision sélective des crimes ? Une mise en scène de l'amnésie.

---

1. Le 18 octobre 1961, Pierre Vidal-Naquet et le comité Audin condamnaient dans *Le Monde* des actes de torture perpétrés contre l'OAS par les autorités françaises. En novembre 1962 cette fois, ils dénoncent les mêmes actes commis par les soldats de l'ALN contre des harkis. Et en janvier 1964, dans *France-Observateur*, ils renvoient dos à dos les pratiques de l'armée française pendant la bataille d'Alger en 1957 et celles du régime algérien : « Le "suicide" du chef mécanicien Bernardo Gonzalès, qui se serait jeté d'une fenêtre du premier étage de la caserne d'Oran, est à peu près aussi authentique que le "suicide" d'Ali Boumendjel. »

TROISIÈME PARTIE

Le gaullisme des complots et des putschs

> « Je commence à m'embrouiller dans ces insurrections qui sont un devoir et dans ces insurrections qui sont un crime. »
>
> Ludovic Halévy,
> *Carnets*.

15

L'impatience des gaullistes

Rien de sérieux ne s'envisage dans cette affaire algérienne sans remonter à l'année 1946. Ni le retour du Général en juin 1958, ni l'indépendance de l'Algérie, ni même la création de la Vᵉ République. À l'origine de tout, il y a de Gaulle, ce coup de théâtre de 1946 où il quitte spectaculairement le pouvoir.

Le 20 janvier 1946, le sauveur de la France claque la porte de la présidence du Conseil.

Il pense qu'on le rappellera quinze jours plus tard.

Il lui faudra attendre douze ans.

On a coutume de dire qu'il exista une parenthèse de Gaulle à la Libération. Une sorte d'état de grâce. Une période de poigne, d'espérance et de réformes, où l'on invente la Sécurité sociale, nationalise Renault et associe les communistes au pouvoir. On parle généralement de seize mois, d'un cycle de Gaulle. N'est-ce pas une illusion ? Tandis que de Gaulle descend dans l'arène, le charme se rompt. Après neuf mois de pouvoir en pleine guerre, les sept mois qui suivent seront terribles[1]. Malgré son prestige,

1. Seize mois certes, d'août 1944 à son départ le 20 janvier 1946, la comptabilité en atteste. Le premier gouvernement de Gaulle, de septembre 1944 à novembre 1945, n'est qu'une transition où l'on se préoccupe de tickets d'alimentation et de rationnement, parfois des excès ou des insuffisances de l'épuration ; c'est le prototype du gouvernement d'union nationale. Mais en novembre 1945, alors que de Gaulle forme son second gouvernement – le vrai –, celui qui devrait redresser le pays, refonder la République, accoucher d'un régime nouveau, à la fois « républicain et gaulliste », celui-ci ne dure que trois mois.

l'unanimité nationale, les partis respectueux, le Parti communiste neutralisé, il sera viré. Comme Churchill, renvoyé dans ses foyers par les Anglais ingrats...

Durant ces quelques mois, tout est prétexte à conflits entre l'homme du 18 juin et le système parlementaire reconstitué. Et à humiliations. Piquer de Gaulle, le provoquer, le taquiner, l'agacer, devient la distraction favorite des éminences républicaines.

À la lecture des mémorialistes et des historiens[2], on est presque gêné de voir le géant de Gaulle rétrécir sous les vexations des notables. Les barons les plus fidèles, comme Olivier Guichard, le reconnaissent. En 1945, de Gaulle n'a plus la main. L'audacieux général préfère le conformiste Pinay au visionnaire Pierre Mendès France – qui démissionne à la suite de divergences économiques. Au MRP, au vieux Parti radical, à la SFIO de Blum, au PC de Thorez, aux rescapés de la IIIe République, à tous il donne des gages mais sans rien en obtenir. Il a beau jouer le jeu parlementaire, recevoir, consulter, transiger, négocier avec les chefs de parti, rien n'y fait. Il s'intéresse à tout, au moindre amendement qui risquerait de bloquer la machine, mais il s'épuise. Il finit par ferrailler avec n'importe qui, le plus démonétisé des hommes politiques de l'ancien régime. À une intervention d'Édouard Herriot, il rappelle, mesquin, devant l'Assemblée stupéfaite : « Depuis 1940, je ne me suis pas borné à échanger des lettres et des messages » – allusion particulièrement cruelle au projet Laval de réinstaller, en 1944, Édouard Herriot à Matignon, pour accueillir les Américains. Durant l'hiver 1945 il n'en peut plus et ne cesse de répéter à ses intimes qu'il est temps de rompre avec le système. Mais il ne rompt pas ; il menace et les partis s'en moquent.

Le 1er janvier 1946, de Gaulle s'emporte vraiment.

Il est 7 heures du matin dans l'hémicycle de l'Assemblée nationale. Les députés n'ont pas dormi. Le président de l'Assemblée a décidé de bloquer l'horloge sur l'année 1945. La France n'a toujours pas de budget. Les ministres sont blêmes. Le garde des

---

2. Jean Lacouture, *De Gaulle*, tome 2, *Le Politique*, Paris, Le Seuil, 1985 ; Georgette Elgey, *Histoire de la IVe République, La République des illusions, op. cit.* ; Olivier Guichard, *Mon général*, Paris, Grasset, 1980.

Sceaux, Pierre Henri Teitgen, à bout, supplie de Gaulle de venir au banc du gouvernement. Lui seul pourra débloquer la situation. De Gaulle refuse.

Le soir même, il annonce qu'il prend des vacances, les premières depuis dix ans. Il s'enferme au Cap-d'Antibes, à la villa Sous-le-vent, relit les *Mémoires* du cardinal de Retz et ceux de Saint-Simon. Il ne téléphone pas à Paris, ne s'intéresse pas à la crise de la viande qui fait rage dans le pays, et se contente de recevoir quelques journalistes le 8 janvier pour n'aborder qu'un sujet : l'avenir touristique de la Côte d'Azur[3].

À son retour à Paris, le 14 janvier, sa décision est prise. Elle est irrévocable, dit-il à ses amis. Il mettra une semaine à l'annoncer. Il s'en va.

L'éléphant est blessé. Il n'en est pas moins persuadé que les partis le rappelleront très vite. Dans quelques semaines, quelques mois, tout au plus. Les témoins le certifient ; les gaullistes le confirment[4] ; les historiens l'attestent – ils parlent de la certitude très *wishfull thinking* de son retour imminent aux affaires[5]. De Gaulle persiste à vouloir jouer un rôle. Il attend les « Bourgeois de Calais » : « Mon départ n'est qu'une péripétie », confie-t-il[6]. Ils viendront le chercher, la corde au cou, il n'en doute pas. Le régime est si méprisable ; et puis, il est la France. « Il faut toujours à la France un homme de réserve », répète-t-il[7]. Alors, une fois par semaine il se rend rue de Solférino, au siège du RPF. À Paris, il a ses habitudes ; le mercredi, il couche à l'hôtel La Pérouse près de l'Étoile ; il déjeune en ville, dîne parfois, se tient informé, revoit les anciens de la France libre, conseille aux jeunes Michel

---

3. Georgette Elgey, *Histoire de la IVe République. La République des illusions*, *op. cit.*, p. 112.
4. Olivier Guichard par exemple, *Mon général, op. cit.*, p. 196.
5. « De Gaulle était convaincu qu'on le rappellerait. Mais on ne peut pas dire que son départ fut une ruse. Bien qu'il haïsse les anglicismes, le Général condamne souvent le *wishfull thinking*. Certains de ses proches se demandent si lui-même ne tombe pas parfois dans ce travers, imaginant les événements comme il souhaite les voir se dérouler. » Cité par Georgette Elgey, *op. cit.*, p. 108.
6. À son ami Rémy Roure, éditorialiste au *Monde*, le 29 janvier 1946. Cité *ibid.*, p. 128.
7. *Ibid.*, p. 127.

Debré et Jacques Chaban-Delmas d'entrer au Parti radical-socialiste. Ensuite, il retourne à La Boisserie, à quatre heures en voiture de Paris[8].

Suivra en 1947 l'aventure du RPF[9]. La « déferlante » prévue par de Gaulle échoue deux ans plus tard. La marche triomphale de Strasbourg se termine piteusement. Avec des lâchages, des trahisons – et des dettes. Nombre de gaullistes sont « allés à la soupe », ayant jugé plus prudent de se rallier à cette IVe République honnie. Et puis ils sont lassés par cet imprécateur : Cassandre n'est pas l'avenir.

Commence en 1951 la véritable « traversée du désert ». L'image n'est pas exagérée. Cette si longue attente, ces douze années méconnues, la vieillesse qui vient, l'Histoire qui s'écrit sous sa plume mais se fait sans lui, vont alors former un autre de Gaulle. Ce n'est plus le visionnaire du 18 juin ni le tempétueux président du Conseil à la Libération, mais un Général enfermé à Colombey. Et qui attend. Il laisse dire qu'il rédige ses *Mémoires* mais, de son bureau face à la fenêtre, il regarde en fait ce désespérant horizon barrésien où rien ne bouge, d'où rien ne vient. Les années passent ; et le drame pour de Gaulle, c'est que, contre toute attente, le régime tient. Il voit s'installer, et sans lui, les grands débats du temps, celui de la Communauté européenne de défense[10] ou celui

---

8. Une erreur, une folie pour les quelques proches qui lui restent encore fidèles et qui passent leur semaine et leurs vacances sur les routes de Lorraine, selon Olivier Guichard (rencontre avec l'auteur).

9. Le 7 avril 1947, le général de Gaulle annonce la création du Rassemblement du peuple français (RPF) du balcon de l'hôtel de ville de Strasbourg. Il combat vivement le régime des partis et lance à travers de multiples déplacements, discours et conférences de presse, des appels au redressement de la France. Aux municipales d'octobre, le RPF connaît un grand succès. Mais le régime se défend, la loi sur les apparentements défavorise les partis qui ne s'associent pas à d'autres. En juin 1951, il n'y a qu'une centaine de députés gaullistes à l'Assemblée. L'année suivante, le parti recule également aux élections sénatoriales et municipales. Dès lors, en mai 1953, de Gaulle fait savoir que le RPF ne participera plus aux activités de l'Assemblée ni aux élections et rend aux élus « leur liberté ». Il se retire à Colombey-les-Deux-Églises.

10. La CED, projet conçu entre 1950 et 1952 pour permettre le réarmement de la République fédérale d'Allemagne, rendu nécessaire par la menace d'une intervention soviétique en Europe, prévoyait l'institution d'une armée européenne avec des institutions supranationales et un budget commun. Le traité, signé en 1952 par la Belgique, la France, la RFA, l'Italie, le Luxembourg et les Pays-Bas, est ratifié par tous les pays participants à l'exception de la France,

de l'Indochine. L'Histoire lui échappe. Et lorsqu'il tient, le 30 juin 1955, une grande conférence de presse, au ton las et prophétique, certains prennent cela pour un adieu. Ensuite, il se rend de moins en moins à Paris ; à Colombey, il s'étiole, il s'efface. Un sondage de décembre 1955 indique que la proportion des Français qui aimeraient être gouvernés par de Gaulle est de 1 %[11].

Alors, il se passe quelque chose.

Est-ce le besoin de susciter, puisque rien ne vient ? S'agit-il d'un sursaut, de la dernière ardeur du vieil homme ?

En 1956, de Gaulle, cloîtré à Colombey dans cette gentilhommière sinistre qui semble bien devoir demeurer pour lui un placard de l'Histoire, alors que la France s'enlise dans le drame algérien, finit par prêter l'oreille aux sirènes de ses amis les plus exaltés. Michel Debré, Olivier Guichard, Jacques Chaban-Delmas, Jacques Foccart, toute cette génération issue de la Résistance qui rêve tout haut d'une nouvelle grande aventure avec lui. Dans ces cercles, on est grandiloquent, enfiévré, nostalgique. On le supplie de revenir, de sauver la France du naufrage, d'en finir avec la décadence. De revenir, oui, « par tous les moyens » dit-on, puisque le régime honni n'est pas tombé de lui-même. De Gaulle, sans répondre clairement, laisse dire. Et faire. Il consent à ne rien voir, ni les réseaux paramilitaires de Jacques Foccart ni les relations douteuses de Michel Debré. Les comploteurs travaillent pour lui.

Par tous les moyens ! C'est le leitmotiv de ces impatients qui ne supportent plus la IVe République. Et ce sera le moteur de leur prise de pouvoir. *Par tous les moyens !* C'est devenu l'antienne des gaullistes, des nationaux-gaullistes, des résistants d'extrême droite comme Bloch-Masquart, des gaullistes de gauche comme Léo Hamon, des pionniers de Londres comme des grognards de Bir-Hakeim[12] qui s'acharnent pendant des années à permettre à leur ancien chef de revenir au pouvoir.

---

où la question provoque de très violents débats. Son rejet par l'Assemblée nationale (le 30 août 1954) entraîne son abandon.

11. Quand on leur demande quel est l'homme politique qu'ils aimeraient le mieux comme président du Conseil, il est loin derrière Mendès France qui obtient 27 % et Antoine Pinay, 8 %, *Sondages*, n° 3, 1957, p. 26.

12. Encore que Pierre Messmer ou Maurice Schumann se soient montrés plus réservés.

Par tous les moyens ! La formule est de Michel Debré. Elle est terrible. Vertigineuse. Elle légitimera des années de plomb, celles où la IVe République sera assaillie de complots, de pronunciamientos ratés, menés en liaison avec les activistes gaullistes ou poujadistes. En avançant dans cette enquête, j'allais découvrir, effaré, que si la IVe République n'était guère exaltante, ses ennemis, eux, étaient vraiment inquiétants. Notables à l'extérieur, putschistes à l'intérieur ; déguisés en sénateurs comme Michel Debré, ou en radicaux bon teint comme Jacques Chaban-Delmas.

L'impatience des gaullistes, en cette fin de IVe République, est telle que le « par tous les moyens » de Michel Debré va tenir lieu de politique à bien des gaullistes zélés. *Par tous les moyens*, c'est-à-dire là où la plaie suinte : l'Algérie française.

Ce sera la pâte que les gaullistes pétriront, et feront lever. L'Algérie française deviendra leur seul souci, leur combat, leur indépassable horizon. Défendre « l'Empire qu'on brade ». Sortir le premier des « bradeurs », Mendès France, et discréditer les autres. Rétablir l'honneur de l'armée. Sauver l'Algérie française, donc la France. Leur croisade mène le 1er juin 1958 au retour de De Gaulle qui n'a rien, on le verra, de « miraculeux » ni de spontané.

On prétend que le de Gaulle d'avant mai 1958 fut un politique ambigu, ayant deux fers au feu : l'un républicain, laissant à l'Assemblée le (seul) choix de le désigner ; l'autre putschiste, avec la menace d'un coup d'État militaire venu d'Alger, cette fameuse opération Résurrection[13] que seul son retour empêcherait. Or, de Gaulle n'avait pas deux fers au feu mais cinq, dix, treize ! C'est

---

13. L'opération Résurrection avait été mise sur pied en mai 1958 par des militaires (les généraux Dulac et Miquel entre autres) partisans du retour au pouvoir du général de Gaulle, dans le cas où la solution légale envisagée n'aurait pas abouti. Elle consistait en la réunion à Paris d'une force de parachutistes, de blindés et de fantassins en vue d'une intervention sur certains points clés de la capitale. Le 24 mai, poussés par les activistes gaullistes, les parachutistes d'Alger débarquent en Corse et créent un second Comité de salut public. Dans la nuit du 26 au 27 mai, le président du Conseil Pflimlin évoque la situation avec de Gaulle mais n'envisage pas son départ. Des unités de la région de Toulouse et le 501e régiment de chars de combat de Rambouillet s'apprêtent à monter sur Paris et à débarquer le chef du gouvernement avec des complicités dans l'armée, la police et l'administration. L'opération, d'abord prévue le 28 mai, est annulée le 29. Ce même jour, le président de la République, René Coty, fait appel « au plus illustre des Français ».

en tout cas la thèse d'un livre célèbre, *Les Treize complots du 13 mai*[14]. Ses hommes, avec Chaban et Debré, suivaient en temps réel les innombrables conjurations qui rivalisaient entre Paris et Alger. Le terrain avait été préparé depuis des années avec le tissage prudent, complexe, entremêlé de réseaux militaires, financiers, politiques et occultes ; avec l'exacerbation des passions en Algérie, et là, la création de redoutables groupes contre-terroristes ; avec l'infiltration de certains services secrets : la manipulation d'une armée traumatisée par la débâcle de Diên Biên Phu et l'enrôlement de tous les demi-solde de la droite ultra. Rien n'arrêtera les hommes de De Gaulle. Ni la morale, ni le droit, ni la loi. Ni la ligne jaune de la République, ni l'interdiction militaire de se mêler de la chose politique, ni l'utilisation des voyous les plus fameux, ni l'alliance avec les ennemis de Vichy ou le recyclage de miliciens. « La fin justifiait les moyens », répètent encore de nos jours les derniers barons, Guichard ou Messmer. Ils n'ont guère de flamme en l'affirmant ; ils se rassurent comme ils peuvent. Pourtant, comment ne pas être d'accord avec cet éditorialiste de la presse de province[15] qui, s'adressant à Michel Debré, rappelait cette évidence négligée : quand on est républicain on ne compte pas, on ne s'attarde pas sur le numéro de la République. Or, c'est la République, quatrième du nom, certes discutable, faible, divisée, que l'impatience des gaullistes allait abattre avec pour seul marchepied, pour unique levier, la défense de l'Algérie française.

---

14. *Cf.* l'excellent livre de Merry et Serge Bromberger, *Les Treize Complots du 13 mai ou la Délivrance de Gulliver*, Paris, Fayard, 1959.

15. Jean Lechantre, un vigoureux journaliste anti-OAS, écrit le 9 décembre 1961 dans *Nord-Matin* : « Le gouvernement Debré peut-il sauvegarder efficacement la République ? Nous répondons : non ! Non, parce que la carrière politique du Premier ministre est liée au succès d'un complot contre la République d'hier – et que les vrais républicains défendent toutes les républiques, quel que soit leur numéro. » *In L'OAS et la Presse française*, Paris, Galic, 1962, p. 27.

16

L'affaire du bazooka*

L'« affaire du bazooka » ! Mitterrand la ressortait souvent aux tables des restaurants où nous déjeunions à la fin de sa vie. Elle venait conclure une diatribe antigaulliste, ou rappeler sa jeunesse stendhalienne. Ses récits du gaullisme des complots faisaient mes délices. Médisance d'un vieil adversaire politique ? Exagération d'un rival hanté par la stature du Commandeur ? Il y avait certes un peu de tout cela dans les envolées gourmandes de Mitterrand. Néanmoins, cette face cachée de la légende, j'allais la retrouver, tout au long de mon enquête, évoquée par les anciens activistes, les anciens ministres, les grands flics d'hier. Affaire énorme, elle gît au plus profond de la tragédie de l'Algérie française, cette Atlantide rouillée et toujours interdite.

L'affaire du bazooka, il la racontait comme un roman, celui de ses trente ans où il était le « beau François », un ministre gâté et plus anticonformiste qu'on ne le dit. La France d'alors était immense, elle allait de Paris à Tamanrasset... et à Saïgon. C'était le temps des aventures en Indochine avec, au début, le duel entre le bon général Leclerc et l'abominable amiral d'Argenlieu ; puis les années où Alger devint, après la débâcle de Diên Biên Phû en 1954, le centre de l'Empire, où les grands capitalistes métropolitains et locaux se nourrissaient sur la bête coloniale, tenaient salon à l'hôtel Saint-Georges, complotaient aux Balcons Saint-Raphaël

---

* Sur cette affaire, voir annexe 4.

où se prépara le 13 mai 1958[1]. Les mêmes qui, à Paris, activaient leurs lobbies à l'Assemblée nationale, arrosaient les ministres et les partis patriotes, et osaient se payer les services d'éminences mouillées à mort dans la collaboration, René Bousquet, Georges Albertini[2]... Un temps où la politique était autrement dangereuse et où, dès 1954, Mitterrand et Mendès, son aîné, étaient aussi haïs que le fut Blum en 1936. Le vieux président Mitterrand gardait de ces années 1950, qu'il comparait « au temps du duc de Guise », une morale machiavélienne et aussi une nostalgie féroce, colorée, excitante. « L'époque était ainsi, disait-il l'œil allumé : c'était tuer ou être tué. » « Le temps des assassins », comme aurait dit Mauriac, des espions de Foccart où des couloirs souterrains menaient les voyous au Prince. Les gaullistes avaient décidé la mort du régime « par tous les moyens ». Et Mitterrand racontait les « services », les barbouzes, les corridors secrets, l'argent des grands coloniaux, le recrutement du plus grand truand de l'époque, Jo Attia. Mais son morceau de bravoure, c'était « l'affaire du bazooka ». Il la connaissait sur le bout des doigts. Elle restait pour le vieux président sa machination préférée. Il était en 1957 ministre de la Justice lorsque cette ténébreuse affaire éclata.

L'affaire du bazooka. Depuis, j'ai retrouvé les acteurs survivants du complot ; j'en ai relu tous les récits, toutes les dépositions faites à la police et à la justice. Le dossier est accablant. « L'affaire du bazooka », c'est un film. L'affaire Mattei[3] puissance dix. Un

---

1. Précisément chez la famille Nouvion. Entretiens de Philippe Nouvion avec l'auteur, mai 2002.

2. Ancien socialiste, pacifiste convaincu, ancien chef de cabinet de Marcel Déat sous l'Occupation, Georges Albertini, condamné à cinq ans de travaux forcés à la Libération, participe, une fois sa peine purgée, à toutes les croisades anticommunistes. Il fonde la revue *Est-Ouest*, aidé par Hippolyte Worms, et conseille de nombreuses personnalités politiques des IVe et Ve Républiques.

3. L'explosion de l'avion qui a coûté la vie à Enrico Mattei, le maître de l'industrie pétrolière italienne, le 27 octobre 1962, reste un mystère. L'attentat ne fait pas de doute mais ses motifs restent inexpliqués. Plusieurs hypothèses ont été avancées. Le SDECE (les services secrets français) a été accusé car Mattei avait entretenu des contacts avec le FLN dont il avait formé les cadres pétroliers ; le SDECE le soupçonnait en outre de lui avoir fourni des armes. La CIA et la mafia américaine également auraient voulu éliminer un industriel nuisant aux intérêts américains au Proche-Orient. Enfin une affaire purement italienne fut évoquée. En 1994, un repenti de la Mafia, Tommaso Buscetta,

thriller qu'on croirait écrit par Alexandre Dumas. À coup sûr le plus grand scandale politique de l'après-guerre. Le plus étouffé surtout.

Le 16 janvier 1957, un peu avant midi, deux roquettes sont tirées sur l'hôtel de la 10e région militaire, une belle bâtisse IIIe République située place Bugeaud à Alger. Objectif, au deuxième étage, le bureau du général Salan, commandant les armées en Algérie, proconsul républicain en fait, nommé depuis un mois à peine par le gouvernement Guy Mollet. Les projectiles, du 77 mm professionnel d'après les enquêteurs, explosent dans le bureau de Salan, mais celui-ci vient d'en sortir, appelé par le ministre résident Robert Lacoste. Assis à sa place, son adjoint, le commandant Rodier, est tué sur le coup. « Il n'avait plus de torse, sa tête avait fondu », se souvient Dominique Salan, la fille du général[4]. Elle avait onze ans, prenait sa leçon de piano et, alertée par le fracas, avait dévalé l'étage qui menait de l'appartement privé au bureau de son père. Mlle Salan se souvient, et tous les récits convergent. Massu, le numéro trois de l'armée en Algérie, débarque alors dans le bâtiment dévasté. Au rapport. Gueule enfarinée de grognard, agité par l'événement. Et tout de suite humilié. Salan, son nouveau patron, l'engueule... « Pas capable de tenir Alger... De protéger un lieu stratégique... Pas foutu de contrer les fell... Pas capable... » Piqué au vif, Massu – qui n'est pas encore le héros de la bataille d'Alger – s'active. Il suffit de quelques heures à ses hommes pour retrouver l'arme du crime, abandonnée dans un caniveau du quartier, sans aucune précaution. Un bazooka de fortune : deux morceaux de canalisation en fonte, un dispositif électrique, des planches ficelées entre elles. Bricolé, mais terriblement efficace.

L'attentat contre Salan provoque un choc terrible en Algérie et en métropole. À Alger, l'affaire est montée à la une de tous les journaux. L'armée, qui ronchonne depuis Diên Biên Phû, se remet à grogner. À la Chambre, les députés paniquent... « On a voulu

---

accusait la mafia sicilienne d'avoir agi sur ordre de la mafia aux États-Unis pour protéger les compagnies pétrolières américaines.

4. Entretien avec l'auteur, 4 juin 2002.

tuer Salan... ! Le soldat le plus décoré de France... ! Et en plein Alger... ! » Les nationaux s'en donnent à cœur joie. On accuse le socialiste Mollet de laxisme. On le cloue au pilori. On s'étrangle, on s'emporte, et surtout on se gendarme de l'audace grandissante des « tueurs du FLN ». Mais à peine a-t-on eu « le temps de se mettre en colère » – c'est l'expression de Jean Cau qui couvre l'affaire dans *l'Express* –, voilà qu'une piste apparaît.

Les hommes de Massu l'ont remontée sans mal. Les supposés terroristes FLN avaient laissé traîner des indices. Grâce au fil électrique abandonné près du bazooka, on retrouve le quincaillier qui aussitôt désigne l'acheteur. Surprise : ce n'est pas un musulman, comme on le croyait, mais un Français de Bab el-Oued, un certain Troncy. On l'appréhende le 25 janvier. Au commissariat, Troncy déclare tout d'abord qu'il ne sait rien de l'attentat, mais il désigne vite d'autres Européens d'Algérie : ses amis Della Monica, un pompier de Bab el-Oued, et Gaffory, mécanicien à l'Arsenal, qui lui ont demandé de se procurer le fameux fil électrique. Le lendemain, Della Monica est interrogé à son tour. Les hommes de Massu n'ont même pas le temps de le bousculer. Il avoue sa participation aux préparatifs de l'attentat. S'il se met à table, c'est pour la simple raison qu'on l'a vexé. Vexé ? Les militaires l'accusent en effet d'être un communiste   car à cette heure-là, la version d'un attentat FLN est retenue. Un communiste ! Pis, un traître, un FLN, un ami des « fellouzes ». Alors, il tempête, Della Monica. Il l'ont insulté, lui le patriote, le pied-noir, le petit Blanc de Bab el-Oued. Et pour leur prouver qu'il est vraiment des leurs, que les militaires et les policiers se trompent, et que lui aussi combat les fells, Della Monica va plus loin. Non seulement il assume le bazooka, mais il donne la liste de tous les attentats anti-FLN qu'il a réalisés depuis des mois avec ses amis. Il a monté avec les copains de Bab el-Oued nombre d'opérations de « guerre psychologique » – c'est le terme à la mode, à l'époque, dans les milieux coloniaux – et parfois même avec l'aide de la sécurité militaire ou de la police algéroise. Della Monica est un patriote désintéressé – un pauvre bougre émouvant, je l'ai rencontré – qui avait fini par être convaincu, par des militaires factieux revenus de Diên Biên Phû, que le général Salan se droguait, qu'il avait été mêlé à l'affaire des piastres, et surtout qu'il allait « liquider » l'Algérie comme, disaient-ils, il avait « bradé » l'Indochine.

Le même jour Troncy, Gaffory et Castille avouent eux aussi. Ils appartiennent à une organisation Algérie française, l'ORAF (Organisation de résistance de l'Afrique française), groupuscule algérois composé d'une quinzaine de membres, et dirigé par un personnage haut en couleur, le docteur René Kovacs, un médecin réputé, d'origine hongroise, ancien champion de natation et roi de la jet-set locale. Les policiers apprennent que, lors de réunions enfiévrées dans sa belle villa sur les hauteurs d'Alger, son épouse, médium, sous l'effet de visions, désigne les cibles à abattre... L'ORAF est l'une des trois ou quatre organisations d'activistes Algérie française qui prolifèrent à Alger et dans les environs depuis 1955. Il y a aussi celle de Jo Ortiz, cafetier au Forum, proche des poujadistes, dans laquelle les jeunes Jean-Claude Perez et Jean-Jacques Susini, un des futurs patrons de l'OAS, font leurs premières armes ; le groupe de Martel, grand propriétaire terrien, dit « le Chouan de la Mitidja », une sorte de chrétien intégriste fou disposant de troupes de choc ; et celle du docteur Lefebvre[5]. Elles se sont baptisées « contre-terroristes » après l'incursion du terrorisme FLN dans les villes à partir de 1955. Ces groupes rivaux sont vite devenus, au fil des plastiquages, des arrestations, des exécutions, des supplétifs des forces de maintien de l'ordre. Jo Rizza, Gaby Della Monica, Philippe Castille et quelques autres de ces contre-terroristes confirmeront au cours de mon enquête que dans leurs opérations nocturnes le quatrième acolyte dans l'automobile était souvent un policier ou un membre de la Sécurité militaire ; que leurs fiches de renseignements et donc leurs cibles leur étaient fournies par la police, la Sécurité militaire ou le SDECE et l'un de ses mystérieux services nommé le GIC[6]. En clair, les

---

5. Le docteur Bernard Lefebvre, jeune médecin homéopathe, originaire de Birmandreis, est un admirateur de Maurras, Pétain et Salazar. En 1956, il a rejoint le poujadisme algérois. Son adjoint est Roger Goutallier, patron du restaurant Le Relais à Alger. En 1959, le docteur fonde le Mouvement pour l'instauration d'un ordre corporatiste.

6. En 1956 et 1957, des activistes ont été engagés dans des opérations anti-terroristes menées par le lieutenant-colonel Germain, qui dirige l'antenne locale du SDECE, lesquelles ont permis d'éliminer des membres du FLN. Pendant une certaine période les liens sont moins étroits ; Germain est muté en métropole en

contre-terroristes faisaient le sale travail de la police et de l'armée républicaine. L'ORAF de Kovacs est le plus fameux de ces groupes formés de terroristes du week-end – puisque, comme le dit Castille avec candeur, « durant la semaine, nous travaillions tous[7] ». Le déballage de Della Monica, cette scène digne d'un Pagnol pied-noir, révèle donc les liens étroits entretenus, au milieu des années 1950, par les services français avec les activistes de l'Algérie française, ceux qui deviendront les cadres de l'OAS. Où l'on découvre que la future OAS, l'armée française et les réseaux gaullistes, c'est déjà une affaire de famille...

Philippe Castille se montre le plus loquace lors des interrogatoires du 26 janvier, libéré par ce sentiment de connivence avec l'armée, et croyant être protégé par l'impunité promise. Selon un avocat de la défense : « Ils étaient tellement persuadés qu'il n'y aurait pas de poursuites contre eux qu'ils n'ont même pas retiré le dispositif électrique. Ils étaient ahuris d'être arrêtés car on leur avait donné des assurances[8]. » N'avaient-ils pas obtenu toutes les garanties de leur mystérieux émissaire parisien, Knecht[9] ? N'étaient-ils pas couverts par ce puissant Comité des Six qui avait exigé d'eux la mort de Salan ? N'avaient-ils pas assisté à quelques rendez-vous secrets avec des membres dudit Comité, à Alger : le député Arrighi et Alain Griotteray, émissaire du général Cogny ? Ne s'étaient-ils pas rencontrés dans un appartement de l'avenue Édouard-Cat quelques jours seulement avant l'attentat ? Ne s'était-on pas retrouvé, pour mettre au point la

---

octobre 1958. Fin novembre 1959, les ultras renouent des liens avec les services secrets de l'armée par l'intermédiaire du BEL (Bureau études et liaisons), dirigé par le colonel Henri Jacquin et le CCI (Centre de coordination interarmes) dirigé par le lieutenant-colonel Simoneau. Le CCI à Hydra a en charge l'organisation et l'emploi des DOP (Détachements opérationnels de protection) dont la principale mission est l'interrogatoire de suspects. Au CCI, le capitaine Louis Bertolini qui deviendra OAS est un ami des activistes (Georges Fleury, *Histoire secrète de l'OAS*, Paris, Grasset et Fasquelle, 2002, p. 41-42).

7. Entretien avec l'auteur, juin 2002.

8. Déclaration de Me Goutermanoff *in* André Figueras, *L'Affaire du bazooka*, Paris, Deterna, 1999.

9. Chercheur au CNRS, il prend contact avec Kovacs en octobre 1956, se disant le porte-parole de Michel Debré. Knecht n'en fait pas mystère : il travaille à abattre les institutions de la IVe République et à sauvegarder l'Algérie française.

conjuration, le 16 décembre 1956 à 17 heures, chambre 95, à l'hôtel Saint-Georges, en présence du général Cogny, tête militaire du Comité des Six, qui leur demanda « de faire sauter l'obstacle Salan » ?

Castille donne des détails. Les trois autres rendez-vous de ce 16 décembre 1956. Le faux attentat qu'il a perpétré lui-même, le 27 décembre, lors des obsèques d'Amédée Froger, le patron des maires d'Algérie, dans l'intention de simuler une action FLN qui embraserait la foule. Il raconte tout du bazooka : de la genèse de la conspiration en octobre 1956 au Salon de l'Auto de Paris, jusqu'aux deux roquettes du 16 janvier. Et puis, surtout, il donne des noms, ceux de certains membres de ce mystérieux Comité des Six [10] : le député de Corse Pascal Arrighi, Jacques Soustelle, le général Cogny, et... celui d'un sénateur, Michel Debré. Le calcul de ce comité : faire assassiner le général Salan ; faire porter la responsabilité de cet attentat aux terroristes algériens ; susciter des troubles dans la population européenne ; faire appel très vite à un sauveur, le général Cogny résidant au Maroc (qui rêvait du poste de Salan que les socialistes lui avait refusé) ; et, à partir d'Alger où Cogny aurait pris le pouvoir, abattre la IVe République, provoquer un 18-Brumaire dont Michel Debré, le plus intelligent et le plus déterminé des ennemis de la IVe République, aurait été le Lucien Bonaparte. Pour le compte d'un certain Charles de Gaulle.

---

10. Le Comité des Six, selon René Kovacs : le sénateur Michel Debré, Jacques Soustelle, le député de Corse Pascal Arrighi, le général Cogny, et un certain Giscard-Monservin, sans doute une confusion dont on ne sait s'il désigne le jeune député du Puy-de-Dôme Valéry Giscard d'Estaing, le député de l'Aveyron Boscary Monservin ou le conseiller d'État comploteur Maxime Blocq-Mascart. Le sixième nom n'a pas été donné par Kovacs.

17

Un « putschiste » nommé Michel Debré

La scène se déroule place Vendôme, au ministère de la Justice. Nous sommes en février 1957, quelques jours après les révélations du docteur Kovacs. Un homme attend l'audience accordée par le garde des Sceaux, François Mitterrand. Le sénateur Michel Debré. Il est pâle et agité lorsqu'il pénètre dans le bureau du ministre. Les deux hommes se connaissent. Ils appartiennent à la même génération, sont tous les deux passés de Vichy à la Résistance et, nul n'en doute alors, sont les plus brillants de ces quadragénaires apparus à la Libération. Mais entre eux il y a ce régime, la IVe République, honnie par Debré le bonapartiste, et incarnée par Mitterrand le républicain ; les torrents de boue déversés par les amis de Michel Debré, les « nationaux », sur Mendès France et Mitterrand, sans parler des chausse-trapes assassines de Jacques Foccart, l'intime de Debré. En voyant entrer celui-ci dans son bureau, Mitterrand comprend que le redoutable gaulliste a décidé de ravaler tout ce qui les oppose.

Depuis plusieurs jours, l'affaire du bazooka produit ses effets dans Paris. La presse commence à évoquer des complicités parisiennes, des personnages haut placés derrière les Algérois. Dans certaines officines, on égrène, avec une insistance gourmande, la liste des personnalités formant cet énigmatique Comité des Six désigné par Castille. Il y a eu des fuites. La rumeur a enflé, dès le 31 janvier, avec un démenti anticipé qui a aussitôt mis le feu aux poudres[1]. Le Tout-Paris en parlait déjà le dimanche précédent chez les Lazareff, dont les déjeuners du dimanche à Louveciennes sont l'épicentre de la vie politique parisienne. Les noms de Michel Debré, de Biaggi, d'Arrighi, du général Faure et du général Cogny sont sur toutes les lèvres au Parlement et place Vendôme, dans les journaux. On les désigne presque en public comme les commanditaires de l'attentat contre Salan...

Le ministre Mitterrand a lu tous les comptes rendus de police, et entendu ce qui se disait chez les Lazareff. De plus, il sait que le procureur général d'Alger réclame la levée de l'immunité parlementaire du sénateur Michel Debré. S'il donne son feu vert, la machine judiciaire se mettra en branle ; et Debré risque de comparaître devant une cour d'assises pour complicité d'assassinat du commandant Rodier et tentative d'assassinat du général Salan[2]. À l'instant précis où Debré est face à lui, Mitterrand connaît son pouvoir.

Les récits donnés par François Mitterrand de ce rendez-vous n'ont guère varié en un demi-siècle[3]. On y retrouve un Michel

---

1. *Le Monde* publie, ce jour-là, une curieuse mise au point de Robert Lacoste qui précède les divulgations dans la presse : « Dans l'état actuel de l'enquête, on ne saurait mêler à cette affaire aucune personnalité politique ou militaire quelle qu'elle soit... » (cité par André Figueras, *L'Affaire du bazooka, op. cit.,* p. 64).
2. Le 6 février 1957, les membres arrêtés du complot ont été inculpés d'association de malfaiteurs, homicide volontaire, tentative d'homicide volontaire, atteinte à la sûreté de l'État, vol, détention illégale d'armes et explosifs, par M. Bérard, juge d'instruction au tribunal civil d'Alger.
3. *Cf.* en annexes les dépositions de François Mitterrand et de Michel Debré au procès du général Salan en 1962. En particulier François Mitterrand raconte cette entrevue une deuxième fois. Cette fois, il aurait lui-même prévenu Michel Debré. « Selon la tradition établie sous la IIIe République et la IVe République, lorsqu'un parlementaire se voyait mis en cause dans un dossier pouvant conduire à une procédure judiciaire, et que pouvait être examiné le cas de son immunité parlementaire, il était de tradition que le garde des Sceaux en prévînt l'intéressé » (sténographie du procès Salan, audience du vendredi 18 mai 1962, Paris, Nouvelles Éditions latines). Il le raconte à l'auteur également en 1994, selon la version de 1959. Michel Debré « me demanda audience par l'intermédiaire de son collègue au Conseil d'État, mon directeur de cabinet Pierre Nicolaÿ. Ce fut un moment singulier... Michel Debré, croyant qu'il était sur le point d'être poursuivi, fut à la fois suppliant et éloquent. Je me contentai de lui répondre qu'il n'avait à redouter aucun acte arbitraire et qu'innocent il aurait tous les moyens de le démontrer que lui donnait la loi » (François Mitterrand, *Mémoires interrompus*, entretiens avec Georges-Marc Benamou, Paris, Odile

Debré « suppliant » – l'expression revient souvent –, son terrible désarroi, sa pâleur à l'instant où il entre dans la pièce, son agitation extrême tandis qu'il se met à arpenter le bureau. Et ses mains, disait Mitterrand, ses mains qui se tordaient en protestant de son innocence, en s'indignant de l'exploitation publique que le gouvernement pourrait faire d'un complot dans lequel, il le jurait, il n'avait rien à voir. Ses mains qui suppliaient de lui donner du temps, pour son honneur, pour sa famille, pour sa réputation. Or, disait Debré, le temps lui manquerait si on requérait des inculpations ou si, par malheur, on demandait des levées d'immunité parlementaire à l'Assemblée nationale ou au Sénat.

Mitterrand eut pitié. Ou du moins, il feignit d'avoir pitié. Il n'y eut pas de levée de l'immunité parlementaire du sénateur Michel Debré[4].

Debré a, par deux fois, nié l'existence de ce rendez-vous[5] place Vendôme. Il a préféré parler d'une rencontre fortuite dans les couloirs du Sénat où les deux hommes auraient bavardé, fort courtoisement, quelques instants à peine, de cette affaire « sans importance ».

Mitterrand, lui, ne parlera de ce rendez-vous qu'en 1959. Il se servira de cette révélation et en fera l'un des grands moments de sa geste politique, et le texte d'un de ses plus grands discours[6].

Jacob, 1996, p. 218). *Cf.* aussi Jean Lacouture, *François Mitterrand, L'Affaire du bazooka, op. cit.*, p. 94, *Une histoire de Français*, Paris, Le Seuil, 1998.

4. Selon André Figueras et Jacques Delarue, entretien avec l'auteur le 4 avril 2002, le garde des Sceaux commit deux erreurs. D'abord laisser dessaisir la justice civile au profit de la justice militaire – certes de mauvaise grâce. Ensuite, croyant éviter l'étouffement et garder une main sur le dossier, il décida la division de l'affaire en deux. L'attentat *stricto sensu* relèverait de la justice militaire ; l'atteinte à la sûreté de l'État du domaine civil.

5. Voici la déposition de Michel Debré au procès Salan (audience du 19 mai 1962). Dans ses Mémoires, Michel Debré raconte : « Un jour de mars au Conseil de la République, le sénateur Dubois m'apprend qu'au groupe des indépendants le bruit se répand que je ferai prochainement l'objet d'une demande de levée d'immunité parlementaire. Ma stupéfaction est totale. [...] François Mitterrand a inventé une visite que je lui aurais faite alors qu'il était ministre de la Justice afin de me défendre de la calomnie. Cette visite n'a jamais eu lieu. Et Mitterrand rectifie peu après en parlant d'une conversation dans les couloirs du palais du Luxembourg, conversation qui n'a pas existé plus que la précédente » (*Trois Républiques pour une France. Agir, 1946-1958*, Paris, Albin Michel, 1988, p. 280).

6. *Cf. supra.*

Deux ans après les faits, devant les sénateurs médusés, Mitterrand, pris au piège de l'affaire de l'Observatoire, se défend. On a voulu le tuer avec cette affaire, et l'homme qui a armé la machination, accuse-t-il, est Michel Debré, le Premier ministre de la Vᵉ République. Et il explique pourquoi.

L'affaire de l'Observatoire aurait été, selon lui, montée par Debré pour le discréditer, car il détenait les clés du destin du Premier ministre. L'Observatoire pour neutraliser le bazooka[7].

Une parodie de justice. Cette expression galvaudée prend tout son sens avec le bazooka, tant le dossier judiciaire aura été tordu, manipulé, obstrué, soigneusement découpé entre Paris et Alger, pour finir enlisé dans les sables de la procédure. Le gaullisme triomphant savait s'y prendre. En mai 1957, François Mitterrand est remplacé place Vendôme par un autre de ces quadragénaires en vue du régime : Jacques Chaban-Delmas, un gaulliste proche de Debré. Chaban bloque le dossier – avant de le transmettre en juin 1958 à son successeur place Vendôme. Un certain Michel Debré... Celui qui deviendra le premier Premier ministre du général de Gaulle aura beau se défendre dans ses Mémoires[8], en soulignant la diligence avec laquelle il fit juger les activistes en plein été 1958, il ne revint jamais sur les manigances nombreuses qui permirent l'étouffement de l'affaire du bazooka. Ni sur les émissaires chargés de faire reculer Salan, qui entend aller jusqu'au procès[9] ; ni les pressions sur Mme Rodier, pour qu'elle ne se

7. François Mitterrand est resté convaincu que Michel Debré avait joué un rôle dans cette affaire. Retrouvé par le réalisateur Joël Calmette, l'auteur de l'attentat, Robert Pesquet, affirme aujourd'hui avoir agi de sa propre initiative pour nuire à la carrière de François Mitterrand et provoquer un débat sur l'Algérie (« Mitterrand et l'affaire de l'Observatoire », diffusé dans « Passé sous silence », le 28 novembre 2002, France 3).

8. *Trois Républiques pour une France. Agir, 1946-1958*, op. cit.

9. Et notamment celles de De Boissieu et de La Malène. En juillet 1958, le colonel de Boissieu vient voir le général Salan pour lui demander de la part de Michel Debré, alors garde des Sceaux, de ne pas donner suite au procès du bazooka. Salan refuse et veut voir juger les coupables. Le 24 juillet 1958, le procès s'ouvre devant le tribunal militaire de la caserne de Reuilly. Le tribunal ajourne le procès, *sine die*, à la suite de plaidoiries prononcées à huis clos. De plus, les détenus obtiennent leur mise en liberté provisoire. Et le 7 août 1958, Christian de La Malène, membre du cabinet du garde des Sceaux Michel Debré, se rend à Alger, pour rencontrer le général Salan. En l'absence de celui-ci, il

constitue pas partie civile, par l'entremise du très conciliant maître Floriot[10], son propre avocat ; ni le double jeu de Tixier-Vignancour qui réclamera la liberté provisoire pour les activistes algérois, à condition qu'ils se taisent ou s'enfuient en Espagne, comme Kovacs ou Griotteray, avec de « vrais-faux » passeports ; ni les commissions rogatoires, étrangement tardives, lancées pour entendre certaines personnalités mises en cause ; ni les non-lieux délivrés avec une promptitude extrême ; ni l'absence de recherche, lors de l'instruction et du procès, de toutes les pièces qui auraient pu être à conviction ; ni, par-dessus tout, la mise en liberté provisoire d'accusés qui risquaient la peine de mort – ce qui permit la fuite du docteur Kovacs et, croyait-on, garantirait son silence[11]. Sans parler de la connivence des milieux militaires qui n'est pas sans rappeler la raison supérieure invoquée dans l'affaire Dreyfus quand ressurgit cette phrase du général Ély confiée à François Mitterrand : « Ces choses-là se règlent au sein de l'armée[12]. »

Dans l'euphorie du nouveau régime, l'encombrante affaire du bazooka passe à la trappe. Michel Debré est sauvé par le gong de la Ve République. L'affaire est vite oubliée. Rangée. Négligée par la « presse de gauche ». Interdite à la télé. Puis amnistiée[13]. Enterrée durant quatre décennies sans qu'on ait la possibilité d'en parler. On n'aura jamais vu enterrement judiciaire aussi réussi dans l'histoire contemporaine.

L'ouverture des archives de l'affaire, prévue pour 2007, permettra certainement de mieux mesurer le rôle de Michel Debré dans la conjuration du bazooka[14]. Fût-elle indirecte, comme le

---

voit le général Dulac et lui pose les questions suivantes : le général Salan tient-il vraiment à ce que les auteurs de l'attentat passent en jugement ? Si oui, s'opposerait-il à un procès à huis clos ?

10. À la fin de janvier 1958, la veuve du commandant Rodier et son avocat maître Floriot sont reçus par le directeur de la justice militaire, M. Guibert. Les deux hommes conseillent vivement à Mme Rodier de ne pas poursuivre l'affaire qui pourrait entraîner des conséquences graves puisque les accusés mettent en cause de hautes personnalités comme Michel Debré et le général Cogny. Elle se résigne.

11. Selon André Figueras, *L'Affaire du bazooka, op. cit.*, p. 80.

12. *Ibid.*, p. 88.

13. Philippe Castille a été amnistié en mars 1958.

14. La responsabilité de Debré est avérée, selon François Mitterrand, le

laissent entendre ses amis d'alors, comme Biaggi qui m'expliqua, malicieux : « Debré n'aurait pas été capable de monter seul un si gros coup[15]... » Reste que les préparatifs du bazooka ; les premiers contacts au cours du Salon de l'Auto à l'été 1956 ; les incessants allers-retours entre Paris et Alger d'Arrighi et Griotteray, intimes de Debré, entre octobre 1956 et janvier 1957, les témoignages croisés de Kovacs et de Castille ; la volonté minutieuse d'étouffer l'affaire : tout désigne Michel Debré. Il était trop intimement lié à Knecht l'émissaire, au général Cogny, au général Faure, à Griotteray, à Biaggi, à Arrighi, à tous ceux qui gravitent autour de cette ténébreuse affaire.

Le Michel Debré dont je parle a presque été effacé par le temps, corrigé par la légende gaulliste, recouvert par un vernis de bonne réputation. Il fallait, et il faut toujours, cacher l'inavouable. L'ancienne vie de putschiste de Michel Debré, Premier ministre du président de Gaulle, et vénérable figure de l'histoire officielle.

En ce temps-là, dans les années 1950, ses amis l'appelaient « Michou la Colère ». Debré, c'était Dr Jekyll et Mr. Hyde. Le jour, vénérable constitutionnaliste, il se rend au Sénat ; la nuit venue, il s'enfonce dans un imperméable, se donne des airs d'anonyme, vérifie s'il n'est pas suivi par la police, et se rend soit à l'École militaire, soit au 92, boulevard Haussmann, chez son ami le haut fonctionnaire pied-noir André Regard. Là, il retrouve des généraux amers comme le général Faure, des anciens combattants d'Indochine prêts aux coups de force, des députés tapageurs et inconditionnellement gaullistes, Pascal Arrighi et Jean-Baptiste Biaggi. Il arrive que se joignent à ce petit groupe François Valentin, vichysso-résistant et ancien patron de Mitterrand, Marie-Madeleine Fourcade, grande gaulliste, grande vichysso-résistante aussi, proche, disait-on, de la Cagoule, et un jeune député : Valéry Giscard d'Estaing.

---

général Salan, Georges Bidault, le ministre socialiste Lacoste, maître Goutermanoff, avocat des activistes algérois, qui – il est vrai – furent ses ennemis ; mais aussi, c'est plus troublant, ses amis politiques, tel le général Faure qui, lui, n'avait pas de comptes à régler avec lui, comme le dit André Figueras, *op. cit.*, p. 76.
15. Entretien avec l'auteur le 10 avril 2002.

Et là, on s'échauffe, on s'impatiente, on rêve de coups d'État. Selon Jean Baptiste Biaggi, l'un des derniers survivants de la « bande à Debré », le groupe se réunit très régulièrement après le 6 février 1956, date de la journée des tomates. La défense de l'Algérie française était leur affaire. Depuis cette émeute contre Guy Mollet, le fruit était mûr pour Debré et ses compagnons. Alors, on jure d'en finir avec la IVe République affaiblie, pour établir un régime autoritaire. La « bande à Debré » est un des foyers de la subversion antirépublicaine entre 1956 et 1958. Elle forme un réseau puissant, noyaute les cabinets ministériels, dispose de relais stratégiques comme Jacques Chaban-Delmas qui, dans cette période, dansera un étonnant tango avec le régime. Un pas dedans. Un pas dehors. Chaban a bien de la chance. Il est, comme Debré, une icône... Composé d'anciens résistants, ce groupe n'hésite pas à pactiser avec le diable : les anciens de Vichy et ceux de la Cagoule. Il noue des alliances avec les bas-fonds, les factieux de toutes sortes, entre banditisme et basse police. Et au centre de tout, tenu au courant par des agents qui font d'incessants voyages entre Paris et Alger, le sénateur Michel Debré, et ses bras droits, Foccart et Sanguinetti.

La « bande à Debré » est redoutable. Elle rivalise avec le groupe du docteur Martin, l'ancien chef des renseignements de la Cagoule qui, lui aussi, a des troupes en Algérie : pieds-noirs exaltés, anciens d'Indo et pétainistes revanchards. La bande gaulliste s'organise assez vite, au lendemain de la journée des tomates. L'émeute, activée en coulisses par les amis du docteur Martin et de Michel Debré, fait reculer le président du Conseil Guy Mollet dans sa volonté d'installer à Alger un gouverneur réformateur, le général Catroux. De retour d'Alger où il a « monté ce coup », l'avocat Jean-Baptiste Biaggi convainc ses amis qu'il faut agir. Le fruit est mûr. L'Algérie sera leur terrain de chasse. Le levier pour faire tomber la IVe République. Très vite, Debré coordonne. Blocq-Masquart, résistant d'extrême droite, ancien chef de l'OCM, anti-sémite et partisan depuis toujours d'une république autoritaire, est chargé des réseaux d'anciens combattants... Le général Faure et le général Cogny s'occupent des relations avec l'armée. Pascal Arrighi suit le Parlement et l'imaginatif Biaggi a en charge la propagande et l'agitation. Rapidement, des divergences apparaissent entre les révolutionnaires, dont il est, et les opportunistes. Pourtant le but de guerre ainsi que les moyens sont clairement exposés dans un texte fondateur[16].

Le Comité secret désigne trois objectifs. Tout d'abord, s'occuper du travail parlementaire – jusque-là rien que de très républicain. Ensuite, mener des campagnes de « lobbying » afin de faire émerger l'idée d'un « de Gaulle recours » – ce n'est là encore que de bonne guerre politique. Mais – et c'est là que le bât blesse – le troisième point du programme est plus obscur. Il y est question des « actions de terrain ». Il s'agit, selon la remarquable enquête de Christophe Nick sur l'« opération Résurrection », de l'organisation de la subversion qui doit conduire à l'insurrection.

Dans cette IVe République hésitante comme jamais, le sénateur Michel Debré est bien le premier des comploteurs. Un exalté. À la différence d'autres grands gaullistes de l'époque, comme Jacques Soustelle et Jacques Chaban-Delmas tenus à l'écart du groupe des comploteurs. Le premier, parce qu'on se méfie de lui ; il manque de souplesse. Debré l'utilisera seulement pour prendre, en mars 1956, la tête d'un mouvement Algérie française à ciel ouvert, l'USRAF[17]. Le second, Chaban, est bien plus utile à l'intérieur du

---

16. Selon l'indispensable enquête de Christophe Nick, *Résurrection. Naissance de la Ve République, un coup d'État démocratique*, Paris, Fayard, 1998.

17. En mars 1956, à son retour d'Algérie, Jacques Soustelle fonde l'Union pour le salut et le renouveau de l'Algérie française, dont l'objectif est de « grouper tous les Français qui, sans distinction de croyance ou d'opinion politique, veulent combattre le défaitisme et l'esprit d'abandon ». L'USRAF se veut apolitique, elle accueille aussi bien des socialistes comme Marcel Edmond Naegelen, Vincent Badie, des MRP comme Robert Schuman, des indépendants comme Antoine Pinay, des radicaux comme André Morice, Henri Queuille, Émile Roche, des gaullistes comme Michel Debré. Il y a aussi des « gardiens de la conscience républicaine et nationale », Albert Bayet, président de la Fédération nationale de la presse et Paul Rivet, directeur du musée de l'Homme, des syndicalistes, André Lafond (Force ouvrière), André Malterre (Confédération générale des cadres), des hauts fonctionnaires comme Emmanuel Monick, ancien directeur de la Banque de France, d'anciens gouverneurs de l'Algérie, Roger Léonard et Maurice Viollette. La qualité des adhérents de l'Union donne à celle-ci du poids. Une liste impressionnante sera publiée le 15 mars 1957, comprenant plus de deux cents noms de parlementaires, hauts fonctionnaires, universitaires, industriels, généraux, prélats. Georges Bidault la rejoindra peu après. Sous ces hauts patronages, l'USRAF publie des brochures et un bulletin, organise des conférences pour défendre l'idée de l'Algérie française. Elle est aussi un lieu de rassemblement idéal pour les activistes de toute obédience, gaullistes ou non.

régime ; il le prouvera lorsque, devenu ministre de la Défense en novembre 1957, il installe à Alger une « cellule de la Défense nationale[18] » dont le but, à peine voilé, est de préparer le terrain à une insurrection populaire et militaire – ce sera l'insurrection du 13 mai 1958.

Debré, un « admirable thermidorien » pour ses amis. « Une graine de fasciste » pour ses adversaires. Et, pour la plupart, un putschiste qui cache à peine dans Paris sa préparation du Grand Soir. Le *Grand Soir*... C'est leur fantasme et le titre de leur feuille clandestine, organe de la Révolution nationaliste républicaine » – brrr... –, où Michel Debré se répand d'abord en textes prophétiques et vengeurs, avant de fonder un hebdomadaire, courant 1957, *Le Courrier de la Colère*, sur les conseils de Jacques Foccart. Un brûlot.

Il suffit pour s'en rendre compte d'en feuilleter la collection, de fin juin 1957 à juin 1958 – année où, de Gaulle revenu au pouvoir, *Le Courrier de la Colère* cesse de paraître, puisqu'il n'a plus de raison d'être. Il faut relire les textes de Michel Debré, tous. C'est un incendiaire. Il a le ton, les accents, les mots des années 1930 pour dénoncer « le grand gâchis », la crise de régime, la décadence, l'anti-France. Il traîne dans la boue les ministres photographiés lors de soirées mondaines, les présidents du Conseil, « ces princes qui comme les princes de 1788 dansaient ». Il convoque Robespierre, Renan, Charles de Gaulle bien sûr pour sauver la France. Il réclame la guillotine et justifie, quelques jours seulement après l'attentat du bazooka, un possible coup d'État dans un grand article qui se conclut ainsi : « Un régime ne se réforme pas de lui-même[19]. »

Début 1958, *Le Courrier de la Colère* fait monter la pression. Le régime chancelle, il le cartonne. Chaque semaine, on y lance les thèmes qui feront florès à mesure que la IVe République s'exténue ; et dans chaque numéro, c'est le compte à rebours, le

---

18. Léon Delbecque, fervent partisan du retour du général de Gaulle au pouvoir, est envoyé par Chaban-Delmas en mission à Alger pour « recruter » des officiers gaullistes. *Cf. infra*, note 2, p. 165.

19. *Le Courrier de la Colère*, 31 janvier 1958 : « Bien voir notre premier mal. Bien observer la faiblesse fondamentale de notre type de démocratie. Bien comprendre qu'à mal exceptionnel il faut remède exceptionnel. Tel est le problème qu'expose la "crise du régime", et tout le reste est temps perdu ! »

suspense sur le retour de De Gaulle avec ce titre qui barre la une d'un numéro de mars 1958 : « De Gaulle parlera-t-il ? » Le 1er mai, Debré lance l'idée d'un « gouvernement de salut public » – le terme apparaîtra publiquement douze jours plus tard à Alger. Il réclame de Gaulle – dont il faut rappeler qu'il est toujours au plus bas dans les sondages d'opinion de l'époque – avec un gigantesque « SOS de Gaulle » à la une du *Courrier de la Colère*. Le 15 mai, deux jours après le coup d'Alger, le journal lance l'idée d'une « marche à Colombey ». Le 22 mai, alors que le président Coty hésite encore à appeler le Général, Debré exige : « De Gaulle sans conditions ! » Le 14 février, il y a cet éditorial qui ne cache plus son dessein antirépublicain : « Que tous les Français le sachent ! Ils n'ont pas trois chemins devant eux. (...) On ferait bien d'y songer dans tous les lieux où se forge le destin de la France et qui sont : l'Élysée, l'hôtel Matignon, les autres ministères, le Palais-Bourbon, le palais du Luxembourg, le siège social des partis politiques, les grandes loges maçonniques, les grands évêchés, l'état-major de l'armée, la Sorbonne, et, en fin de compte mais non les moins importantes, les salles de direction de la grande presse. Là sont les nobles du régime. Pour les inciter à la sagesse, faut-il leur rappeler à tous que, faute d'accepter le redressement, ils seront, non les seuls, mais les premiers à monter à l'échafaud, et que les Pitt et les Cobourg n'ont jamais servi à rien en face des colères populaires. »

Difficile d'imaginer saint Michel Debré, sorte de Moïse républicain, auteur de la Constitution de 1958, fondateur de l'École nationale d'administration, premier Premier ministre de la Ve République, en diable comploteur.

Difficile de croire que c'est le même homme qui, le 21 avril 1961, sur les ondes des radios de France, s'éleva comme le premier des antifascistes, alors que les putschistes d'Alger menaçaient de débarquer à Paris, avec ce fameux appel resté dans toutes les mémoires républicaines « à venir défendre la République à pied, en voiture ».

Difficile de concevoir que le premier ministre de la décolonisation, celui dont la police et l'armée chassèrent à mort les partisans de l'Algérie française, avait pu écrire un an seulement avant le retour du général de Gaulle : « Que les Algériens sachent

144

surtout que l'abandon de la souveraineté française en Algérie est un acte illégitime, c'est-à-dire qu'il met ceux qui le commettent et qui s'en rendent complices hors-la-loi, et ceux qui s'y opposent, quel que soit le moyen employé, en état de légitime défense[20]. »

La face noire de Michel Debré a été retouchée, dans la mémoire collective, avec l'efficacité des staliniens qui truquaient les photos gênantes. Michel Debré a été canonisé selon le rite de la Ve République qui en a fait le premier des apôtres. Or, par ses écrits, par son action clandestine à la fin de la IVe République, par ses liens avec les activistes et les commanditaires de l'affaire du bazooka, et par cette déclaration sur l'abandon de l'Algérie, Michel Debré se révèle sous un autre jour. Non seulement le diable est un comploteur qui cherche à abattre une République détestée, mais d'une certaine manière aussi, l'idéologue avant l'heure de l'OAS et de la terreur Algérie française.

L'histoire du bazooka révèle la tourmente de l'époque. Sa complexité, ses coulisses, son chaos. Quel invraisemblable chassé-croisé ! En 1957, Michel Debré est le chef des conjurés de l'Algérie française qui veulent abattre le général Salan, trop républicain et *pas assez Algérie française*. Quatre ans plus tard, en 1961, c'est le Premier ministre Michel Debré qui *brade l'Algérie*, tandis que Salan, *le républicain pas-assez-Algérie-française*, devient le chef de l'OAS.

On pourrait dire que c'est une histoire folle. Elle est en tout cas la plus imprévisible des histoires ; elle annonce bien d'autres glissements de terrain. Où l'on verra, par exemple, Georges Bidault, successeur de Jean Moulin, passer dans l'extrême droite et entrer dans la clandestinité. Une histoire qui se présente aujourd'hui comme une des grandes convulsions du corps national français.

L'affaire du bazooka est la plus cinglante et la plus cruelle dénonciation du gaullisme d'avant le pouvoir. Celui des origines douteuses et qui va, après l'échec du RPF en 1951, se liguer avec l'extrême droite pour abattre le régime républicain. Une forme de néobonapartisme qui, au nom d'une légitimité discutable, se

---

20. *Le Courrier de la Colère*, 20 décembre 1957.

voulait au-dessus des lois de la République, même imparfaites. Toujours à la limite de la légalité, avec des méthodes que l'on retrouvera plus tard sous la Ve République gaulliste, avec les milices patronales, avec le SAC ou l'affaire Ben Barka. L'affaire du bazooka n'est pas un accident. Elle aura laissé sa trace comme tous les actes fondateurs d'un nouveau régime. Elle annonce l'ahurissante opération Résurrection[21] – avec ce chantage au coup d'État militaire prêt à être déclenché, si la République n'adoube pas de Gaulle. Le bazooka, c'est le dernier des grands complots, ratés, mal préparés, fantaisistes et terrifiants. Comme une répétition générale du coup d'État « légal » qui conduira de Gaulle au pouvoir entre le 13 mai et le 1er juin 1958.

---

21. *Cf. supra*, note 13, p. 126.

18

Hôtel Saint-Georges, chambre 95

Je voulais rencontrer Philippe Castille. Son nom revenait à chaque tournant de cette épopée comme une sorte de Fanfan la Tulipe. Il était un terroriste au grand cœur, disait la légende des clandestins. Dans l'Atlantide de l'Algérie française, on en parlait avec la révérence due aux maîtres. Castille, c'est *Philippe*. Un métropolitain qui aima trop l'Algérie, et qui fut probablement un des hommes les plus manipulés de cette guerre franco-française. Casse-cou de l'histoire, il était partout où ça chauffait, sautant de l'affaire du bazooka – dont il avait été l'artificier – pour tomber quatre ans plus tard à Madrid dans les bras de Salan qu'il avait tenté d'assassiner, avant d'inventer, dans l'OAS métropolitaine, les « nuits bleues » – il était un des meilleurs experts en explosifs de son temps.

Car Castille sait. Il fut l'homme qui tira au bazooka, l'adjoint de Kovacs et le premier à livrer des aveux complets à la police. Il a donné sa version il y a trente ans dans un livre qui ressemble à un polar[1]. Elle cadre parfaitement avec l'étonnante confession du docteur Kovacs[2].

Il m'a fallu longtemps, quelques ruses et bien des recommandations, pour arriver jusqu'à lui. Il avait déménagé. Il ne voyait plus personne. Il ne voulait pas parler. Castille était injoignable, muet,

---

1. Bob Maloubier, *L'Affaire du bazooka, la confession de Philippe Castille*, Paris, Filipacchi, 1988.
2. *In* André Figueras, *L'Affaire du bazooka, op. cit. Cf.* aussi annexe 4.

invisible, et son silence presque seigneurial – au moment ou les autres *damnés* de l'Algérie française acceptaient de me parler – m'agaçait. J'allais abandonner quand je tombai sur un autre de ces personnages extravagants de la IVe République : Bob Maloubier, ancien de la France libre, gouailleur et savant, convivial, qui me mit tout de suite en confiance : « Vous enquêtez sur l'OAS ?... Il n'ont rien inventé. Moi, mon groupe, qui faisait à peu près la même chose qu'eux et bien avant eux, s'appelait Murder Incorporated. » Je crus qu'il plaisantait. Il me donna les dernières coordonnées de son ami Castille. Vérifications faites, « Murded Inc. » exista bien[3].

Une villa modeste dans la banlieue de Perpignan. Philippe Castille attend sur le seuil de son jardin, comme tous ces témoins que j'ai rencontrés. Une manière peut-être de me jauger, de voir venir l'intrus ou de se donner une contenance. Dehors, un soleil accablant. À l'intérieur, la fraîcheur des maisons algériennes, un mauvais marbre comme on en vendait aux bourgeois en ce temps-là, du Formica comme je n'en avais plus vu depuis les années 1960, et des dizaines de bibelots qui ont l'air de s'ennuyer depuis longtemps. L'histoire semble arrêtée dans cette maison. Sauf dans son petit atelier où Castille confectionne des vitraux d'église. Comme si sa vie s'était interrompue ce jour-là, le 16 janvier 1957 un peu avant midi, alors qu'il dévalait ces horribles escaliers en bois de l'immeuble où il avait déclenché le bazooka.

Ce qui frappe chez Castille, c'est son côté « bon gars », et son œil éteint. Le bruit de la roquette probablement. Tout de suite je comprends que c'est son cauchemar depuis quarante-cinq ans. Il n'a rien d'un assassin. À quatre-vingts ans, Philippe Castille ressemble à ces beaux gosses qu'on croise dans les films impeccables d'Henri Decoin. Il aurait pu être le bras droit de Gabin dans *Razzia sur la chnouf*, ou bien une de ces coqueluches de Paris qui rivalisaient avec un Rubirosa vieillissant, allure de danseur de cha-cha-cha ou d'amant de Brigitte Bardot. Il est le prototype de ces glorieuses années 1950 – celles où la France se voyait plus grande qu'elle n'était, où son cinéma opposait Louis Jourdan à Cary Grant

---

3. Il s'agit de son réseau qui travaillait avec les services de renseignements britanniques en 1944.

et Michèle Morgan à toutes les Claudette Colbert qu'exportait le plan Marshall.

Georges Fleury, l'encyclopédiste de l'OAS[4], m'avait prévenu : « C'est un ancien du 11e choc. » Sa consigne était laconique : « Tu ne peux pas imaginer ce qu'était le 11e choc »... Le 11e choc était en effet un régiment parachutiste prestigieux. Une des vedettes de la République. Il faisait la une des journaux ; ses hommes représentaient l'excellence militaire française ; l'admirable centurion. Les services de propagande français ne lésinaient pas : sous la IVe République, les présidents du Conseil avaient fait du 11e choc l'icône de la bravoure française – tandis que Diên Biên Phû crevait. On ne refusait rien à ces parachutistes et on leur apprenait en particulier à pratiquer l'« action psychologique » et la « guerre révolutionnaire », ces lubies de l'époque. Au 11e choc, on élevait des héros, on cultivait des espions et on couvrait des tueurs. C'était un vivier pour les « services » parallèles qui puisaient là leurs meilleurs hommes de main. Jacques Foccart[5] fut un habitué de la maison.

Castille sort de l'armée désœuvré, mais garde la culture du 11e choc. Le Champenois s'installe à Alger. Il s'y trouve bien, est engagé comme commercial par la maison Renault, épouse une fille du pays, fonde une famille. Mais celui qui fut résistant dès l'adolescence ne parvient pas à décrocher. À l'été 1956, aux lendemains des premiers attentats FLN à la bombe à Alger, il ne tient plus et veut s'engager. Il suffit d'un rien, d'une conversation de travail entre hommes décidés, au lendemain d'un attentat plus meurtrier que les autres. On le contacte. Le docteur Kovacs lui confie une mission. Il a besoin d'un spécialiste en explosifs ; tous les autres sont des amateurs. Castille se rend donc à la première réunion. Superbe villa à El-Biar sur les hauteurs d'Alger. Il tombe sous le charme, apéritif chaleureux, compagnie fraternelle. Au centre, le magnétique et énorme docteur Kovacs et, à son côté, fine, menue, silencieuse, Marie-Jeanne Kovacs qui est la vestale du groupe. On raconte qu'elle est prise par moments de crises

---

4. Georges Fleury, *Histoire secrète de l'OAS*, Paris, Grasset, 2002.
5. En 1957, Jacques Foccart est lieutenant-colonel de réserve au sein de cette unité, entraînée dans le Loiret.

médiumniques. Entend des voix, celles de la France, de l'Occident, du Seigneur, et ordonne au groupe les actions à réaliser. Dès le premier jour, Castille impressionne par son professionnalisme. Tout de suite Kovacs comprend. Avec lui, il a trouvé son bras droit. Et un véritable professionnel. Fini le temps des pétards. À lui les opérations ambitieuses. Ainsi, de la même manière qu'il n'avait pas vraiment choisi la Résistance – ou qu'il ne décidera pas lui-même de renouer avec Salan ou de faire trembler Paris par ses « nuits bleues » –, il devient naturellement un contre-terroriste.

Comment, durant ces réunions familiales et arrosées, pendant que Marie-Jeanne Kovacs mitonne ses plats, que le docteur Kovacs remplit son verre de limonade – sa manie – et que l'on discute du salut de la France et de l'Algérie française, Castille aurait-il pu imaginer qu'il agissait mal ? Il continuait tout simplement, en civil, son travail du 11e choc. Et personne n'y trouvait à redire, pas même la police d'Alger. Se croyait-il dans l'illégalité ? Au contraire, il servait la loi, la France, la République. Parfois, il allait là où l'armée ne se rendait pas ; il interrogeait un peu « brutalement » des suspects que la Sécurité militaire n'aurait pas arrêtés ; il faisait de l'« action psychologique » dans les quartiers musulmans car il n'aurait pas été convenable que des officiers en uniforme posent eux-mêmes le plastic... Kovacs et ses amis, Castille le premier, travaillaient pour la France. Ne livraient-ils pas régulièrement des suspects à la police ou à la Sécurité militaire ?

Plusieurs belles opérations firent du groupe de Kovacs le plus remarqué des mouvements contre-terroristes d'Alger. Il supplante vite ses rivaux, Martel, Lefèvre, Ortiz. Et Castille devint un contre-terroriste hors pair. Le premier des patriotes d'Alger. Le plus vaillant des hommes de Kovacs. Il ne rechignait devant aucune action héroïque – « on plastiquait à ce moment, on n'exécutait pas ». Faute de comprendre la politique, Castille ne cherchait que le salut de la France, et donc de l'Algérie française. Trop occupé pour comprendre d'ailleurs, le nez toujours collé sur le prochain attentat ; pris par l'apprentissage du plastic à ses amis algérois ; par la recherche effrénée de ces miraculeuses « bombes crayons » dont il était l'un des spécialistes et l'un des experts. C'est tout naturellement qu'il fut désigné par Kovacs pour être

150

l'homme du bazooka. Il le répète, il insiste : « Je ne voulais pas tuer Salan. Je suis un bon chrétien, et puis c'était un militaire français. »

Deux événements l'entraînèrent pourtant dans cette malheureuse aventure. Le premier, en décembre 1956, est l'ultime réunion chez Kovacs, avant le coup du bazooka. Le groupe se trouve là au complet. La plupart des contre-terroristes protestent. Ils sont d'accord pour tuer des *fellouzes*, plastiquer la casbah, secouer quelques communistes algérois, mais refusent de tuer Salan. Même franc-maçon, socialiste, opiomane ou bradeur de l'Indochine, Salan est un militaire, et le plus décoré de France. Dans la villa des Kovacs, en cette fin de journée, les esprits s'échauffent. On se propose de voter. Et là, lentement, comme dans un film noir, les mains se lèvent. Kovacs le sent, il risque de perdre la face et son groupe. À ses côtés, Marie-Jeanne Kovacs, fourmi à côté du géant, tremblante. Kovacs se tourne vers Castille qui ne s'est pas prononcé. Tout le monde attend son vote pour se décider. La carcasse de Kovacs l'impressionne, son regard doux et magnétique le retient. C'est alors qu'un souvenir traverse l'esprit de Castille, comme une fulgurance, il voit le visage du saint Henri Bonnier de La Chapelle, ce garçon de vingt ans qui assassina l'amiral Darlan quinze ans plus tôt à Alger. Était-il perméable aux transes médiumniques de la famille Kovacs ? Est-ce parce qu'il a revu, comme il le prétend encore aujourd'hui, le doux visage du jeune Bonnier devant le peloton d'exécution ? Qu'il s'est souvenu du mensonge de l'abbé venu confesser Bonnier et qui lui avait garanti qu'on tirerait avec des balles factices ? Est-ce parce qu'il était, comme Bonnier, boy-scout français de France, ancien résistant, maurrassien, accroché à l'Algérie et bon chrétien ? Je crois qu'à ce moment-là, avant ce court instant où la tête donne l'ordre à la main de se lever, de voter Kovacs, de voter même à contrecœur la mort de Salan, il mélange tout et donne son accord. Salan était Darlan, l'obstacle, le tyran à abattre. Et Kovacs, son ami protecteur, comme le résistant de droite Henri d'Astier de La Vigerie[6] fut celui de Bonnier.

---

6. Henri d'Astier de La Vigerie, mobilisé en 1939 comme lieutenant de réserve, entre dans la Résistance dès septembre 1940 et fonde un des trois

Le second événement qui emporta la décision de Castille se déroula le 16 décembre 1956. Une rencontre que Castille et les lampistes d'Alger n'ont pas oubliée. À la différence du général Cogny, du général Faure, d'Alain Griotteray et du député Arrighi.

Le rendez-vous de l'hôtel Saint-Georges. À 17 heures ce jour-là.

C'était un jour de gloire pour Kovacs. Il avait enfin obtenu son rendez-vous avec le prestigieux général Cogny, tête militaire du Comité des Six. Il attendait ce contact depuis si longtemps ; il avait été préparé psychologiquement par Knecht et ses allers-retours entre Paris et Alger depuis le contact du Salon de l'Auto. Il avait mijoté à Alger sous le feu croisé de Griotteray et d'Arrighi. Cette rencontre avec Cogny devait être sa consécration

C'est là, dans la chambre 95 de l'hôtel Saint-Georges, et peu avant, dans les jardins de l'hôtel, que tous s'accordèrent sur la meilleure manière « de se débarrasser de Salan ». Cogny eut même une idée – elle ne fut pas retenue – en proposant d'attirer Salan dans ses jardins. À condition que le tireur ne rate pas sa cible.

---

grands mouvements de résistance en zone Sud, Libération. Découvert, il passe en Afrique du Nord en janvier 1941. En Oranie, en mars 1941, il organise la Résistance et prépare à partir de décembre 1941 le débarquement allié. Nommé secrétaire adjoint à l'Intérieur et chef des différentes polices d'Afrique du Nord, il organise les corps francs d'Afrique et prépare un complot en vue de remplacer l'amiral Darlan par le comte de Paris. Le 22 décembre 1942, avec l'abbé Cordier, il charge Bonnier de La Chapelle d'exécuter Darlan. En novembre 1943, Henri d'Astier est nommé membre à l'Assemblée consultative d'Alger et de la Commission de la Défense nationale. Il crée en avril 1944 les Commandos de France, constitués uniquement de volontaires parachutistes recrutés au sein des évadés de France, et participe au débarquement en Provence, puis il continue le combat jusqu'en Allemagne. Il meurt à Genève en 1952.

19

Du bazooka à l'affaire Amédée Froger

Alain Griotteray est l'un des plus sérieux coffres-forts de l'après-guerre. Il en garde les secrets les plus noirs, ceux de la IVe République clandestine et des bas-fonds de l'histoire coloniale. Sur le terrain du secret, seul l'influent Pierre Guillain de Bénouville le surpassait. Je viens lui demander l'impossible : me parler du 16 décembre 1956, de la promenade de Kovacs avec le général Faure et le général Cogny dans le parc de l'hôtel Saint-Georges, de la suite 95 du palace algérois qu'il loua à son nom afin qu'au registre ne figure pas celui du général Cogny, son ami.

Je n'ai guère d'illusions. Depuis quarante-cinq ans Alain Griotteray dément, attaque, ferraille, drapé dans sa vertu et protégé par cette curieuse amnistie. Tout l'accuse : l'audition des activistes algérois au lendemain de l'attentat ; le livre de Castille et Maloubier[1], l'enquête de Figueras[2], le récit des historiens et même les archives de la justice. Il a pourtant toujours nié. On a écouté sa défense, habile, véhémente – trop – sans jamais être convaincu. Griotteray a une circonstance atténuante : son goût de l'aventure, son côté mousquetaire indécrottable. Ayant tout pour devenir un grand bourgeois tranquille, gâté par la République, enrichi par les conseils d'administration, il quitte une famille, une route tracée et une réussite naissante pour aller faire le coup de force.

---

1. Bob Maloubier, *L'Affaire du bazooka, la confession de Philippe Castille*, *op. cit.*
2. André Figueras, *L'Affaire du bazooka*, *op. cit.*

En arrivant chez lui, à deux pas des Invalides, dans un splendide appartement aux murs recouverts de toiles de maître, je pense aux lampistes, à l'autre bout du complot du bazooka. Gaby Della Monica, enfant de Bab el-Oued, sapeur-pompier émérite, qui se meurt dans une HLM de la banlieue niçoise ; Féchoz, ce Savoyard perdu depuis dans son exil espagnol ; et Castille, avec son épouse transie par le malheur, ses vitraux d'église qu'il vend dans les fêtes patronales pour boucler sa maigre retraite.

Alain Griotteray-Philippe Castille. Tout les sépare, sauf ce secret qui les obsède depuis 1957. Ils ne se parlent pas, ne se sont jamais revus et n'ont aucune autre occasion de se rencontrer. Ce monde interdit de l'Algérie française me rappelle une fois de plus celui des maudits de Vichy. La même manière pour leurs acteurs de faire le mort. Ces voyageurs de première classe comme Alain Griotteray, ces bien-nés, ces bourgeois, ces habiles ; et puis, dans les cales, si proches et si loin, les damnés.

Retour en première classe. Face à moi, dans son salon, Alain Griotteray dit « capitaine Tornado ». Il a quatre-vingts ans comme Castille mais, à la différence de ce dernier, il reste vaillant, bronzé, affairé – et sans tourment apparent. Il n'appuya pas sur la détente. Griotteray n'est pas le fasciste que l'on a prétendu, il est plutôt le modèle du réac à l'ancienne ou, comme on les appelait dans les années 1950, un « national ». Le dernier des nationaux. Derrière son affabilité, l'homme cache mal son anxiété lorsqu'on l'interroge sur le bazooka. Il a l'air traqué des anciens vichystes ; et pourtant il fut un grand résistant ! C'est que, depuis quarante-cinq ans, Griotteray se faufile entre les roquettes du bazooka. Une fois son nom cité, il a été inculpé. Il a fui en Espagne avec l'un des premiers « vrais-faux » passeports de la République ; il a juré qu'il n'y reviendrait pas tant que Mitterrand serait ministre de la Justice ; puis il a été blanchi[3].

Griotteray a tort de se sentir pourchassé. C'est Debré, le saint Debré, qui m'amène à lui, et cette machination qui le dépasse, lui, Griotteray. C'est la figure de Cogny, le grand général gaulliste, son ancien camarade de la Résistance, son patron à Rabat, qui

---

3. Alain Griotteray a obtenu un non-lieu fin 1957.

m'intrigue par sa mégalomanie, sa rage à vouloir prendre le pouvoir à Alger et à se débarrasser de « l'obstacle Salan ». Ce sont les secrets des Six du Comité, dont il n'était pas le membre le plus éminent, qui m'intéressent. Ce sont les mobiles véritables de tous ces allers-retours entre Paris et Alger qu'il fit avec Arrighi, en ce temps-là ; c'est l'odeur de poudre et de complot que je recherche. C'est sa version du rendez-vous du 16 décembre 1956 à l'hôtel Saint-Georges que je veux entendre.

Mais voilà, Alain Griotteray a gardé ses manies de clandestin. Sur ses allers-retours entre Rabat et Alger, à ce moment-là ? Routine militaire... Ses conversations avec Kovacs ? Orageuses, détestables dès le premier contact, inexistantes en vérité... Ses rendez-vous nombreux, entre fin décembre et début janvier, chez Kovacs justement, ou à la brasserie Paris d'Alger ? Le hasard, rien que le hasard. Et les témoignages, outre ceux de Kovacs, de Castille ? Des individus de sac et de corde...Sa présence à l'hôtel Saint-Georges, le jour du fameux rendez-vous ? Et cette chambre 95, louée à son nom ? Nouvelles dénégations, les mêmes, ressassées depuis 1957.

Au moment de nous quitter, Alain Griotteray, devinant peut-être ma déception, me retient sur le seuil de sa porte et, après avoir prétexté des bavardages politiques, reprend tout à coup son œil de « corsaire urbain » – ceux dont parle Balzac dans *La Fille aux yeux d'or* –, me tire par le bras et, comme pour se rattraper – ou à nouveau brouiller les pistes ? –, il lâche, à mi-voix, cet aveu que je n'attendais pas :

« En réalité, le bazooka, c'était une affaire pourrie. Il était déjà trop tard... » Il marque un long silence puis reprend : « En vérité, l'occasion ce n'était pas le bazooka, vous faites fausse piste. Les activistes algérois se sont trompés eux aussi... La véritable occasion avait été manquée le jour des obsèques d'Amédée Froger[4]. C'est à ce moment-là qu'une action décisive aurait dû avoir lieu. Debré en était convaincu ; il l'a fait savoir... Après les obsèques de Froger, c'était trop tard... »

---

4. Le 27 décembre 1956. *Cf. infra.*

La IVᵉ République a mauvaise réputation. On se trompe. L'époque est fascinante. C'est un roman d'Alexandre Dumas et l'on se perd dans son labyrinthe de complots. Je frappe à la porte du bazooka et je tombe sur une autre affaire. Et puis sur d'autres encore. Des conjurations emboîtées comme des poupées russes.

L'affaire des obsèques d'Amédée Froger est en effet connexe de celle du bazooka. Depuis l'été 1956, les activistes d'Alger, les comploteurs de l'armée et de la politique cherchent absolument à tenter un coup. Jean-Baptiste Biaggi, l'instigateur de la journée des tomates, a convaincu ses amis parisiens. Plusieurs tentatives de déstabilisation se préparent. On imagine un coup d'État en août 1956. On projette, parmi le Comité des Six, une opération pour fin décembre 1956. Le général Faure, impliqué dans la conspiration d'août, ne s'en cache pas. Il parle, et trop. Dans sa naïveté, il se confie à l'intransigeant républicain Teitgen, chef de la police d'Alger, et lui propose de participer au putsch. Teitgen fait mine d'être intéressé, fixe un autre rendez-vous à Faure au cours duquel celui-ci raconte à nouveau son plan, enregistré cette fois sur magnétophone. Le 24 décembre, le général Faure est arrêté.

Reste cette opération prévue pour fin décembre.

L'occasion se présente le 27 décembre 1956. Le président des maires d'Algérie, Amédée Froger, est assassiné en pleine rue à Alger par le FLN. Les activistes se saisissent de l'événement. L'enterrement d'Amédée Froger à Alger est l'occasion d'une énorme manifestation. La ville s'est arrêtée de vivre ; les rideaux des boutiques européennes sont descendus comme ceux de la plupart des échoppes arabes. Seule une infime partie de la population réussit à pénétrer au cimetière ; le reste des Algérois se presse dans les rues environnantes en silence. L'émotion est à son comble quand neuf bombes explosent sous une dalle, à quelques mètres du caveau de la famille Froger. Neuf déflagrations, s'enchaînant les unes aux autres, soigneusement minutées. On ne déplore à cet instant aucune victime, juste du bruit, beaucoup de bruit ; et le blasphème. La foule s'embrase aussitôt. Les Algérois s'éparpillent, effrayés. Des groupes se forment, ratonnant tout Arabe croisé. La foule algéroise exaspérée, haineuse au point que certains activistes de l'Algérie française empêchent eux-mêmes la poursuite des lynchages[5]. La ville est rendue folle – non pas par le FLN à qui l'on attribue tout de suite cet attentat. Mais tout simplement par le groupe de Kovacs et par Philippe Castille qui s'est éclipsé quelques instants du cortège pour aller poser ses bombes en douce. Profiter de l'enterrement d'Amédée Froger relevait de la même logique qui a présidé à celle du bazooka. Mettre le feu à Alger. Soulever la ville et toute l'Algérie. Trouver là, comme Franco au Maroc espagnol jadis, le point d'appui d'un putsch.

« Ramener de Gaulle par tous les moyens, y compris légaux... » s'étaient-ils juré...

---

5. Jean-Jacques Susini, entretien avec l'auteur, le 26 avril 2002.

20

La Grande Zohra

1971. De Gaulle était mort, la nouvelle m'avait ému. Je n'étais pas gaulliste – comment l'être à treize ans ? –, mais l'absence de De Gaulle dérangeait mon ordre du monde, et je n'aimais pas le désordre. Je le craignais depuis l'Algérie, le chaos des derniers mois et ce jour où, à la sortie de la maternelle, j'avais été aspiré par une foule en délire, à quelques jours de l'indépendance. J'avais même redouté ce récent Mai 68 que j'avais découvert en noir et blanc. Et puis cette France paternaliste, un peu lourdaude, ces ministres au garde-à-vous, la religion de la Résistance qu'on pratiquait en ce temps-là, tout cela me rassurait au fond. J'avais fini par m'habituer à de Gaulle, et même à bien l'aimer depuis son opération de la cataracte, à cause de ses lourdes lunettes loupes qui me rappelaient mon grand-père.

Ce cri vers sept heures du soir dans le silence de La Boisserie. La tête de De Gaulle tombant vers le velours vert de sa table de bridge où il faisait sa réussite. Ce grand corps s'affaissant doucement sur le côté, retenu par l'accoudoir. Et une fraction de seconde plus tard, le bruit de ses lourdes lunettes loupes tombant à terre[1]. Ce bruit me serre le cœur, chaque fois que j'y pense. Il m'avait bouleversé alors.

---

1. Notamment d'après Jean-Paul Ollivier, *De Gaulle à Colombey*, Paris, Plon, 1998.

Le lendemain matin, le 10 novembre, mon père m'avait chargé d'aller acheter *France-Soir* ou *Le Figaro*, je ne se souviens pas très bien – en tout cas, « un journal de Paris », la nouvelle étant d'importance. Je me rendis aussitôt chez le marchand du coin. C'était un vieil homme bizarre, si haut et si massif qu'il semblait encastré dans le mur du fond. Une sorte de bouddha, connu du quartier qui, quand il riait ou tonnait avec son puissant accent pied-noir, faisait vibrer sa gigantesque masse gélatineuse.

Ce jour-là, le bouddha grogna en me voyant, comme si je le dérangeais. Il me lança un regard mauvais, puis reprit à l'adresse d'un client tapi dans l'ombre : « La grande Zohra... On a fini par s'en débarrasser... » Le petit homme, aussi minuscule que l'autre était immense, acquiesçait et répétait : « La grande Zohra... la grande Zohra... la grande Zohra... » Puis ils reprirent ensemble : « Ah ! la grande Zohra... Il aura crevé avant nous... » Je restai tétanisé, figé, incapable d'avancer, de partir, de payer, tandis qu'ils claironnaient : « La grande Zohra... La grande Zohra... »

Au moment de tourner les talons, j'avais compris l'objet de leur fête, et l'identité de cette fameuse « grande Zohra ». C'était de Gaulle. L'expression me glaça par sa violence grasse, sa détestation sans retenue devant la mort et, en fin de compte, par son absurdité. Pourquoi donc un tel nom ? Si ridicule ? Un nom de femme et de femme arabe en plus ! L'image me sembla obscène.

Racisme antiarabe, racisme antifemme... L'avais-je ainsi formulé à l'époque ? Je sais seulement que l'expression me dégoûta.

Trente ans après, je viens d'entendre le même cri de guerre – « la Grande Zohra » – en visionnant un documentaire sur l'OAS[2]. Sur l'écran est apparu un homme qui parle de De Gaulle comme le bouddha d'il y a trente ans. Il s'agit de Georges Watin, qui fut de tous les sales coups de l'Algérie française, de 1956 à l'attentat du Petit-Clamart contre de Gaulle, en août 1962. Légende attendrissante pour les uns, « balance » pour les autres[3]. Un psychopathe en vérité, obsédé par l'idée de tuer de Gaulle. De

2. Pierre Abramovici, *De Gaulle et l'OAS* (2 × 52 minutes), TF1, 1991.
3. En particulier pour Armand Belvisi.

son exil paraguayen où le journaliste l'avait retrouvé, Watin eut cette phrase extraordinaire : « Je voulais tuer de Gaulle pour lui apprendre à vivre. »

C'étaient les mêmes, mêmes hommes, même génération. Même haine, rabâchée, amère, étrangement sexuée par cette inversion féminine. Une haine presque amoureuse.

La Grande Zohra, disaient-ils.

Cette expression m'intrigue. Ce refus obstiné de prononcer son nom, de Gaulle. Cette féminisation de De Gaulle. Cette double transgression qui, dans l'imaginaire, en fait un femme, et une femme arabe, une *moukère*. Cette jouissance visible lorsqu'ils répètent ces deux mots, ce « z » qui vibre, puis cogne dans ce « r » qui traîne. Zohra : pourquoi, tout simplement ? J'ai questionné les historiens, interrogé les pieds-noirs lettrés, j'ai cherché ; rien n'est venu expliquer l'origine de ce dégoûtant sobriquet[4]. Rien jusqu'à ce que quelques portes s'ouvrent, que des langues se délient, et que les secrets de famille de la droite française ne me mettent sur une piste.

Les activistes de l'OAS partageaient avec leurs ennemis mortels, les gaullistes, un lourd secret. Ensemble, ils avait comploté, trafiqué, assassiné, durant toute la IVe République, au nom de l'Algérie française. Tout risqué pour le retour du Sauveur. En juin 1958, sur le Forum d'Alger, ils avaient cru qu'« il les avait compris ». Qu'il les aimait.

Il les avait *baisés*.

---

4. D'après Jean Lacouture, Zohra est un sobriquet à la fois arabe et féminin que les pieds-noirs donnaient au général de Gaulle. Il qualifie de « vieille plaisanterie algéroise » ce surnom. Dans les papiers de l'OAS, une note de « Claude », c'est-à-dire du colonel Godard, du 3 septembre 1961, désigna « la grande Z » comme la cible prioritaire à atteindre. En code OAS, l'opération Z visait ainsi l'assassinat du chef de l'État (Jean Lacouture, *De Gaulle*, tome 3, *Le Souverain, 1959-1970*, Le Seuil, 1986, éd. de poche, p. 198 et 271).

QUATRIÈME PARTIE

Le « dégagement »

« ... un crime qui remonte au passé, à la naissance de l'Algérie postcoloniale ; un crime qui ne cesse de faire des victimes, de plonger l'Algérie et sa population dans un avenir ténébreux et tyrannique. Il faut laver la ville de ce crime : l'indépendance confisquée au peuple algérien. »

Mahmoud Senadji,
universitaire algérien,
Libération (2 juin 2003).

21

Du dogme de l'infaillibilité gaulliste

À quoi pense-t-il ce de Gaulle qui débarque le 4 juin 1958 sur l'aéroport Maison-Blanche d'Alger... ? Sait-il les mots qu'il va prononcer, quelques minutes plus tard, au balcon du Forum d'Alger ? A-t-il en tête déjà son discours, ce retentissant « Je vous ai compris » ? L'a-t-il appris par cœur, comme il le faisait pour la plupart de ses allocutions ?

Voilà trois jours, il a été investi par l'Assemblée nationale. C'est à présent son sacre, le terme de sa traversée du désert désespérée. Dans quel état d'esprit est-il lorsqu'il défile – en grand uniforme mais sans décorations... – devant les putschistes du 13 mai, les officiels d'abord, les comploteurs algérois ensuite, rangés dans un garde-à-vous transi ? Au destin des départements de l'Algérie dont il foule alors le sol en sauveur ? Ou bien à son dernier séjour dans le pays – si humiliant – un an auparavant, alors qu'il n'était rien, un retraité ? Terrible souvenir de ce voyage quasi clandestin dans le Sahara, où la IVe République lui avait interdit de recevoir les corps constitués. Cette fois, de Gaulle n'allait pas passer inaperçu en Algérie. Les Renseignements généraux l'avaient prévenu. Des centaines de milliers d'Européens et de musulmans s'entassaient le long des kilomètres qui mènent au centre d'Alger, brandissant des calicots bleu, blanc, rouge, et surtout hurlant : « Vive de Gaulle ! »

À ce moment précis, a-t-il un plan en tête ? À cet instant-là, sur le tarmac algérois, a-t-il trouvé cette formule magique, géniale, suffisamment large pour qu'Alger l'Arabe, Alger la Blanche,

l'armée autant que la République qui le scrutent, s'enthou-
siasment ? Est-il alors, en débarquant là, le « visionnaire » que
prétend la légende ? Ou son envers, le « Machiavel » que décrivent
ses détracteurs depuis cinquante ans bientôt ?

Je passe et repasse sur mon magnétoscope les images de son
arrivée. Le premier homme qu'il salue est le général Raoul Salan.
Le commandant en chef en Algérie arbore sa mine bronzée, ses
cheveux gris-bleu, et – lui – toutes ses décorations sur la poitrine.
N'est-il pas le « soldat le plus décoré de France », presque l'égal
de De Gaulle ? Du moins le croit-il... De Gaulle n'aime pas ce
général trop IVe République, il lui serre pourtant la main longuement, presque affectueusement. Il a besoin de celui qui
contrôle l'insurrection depuis vingt-deux jours, dix-sept heures et
trente minutes. La veille, convoqué à l'hôtel Matignon, de Gaulle
a confié à Salan, avant qu'il ne rejoigne son poste à Alger : « Il
faut que nous soyons unis, et que nous nous appuyions l'un sur
l'autre. » Salan s'est mis à rêver – six mois plus tard, il sera rangé
dans un placard, comme tous les « hommes du 13 mai »... Le
Général s'est ensuite attardé auprès du résident général en Algérie,
le socialiste Lacoste qu'il redoute, comme tous les représentants
du système – c'est ainsi que les gaullistes appelaient la IVe République. Un peu plus loin, il a lancé un grognement familier, affec-
tueux et rapide, à Massu, béret rouge sur la tête, moulé dans sa
tenue de para, menton au garde-à-vous. Il sait que ce casse-cou lui
obéira toujours. Le Général a ainsi salué, avec égard et politesse,
les éminences alignées à la descente de son avion. À l'exception,
premier signe qui inquiète les hommes du 13 mai, du courageux
Soustelle qu'il semble battre froid. Soustelle ! L'un des personnages les plus fascinants de cette Atlantide. Ce normalien érudit,
ethnologue et spécialiste mondial de la civilisation aztèque, entré
en Résistance par passion de la liberté – il fut à l'origine du
Comité des intellectuels antifascistes avant la guerre, rejoignant
de Gaulle à Londres dès 1940. Lorsque Mendès l'a nommé
gouverneur général de l'Algérie, les pieds-noirs déchaînés l'ont
surnommé « Bensoussan » et l'ont traité de « bradeur juif ». Il a
fallu le livre blanc des massacres FLN de Mélouza pour que cet
intellectuel libéral devienne le patron des « ultras » algériens, et

plus tard le chef de l'OAS dernière version. Ensuite, c'est à peine si sa grande main molle s'est arrêtée sur celle de Léon Delbecque, ce géant nordique, patron de la cellule gaulliste de la Défense nationale, dont le regard énamouré vers le Général quêtait un signe. L'homme a été l'inventeur du 13 mai, le vainqueur gaulliste des « treize complots[1] ». Pour de Gaulle, il a triomphé de tous ses rivaux algérois durant le putsch ; berné les autres activistes en verrouillant le Comité de salut public ; et, mieux, réussi à faire basculer les foules, les parlementaires et le président Coty lui-même, avec ce « Vive de Gaulle ! » décisif qu'il a fait lancer à Salan, réticent jusque-là, le 15 mai, au balcon du Forum.

Chaque fois que je revois ces images, je suis frappé par l'extrême froideur de De Gaulle face à Delbecque. Il ne croise même pas le regard de son grognard intime. Il est mal à l'aise tout à coup. Il fuit sa présence, passe au suivant. Voir débarquer de Gaulle à Alger – et dans ces conditions ! – le fidèle Delbecque en rêvait depuis tant d'années. Ce 4 juin 1958 aurait dû être le plus beau jour de sa vie. Ce fut son cauchemar, et le début de sa pitoyable dérive[2].

L'agacement à trouver, au premier rang de ce comité d'accueil, les quelques hommes qui viennent de le faire roi, est un aveu de la part de De Gaulle. Porté au pouvoir, sous la menace d'un coup

---

1. Merry et Serge Bromberger, *op. cit.*
2. Fils d'ouvrier, Léon Delbecque, né le 25 août 1919 à Tourcoing, membre actif de la Résistance pendant la guerre de 1939-1945, débute, en 1946, comme contremaître dans une usine de textile dont il deviendra directeur en 1953. Il milite puis assume des responsabilités au RPF dont il est délégué pour le département du Nord de 1947 à 1953. L'année suivante, il devient secrétaire général du Centre des républicains sociaux du Nord. Il est également conseiller municipal et adjoint au maire de Tourcoing de 1947 à 1959. Membre du cabinet de Jacques Chaban-Delmas, ministre de la Défense nationale, il se rend en Algérie au début de 1958 pour créer l'antenne du ministère à Alger. Vice-président du Comité de salut public créé à Alger le 13 mai 1958, il est l'un des acteurs essentiels dans la préparation des événements et leur exploitation au bénéfice du général de Gaulle. Par fidélité à ses convictions en faveur de l'Algérie française, il quitte l'UNR et rejoint le groupe parlementaire Unité de la République avec lequel il vote l'amendement Salan en novembre 1961. Battu aux élections législatives de novembre 1962, il se consacre à une carrière professionnelle dans le secteur du bâtiment et à la défense de l'Afrique du Sud. Il meurt à Tourcoing en 1991.

de force militaire – la mystérieuse opération Résurrection[3] – le Général veut prouver qu'il est le premier des républicains. Alors, comme à Londres en 1940 où il passait pour « maurrassien », il va donner des gages, prouver au système qu'« à soixante-sept ans il ne commence pas une carrière de dictateur ». Par ce dédain exprimé à ses « complices » sur le tarmac d'Alger, il annonce la prochaine étape de sa politique algérienne. Il va se débarrasser de Delbecque et de tous les hommes du 13 mai – il l'avouera presque à celui-ci, quelques jours plus tard, en lui ordonnant, entre deux portes, de rentrer sur-le-champ à Paris ; et en lui faisant promettre par Guichard « une bonne ambassade sud-américaine ».

Pourtant, dans cette scène du 1er juin 1958, ce n'est pas la rupture annoncée avec les hommes du 13 mai qui seule intrigue. L'attitude de De Gaulle n'est d'ailleurs surprenante qu'en apparence, et classique de la part du monarque qui avait retenu l'élémentaire leçon digne du *Bréviaire* de Mazarin, ou du *Prince* qui enjoint au tyran de se débarrasser des comploteurs qui l'ont fait roi[4].

Non, il s'agit d'autre chose. Ce jour-là à Alger, de Gaulle ne va pas bien. Il a tout pour être comblé, pourtant. Son interminable traversée du désert s'achève. Son retour au pouvoir, impensable il y a an, quand seulement 1 % des Français lui voyaient un avenir politique, s'est réalisé. Trois jours plus tôt, malgré ses vœux extravagants[5], il a fait plier les parlementaires, céder le président Coty. Il est donc à Alger pour parachever son sacre. Mais, ce 4 juin 1958, il a sa tête des mauvais jours, et il la conservera tout au long de son voyage.

Il faut passer derrière l'icône glorieuse du Forum d'Alger, s'intéresser à l'envers du décor. L'homme est à cran. Il s'agite

---

3. *Cf.* note 13, p. 126.
4. Quelques mois plus tard, Salan laisse la place au technocrate Paul Delouvrier pour un hochet, un poste créé spécialement pour lui : inspecteur général de la Défense – gardien du musée des Invalides, disait-on, amer, à Alger ; Jouhaud est nommé chef de l'Armée de l'air qui n'a qu'une mission secondaire en Algérie ; le général Allard, commandant le corps d'armée d'Alger, est placé à la tête des troupes d'Allemagne ; les colonels d'Alger sont mutés, dispersés avec soin loin d'Alger, en même temps qu'Albin Chalandon est chargé de faire le ménage dans les rangs de l'UNR en 1959.
5. Il obtient les pleins pouvoirs, y compris celui de changer de régime.

pour un rien, se méfie de tout le monde, s'agace des rodomontades des comités de salut public qu'il refusera de recevoir à Oran. Il humilie les militaires. Il s'irrite de Soustelle, le plus fidèle d'entre tous, en disant, presque jaloux de sa popularité algéroise : « Les pieds-noirs criaient "Vive Pétain". Ils crient maintenant "Vive Soustelle". ». Il ne triomphe pas, il semble cerné. De fait, au moment précis où il prononce son « Je vous ai compris », ses « amis du 13 mai » ont, purement et simplement, kidnappé les deux ministres qui l'accompagnaient, sous prétexte « qu'ils faisaient partie du système ». Il aura fallu toute la diplomatie d'Olivier Guichard pour les faire libérer.

À Alger, à Oran, à Mostaganem, partout de Gaulle hésite. Il tâtonne et se contredit. On le voit saluer, embrasser, caresser, prophétiser, s'émouvoir parfois devant les délires d'affection, mais son pas est mal assuré. On ne peut qu'être stupéfié, en le suivant et en relisant ses déclarations, par ce flou. Son absence de détermination et de vision historique.

On pourrait dire qu'il cache son jeu – ce serait de bonne politique. Or, de jeu il n'en a pas. Ni de plan ni de cap.

Acte fondateur du nouveau régime, le voyage de juin 1958 – il y en aura six autres[6] – donne la mesure des ambiguïtés algériennes de De Gaulle – on l'a dit. Pis, il trahit un désarroi. De Gaulle, en arrivant à Alger, ne sait pas où il va.

Quel de Gaulle retenir, en effet, dans ce périple décisif ?

Celui Algérie française qui clame aux pieds-noirs d'Alger son : « Je vous ai compris » ?

Celui, indépendantiste, qui semble dire, dans la suite de son discours, aux musulmans réunis au Forum : « J'ai compris votre désir d'indépendance » ?

Ou bien le de Gaulle soustellien, partisan de l'intégration, qui prône, dans la même allocution, la citoyenneté égale pour « dix millions de Français » ?

---

6. Quatre voyages du général de Gaulle en Algérie de juin à décembre 1950, puis trois autres du 27 au 30 août 1959, du 3 au 7 mars, et du 9 au 12 décembre 1960.

À moins qu'il ne faille retenir celui qui, sur la place de Mostaganem, au terme de ce séjour, lance ce retentissant « Vive l'Algérie française » qui suscite aujourd'hui encore la polémique[7] ?

En vérité, celui qui vient d'être désigné comme président du Conseil est un homme vieilli. Douze années ont passé, la terrible traversée du désert a fait son œuvre. De Gaulle n'est plus le glorieux libérateur de Paris. Et si l'on prend la peine de s'approcher, d'écouter ses conversations de juin 1958, de percevoir les inflexions de son discours, ce de Gaulle-là ne cadre pas avec la légende. Il n'a rien de commun avec la figure du prophète inspiré. L'examen de ses premiers pas au pouvoir, l'agenda de ce voyage, les comptes rendus administratifs autant que les propos tenus en privé, tout vient démentir l'idée reçue du de Gaulle génial de juin 1958. Et ce dogme, installé dans les esprits, d'une infaillibilité gaulliste sur la question algérienne. Un dogme, patiemment bâti par la droite gaulliste et les ralliés de la gauche, par *Le Figaro* de Pierre Brisson comme par *L'Observateur* de Claude Bourdet. Une religion d'État en fait, qui s'article autour de trois de Gaulle mythiques.

Le premier, le *de Gaulle visionnaire algérien.*

Le deuxième, le *de Gaulle Machiavel* qui, dès le 4 juin 1958, aurait sur l'Algérie tout su, tout vu, tout préparé.

Et enfin, le troisième de Gaulle, le *sauveur de la France* – pour la seconde fois – puisque, nous dit-on, la décolonisation de l'Algérie participa de la renaissance de la France dans le monde.

Le visionnaire d'abord. C'est l'idée, largement répandue, selon laquelle de Gaulle aurait eu une prescience sur la question algérienne, et que depuis les années 1930[8] celle-ci l'aurait amené à

---

7. Selon le dernier délégué général en Algérie, Jean Morin, la bande son aurait été trafiquée par certains services militaires. Il existerait un long silence entre le mot Algérie et française réduit à rien par un bricolage.

8. Pourtant lorsque de Gaulle surgit sur la scène politique en 1940, il apparaît comme l'homme qui prétend vouloir libérer son pays et redonner à la France son empire. Le 30 mai 1943, le chef de la France libre déclare : « La base de l'unité nationale repose sur le principe de la souveraineté française intégrale dans toutes les parties de l'Empire. » Lors de la conférence de Brazzaville, en janvier 1944, il ne songe pas à l'Algérie et l'avenir des colonies françaises est envisagé dans une fédération avec la France plutôt que vers l'indépendance. Quant aux réformes de mars 1944 visant l'Algérie (ordonnance du 7 mars qui accorde la citoyenneté française dans le respect du statut

concevoir, bien avant tout le monde, l'indépendance de l'Algérie, et l'émancipation planétaire des peuples colonisés. Le Général aurait toujours eu un coup d'avance sur les autres... Or, contrairement à cette histoire simpliste, il apparaît que de Gaulle n'a pas eu une politique algérienne, mais plusieurs, successives, contradictoires, concomitantes. Trois ou quatre selon les interprétations[9].

De 1940 à 1953, de Gaulle croit – comme tout le monde – au maintien de la souveraineté française sur l'Empire qui, seul, conservera au pays son rang de grande puissance. Les gaullistes ont coutume de rappeler, à l'appui de leur dogme sur l'infaillibilité du général, la conférence de Brazzaville[10] de 1944 où de Gaulle parla de « mener chacun de ces peuples à un développement qui lui permette de s'administrer et plus tard de se gouverner lui-même ». Mais que vaut ce fameux discours puisque la conférence rejeta totalement l'idée d'une indépendance pour seulement promettre de faire participer davantage les Africains aux élections locales ? Elle excluait expressément « la constitution éventuelle, même lointaine, du self-government dans les colonies ». On viendra nous rappeler aussi les confidences livrées à des anciens de la France libre dès 1944 : « Vous savez bien que tout cela finira par l'indépendance[11] », ou, en 1955 : « L'Algérie est perdue. L'Algérie sera indépendante. ». Mais que pèsent ces propos, parfois opportunément mis en avant ? Permettent-ils de tenir pour rien les haineuses campagnes du RPF gaulliste, ennemi implacable de toute réforme en Algérie durant les années 1950... ? D'effacer

---

musulman à plusieurs dizaines de milliers d'Algériens), elles vont dans le sens de l'intégration, non de l'émancipation. Et en 1945, pour les nationalistes algériens, de Gaulle est l'homme de la répression, celui qui a ordonné les massacres de Sétif.

9. Trois selon Guy Pervillé, quatre selon Jean Lacouture (« Le jour où de Gaulle a décidé l'indépendance de l'Algérie », *in* Jean Lacouture, *De Gaulle*, tome 3, *Le Souverain (1959-1970)*, Paris, Le Seuil, 1986, éd. de poche, p. 106).

10. La conférence de Brazzaville se tint du 30 janvier au 8 février 1944, sur l'initiative du gouvernement provisoire, présidé par le général de Gaulle. Elle réunit les gouverneurs des colonies et des représentants de l'Assemblée consultative qui établirent les principes d'une nouvelle politique de la France dans ses territoires d'outre-mer et rejetèrent l'idée d'une indépendance, même lointaine, mais promirent de faire participer davantage les Africains aux affaires locales et posèrent les bases de l'Union française.

11. À André Philip et à Edmond Michelet.

les diatribes du Général contre les « bradeurs » de l'Algérie française, durant quatre ans, de 1954 à 1958 ? De réduire à néant les innombrables encouragements proférés depuis Colombey aux amis acharnés à sauver l'Algérie française et à abattre la Vᵉ République ? En fait, jusqu'en 1955, de Gaulle ne sait pas. Il connaît mal le dossier algérois. Il écoute les uns, reçoit les autres et se contente de lancer des formules ambiguës.

Ensuite, de 1955 à 1960, apparaît un autre de Gaulle. Il n'est toujours pas le *décolonisateur inspiré* mais, comme la plupart des politiques, favorable à des réformes en Algérie, « dans le cadre de la Communauté ». Ce qu'il cache d'ailleurs à ses fidèles les plus Algérie française, comme Michel Debré. Ainsi, le de Gaulle du 4 juin 1958 n'est ni plus ni moins favorable à la décolonisation que les hommes de la IVᵉ République. Pas plus éclairé que Pierre Mendès France qui, en 1954, prônait l'intégration. Pas plus indépendantiste qu'Alain Savary qui démissionna du gouvernement Guy Mollet. Pas plus à gauche que Guy Mollet lui-même qui crut pouvoir mener, en même temps, la guerre, l'intégration et la négociation. Pas plus libéral que Gaston Defferre avec sa loi-cadre[12], plutôt avisée, préparant l'émancipation de l'Afrique noire et du Maghreb. Il avance sans plan, sans but, tacticien plus que stratège, et souvent affolé par l'adversaire. Comme toujours, il garde des tas de fers au feu. Il n'a strictement aucune idée du dénouement au fond. Il est persuadé que l'association avec la France l'emportera[13].

Le dernier de Gaulle se dessine entre 1961 et 1962. Il a perdu la plupart de ses convictions. Il est acculé et recherche à tout prix un accord avec le FLN « pour dégager, dit-il, la France du bourbier algérien ». Ce n'est qu'à la fin de 1960 que tout bascule – on le verra. Ce tournant est – au moins – aussi important que le discours

---

12. La loi-cadre de Gaston Defferre, ministre de la France d'outre-mer dans le gouvernement Guy Mollet, promulguée en juin 1956, prépare l'émancipation de l'Afrique noire. Le suffrage universel direct et le collège unique qu'on hésite à instaurer en Algérie s'appliquent désormais dans les Territoires d'outre-mer. Sans heurts, les élites politiques africaines émergent, accélérant le processus qui s'affirmera sous la Vᵉ République avec la Communauté et enfin l'indépendance des territoires africains.

13. *Cf. supra*, note 2, p. 95.

du 16 septembre 1959 sur l'autodétermination. Un de Gaulle déterminé se lève. Il est mû, non par une vision, mais par la colère et l'inquiétude. C'est un de Gaulle sanguin qui, après la semaine des barricades[14] où le régime a vacillé quelques jours, décide de « liquider » l'Algérie française. Vite, de toute urgence, comme si la menace d'un autre putsch ou la crainte d'être victime des activistes, ses complices d'hier, l'avait mis hors de lui. On croirait à le lire, à le voir, à l'entendre que ce de Gaulle, toujours habillé en militaire cette année-là, se réveille avec la gangrène et décide d'amputer. Tout se justifie alors pour accélérer le processus : tentatives multiples de contacts avec le FLN ; début de négociations avec la résistance intérieure représentée par Si Salah ; conversations avec le MNA, rival du FLN ; missions exploratoires du chargé de mission de la banque Rothschild, Georges Pompidou.

L'autre mythe, après celui du *visionnaire*, c'est celui d'un *général Machiavel*. Ce préjugé a été alimenté par le ressentiment des partisans de l'Algérie française, des « cocus du 13 mai », qu'il est devenu un fantasme. Pour eux, de Gaulle avait tout combiné. Soigneusement préparé « sa trahison ». Et dès le 4 juin, au moment où il leur criait : « Je vous ai compris » au balcon du Forum, il avait déjà échafaudé, dans son esprit diabolique, de se débarrasser de l'Algérie. Cette thèse n'est pas très éloignée de la précédente – qui prétend à une *vision* historique. Elle en est même le négatif, la face noire ; mais se révèle, elle aussi, illusoire. Prétendre que de Gaulle fut *machiavélique*, c'est le créditer d'une détermination stratégique et politique qui, hélas, lui fut étrangère durant l'aventure algérienne.

Où peut bien, en effet, se cacher le calculateur, le manipulateur, le Machiavel dans cette affaire ? Durant quatre ans, de Gaulle naviguera à vue, échangera chichement, traitera sans âpreté, et tombera dans tous les pièges de la mauvaise négociation. À chaque étape, il finira par perdre. Pierre Mendès France, généralement pondéré dans ses critiques à son égard, décrit ainsi le piètre négociateur qu'il fut : « Il ne savait qu'alterner les pressions et les

---

14. Jean Lacouture, *De Gaulle*, tome 3, *op. cit.* ; Merry et Serge Bromberger, Georgette Elgey, *Barricades et colonels, 24 janvier 1960*, Paris, Fayard, 1960.

concessions, la menace et l'abandon, sans se préoccuper de tous les temps moyens, de tous les intervalles entre ces deux extrêmes qui font la trame du marchandage diplomatique[15]. » Cruel constat partagé par un gaulliste modéré, Raymond Aron, qui écrivait en octobre 1961, sous le titre « Adieu au gaullisme » : « Le Général n'a consenti à s'asseoir à la table des négociations qu'après s'être minutieusement dépouillé de toutes ses cartes. Rien dans les mains, rien dans les poches. » Un mois plus tard, Aron complète : « Était-il nécessaire de rompre les premières négociations d'Évian sur la question du Sahara pour proclamer soudain, au cours d'une conférence de presse, qu'aucun gouvernement algérien ne renoncerait à la souveraineté sur les sables et le pétrole ? »   Et « pourquoi la tournée des popotes ? Pourquoi avoir laissé les officiers s'engager solennellement vis-à-vis des populations si l'on était décidé à ne pas leur permettre de tenir leur serment ? ». Le réquisitoire de ce compagnon de route du gaullisme est implacable. Aron ne s'en tient pas là. Il accuse le Général de « gouverner à la florentine » par « une suite de reniements odieux ou de ruses cyniques[16] ». Où se niche donc le génie politique, celui qu'on nous vante depuis quarante ans ?

À la fin 1960, ne trouvant d'autre issue, de Gaulle entend se débarrasser de l'Algérie dans l'urgence, à travers une négociation insensée, interrompue d'abord par l'échec des premiers accords d'Évian, reprise début 1961 grâce à des concessions majeures aux dirigeants du GPRA. Ce qui, disait-il à Debré, aurait dû se faire « de longue haleine », il le bouclera en quelques mois, dans les pires conditions. Peut-on imaginer prince plus maladroit, négociateur dont l'adversaire – le FLN – connaît toujours d'avance le jeu, l'état d'esprit et l'objectif ?

Piètre négociateur. Pis, mauvais Machiavel.

Si de Gaulle fut *machiavélique,* comme on le prétend, ce n'est pas sur l'essentiel, la grande politique, ou sur les accords d'Évian qu'il aurait eus en tête depuis toujours, mais plutôt sur l'accessoire, la basse politique. C'est-à-dire le contrôle de son pouvoir,

---

15. Jean Lacouture, *De Gaulle*, tome 3, *Le Souverain, op cit.*, p. 249.
16. *Preuves*, n°s 128 et 129, *in* Raymond Aron, *Mémoires*, Paris, Julliard, 1993, p. 385-386.

extrêmement fragile de 1958 à 1961, alors qu'il venait de retrouver la France grâce à l'Algérie française. L'obsession machiavélique du président de Gaulle se limite à se débarrasser des comploteurs qui l'ont aidé à prendre le pouvoir. Fin 1958, Salan quitte donc son commandement d'Alger pour un hochet ; Jouhaud est muté ; Massu est encadré ; les turbulents colonels d'Alger sont dispersés en métropole ; une épuration politique est menée dans les rangs de l'UNR[17]. Et, comble du cynisme, de Gaulle utilise à son tour une grosse ficelle politicienne, de celles qu'il dénonçait sous la IVe République. Il choisit le Premier ministre le plus Algérie française, Michel Debré, pour être libre de ses mouvements et le neutraliser, faute de l'avoir convaincu. S'il fut machiavélique, c'est bien par tactique politicienne, jamais par stratégie.

Le dernier de ces de Gaulle mythiques, c'est *le sauveur de la France*.

Les affidés gaullistes affirment que la France « serait sortie grandie de l'affaire algérienne ». Pas simplement sauvée, comme le prétendait Raymond Aron, ni délestée : proprement grandie. C'est l'idée que la France, en se débarrassant de l'Algérie, aurait retrouvé son rang dans le concert des nations et garanti son indépendance, grâce à l'arme nucléaire, trop coûteuse si on avait conservé les départements nord-africains. Ainsi libéré d'une contrainte majeure, le pays a pu s'éloigner de l'atlantisme de l'ancien régime et enfin s'imposer comme la troisième voie entre l'Amérique et la Russie soviétique. On connaît la suite... Stupéfiante inversion où un de Gaulle enchanteur transforme en or une défaite politique et géopolitique. Et la fin de l'Empire français en destin grandiose. Magie hypnotique du verbe gaulliste...

Où se trouve la grandeur de la France dans cette affaire ? Tout ce gâchis pour pouvoir hausser la voix à la table des Nations, claquer deux ans plus tard, avec un ridicule panache, la porte de l'OTAN et venir titiller les Américains au nom de cette chimérique troisième voie. On troqua l'Empire, certes déglingué, non pas pour la grandeur, mais pour devenir une puissance moyenne, pour normaliser la France, en lui cachant l'atroce vérité. Elle n'était

---

17. *Cf. supra*, note 4, p. 166.

plus un grand de ce monde, mais une grosse Italie, pas tout à fait une Espagne – un coq sans clairon.

De Gaulle est arrivé à raconter à la France cette belle histoire, et à en convaincre ses élites. Ce fut là une « défaite française », et il inventa ce « mensonge français ». Le deuxième qu'il commit. À la Libération, il avait convaincu la France perdante qu'elle avait été résistante. Qu'elle s'était dressée dès le 18 juin 1940 comme un seul homme sur ses décombres. Que tous les Français avaient été des Jean Moulin, au pire des « Pères tranquilles » comme nous le racontait dans nos enfances ce film illustratif du résistancialisme façon de Gaulle. Le pays laissa dire car ce « mensonge » recelait un indéniable avantage. Il permettait de masquer les erreurs du pitoyable stratège, ses fautes impardonnables, sa coupable précipitation lors des accords d'Évian, et les conséquences criminelles pour les harkis, les pieds-noirs, ainsi que – comment les oublier ? – pour les Algériens, ces autres spoliés par la pire des indépendances.

22

La nuit où de Gaulle
décide de *se débarrasser* de l'Algérie

Ce 12 décembre 1960, la nuit vient de tomber sur Biskra, ravissante sous-préfecture de l'Est algérien. Derrière l'imposant massif des Aurès, le soleil rougeoie encore. La ville – cette porte du désert – se remet de l'agitation de la journée. Les youyous sont retombés ; les banderoles sont rangées ; et les hélicoptères de l'escorte présidentielle ne vrombissent plus dans le ciel. Charles de Gaulle vient de terminer son allocution. Un discours généreux, exalté parfois, et longuement ovationné par les notables musulmans tous accourus des alentours. Il a ensuite honoré le dîner officiel donné à l'hôtel de ville. Puis il a rejoint sa chambre, suivi de trois hommes. Une fois n'est pas coutume, le Général a convié ses principaux collaborateurs à prendre un verre : Louis Joxe, le ministre d'État chargé des Affaires algériennes nommé depuis un mois ; Jean Morin, le fidèle délégué général en Algérie, et le général Crépin, chef des armées en Algérie. Ce soir-là, le président de Gaulle n'a vraiment pas sommeil[1].

Le lendemain s'achève un périple mouvementé – le septième en Algérie depuis juin 1958. Le plus explosif, si dangereux par moments que le Général a bien cru ne jamais en revenir. Dès son arrivée, les Européens d'Algérie ont manifesté dans les villes. Ils se sont insurgés contre les gendarmes « rouges » – et les militaires

---

1. Récit librement reconstitué notamment à partir des Mémoires de Jean Morin et de l'ouvrage de Claude Paillat, *Algérie dossiers secrets*.

ou les policiers jugés « gaullistes ». Il y a eu des provocations et des ratonnades. La population arabe a répondu. Elle a pris les armes dans la casbah d'Alger contre les pieds-noirs et les forces de l'ordre qui d'ailleurs, durant ces journées, ne savaient plus qui réprimer. Chacune des étapes du général de Gaulle a ainsi apporté son lot de morts arabes et européens. Partout les foules « Algérie française », venues le conspuer – ou espérer un geste –, ont affronté celles arabes qui acclamaient à la folie « leur de Gaulle ». À Alger, à Oran, et dans toutes les villes moyennes du pays, l'insurrection avait été contenue. Au prix d'une répression sanglante.

La chambre de De Gaulle. Dans la pièce tapissée d'un papier fleuri à grands ramages, on a dressé pour la nuit le lit du Général. Autour d'une table de bridge, sont disposés quatre fauteuils. Sur la table, une bouteille de whisky, une autre d'anisette et quatre verres. De Gaulle s'assoit – ou plutôt il se laisse tomber –, fourbu, et invite les autres à en faire autant. Les pointant du doigt, il désigne, et félicite « au nom de la France », Morin et Crépin, de retour d'Alger où les émeutes du jour ont été particulièrement meurtrières, « pour avoir maintenu l'ordre et avoir été suffisamment humains pour que les dommages soient limités ». Le verre à la main, il leur passe la parole.

« L'ordre est rétabli, mon général », se félicite Morin qui, à la demande expresse du général Crépin, et après en avoir informé de Gaulle, a donné l'ordre écrit de tirer sur la foule, si nécessaire, pour mater les émeutes.

De Gaulle questionne : « Parmi les morts d'Alger : combien de soldats ? De forces de l'ordre ? Combien de musulmans ? D'Européens ? »

Morin, toujours au rapport, parle de soixante et un morts à Alger, dix-huit à Oran[2].

De Gaulle opine longuement. Manière de dire : « Ils ont limité la casse. Il aurait pu y avoir des milliers de morts... » Et la petite assemblée d'acquiescer.

---

2. Le bilan des journées de décembre à Alger et Oran s'établit officiellement à cent dix-huit morts et cinq cents blessés. Aujourd'hui, les Algériens parlent de « milliers de martyrs ».

Il se tourne ensuite vers Crépin, l'interroge sur le comportement de l'armée durant cette insurrection. « L'armée a fait son devoir, mon général. » De Gaulle opine à nouveau. Ainsi, l'armée qu'on disait factieuse, activiste, Algérie française, a tenu...

Autour de la table de bridge, alors que l'heure avance, le Général semble se détendre. Son masque d'inquiétude tombe. Il s'anime même, jusqu'à rire, quand ses hommes se réjouissent que le « complot de décembre » – tant redouté par les « services » – n'ait débouché sur rien. Leurs informations étaient pourtant inquiétantes, à l'arrivée de De Gaulle. Ils avaient informé l'entourage du Général que les activistes Algérie française avaient prévu de déclencher des émeutes, simultanément dans toutes les grandes villes d'Algérie. Il fallait provoquer des affrontements avec les musulmans, afin d'entraîner l'armée à leur côté. Leur objectif était simple : faire prisonnier de Gaulle. Ces ultras avaient rallié à leur cause le populaire général Jouhaud, résistant et pied-noir, qui devait prendre la tête de l'insurrection. Le complot avait fait long feu...

« Des incapables... », s'exclame de Gaulle. Puis, entraîné par cette soudaine bonne humeur, les quatre hommes rient – beaucoup, comme on le fait après une grande frousse – du bon tour joué aux « terroristes pieds-noirs » à Orléansville. Le préfet Morin raconte comment il a pu déjouer l'attentat, d'ailleurs bien monté par les activistes algérois. Il décrit l'emplacement où de Gaulle devait être assassiné – un carrefour à l'entrée de la ville – et où celui-ci, par curiosité, a tenu à repasser au soir de l'alerte. Héros du jour, Morin se sent même autorisé à révéler que ce plan criminel a pu être déjoué grâce à un renseignement fourni par... le Mossad israélien.

À la fin du rapport du délégué général, de Gaulle glousse, nerveusement, comme s'il se défoulait des « humiliations » endurées ces derniers jours. *Pas eux, les pieds-noirs, qui dictent mon itinéraire. Ainsi on interdit à de Gaulle, à la France quoi, de mettre les pieds à Oran hier, à Alger demain ! Ah ! c'est donc ça leur Algérie française. Interdire à la France d'être chez elle... ! De Gaulle, ne pouvant entrer à Alger ou à Oran... ! Ni Pétain, ni les Américains, ni même ce benêt de Giraud n'ont pu l'en empêcher, a fortiori pas les pieds-noirs, ces braillards*[3]...

---

3. Mais auparavant, c'était lui qui décidait de contourner les grandes villes

Depuis son arrivée, trois jours auparavant, l'Algérie tout entière est, en effet, à l'image de Bab el-Oued qui a pris les armes samedi, ou d'Aïn Temouchent où ce voyage officiel a si mal commencé.

Sur la place de la petite ville d'Oranie, le ton a été donné. Les manifestants français étaient venus en nombre, avec leurs pancartes « Algérie française », leurs drapeaux bleu, blanc, rouge, et « leurs » musulmans. Ils vociféraient, réclamaient l'attention de De Gaulle, un geste, un mot qui ne viendrait pas ce jour-là. En face, la foule musulmane d'Aïn Temouchent a, en revanche, acclamé follement son sauveur. Elle opposait ses pancartes où l'on pouvait lire « Algérie algérienne », « Vive de Gaulle », « Vive l'Indépendance ». Devant ce tumulte, de Gaulle a préféré annuler son discours. Et, au moment de sortir de la sous-préfecture, cerné par les manifestants des deux camps, il a choisi de tourner le dos aux Français qui ont redoublé de fureur lorsque le Général s'est littéralement jeté dans les bras de la foule arabe.

Les chefs d'État sont plus sentimentaux et plus susceptibles qu'on ne le croit – les peuples aussi. Comment de Gaulle, à bout ce soir-là à Biskra, aurait-il pu ne pas comparer l'affection des foules musulmanes, leurs baisers, leurs youyous, leurs naïves pancartes, à l'insulte des pieds-noirs... ?

Alors, autour de ce whisky, on évoque à nouveau, comme pour se réconforter, l'accueil si chaleureux, ici dans les Aurès, « berceau et citadelle de l'insurrection ». De Gaulle aime cette image d'une Algérie algérienne le vénérant, contre des pieds-noirs le conspuant. Il l'a employée le soir même dans son discours, et la fera figurer dans ses *Mémoires* : « Dès mon arrivée à Aïn Temouchent dans l'Oranais, je constate l'attitude malveillante de beaucoup de "pieds-noirs". Et le lendemain, dans l'Algérois, je trouve, à Blida, à Cherchell, à Zeddine, à Orléansville, une atmosphère pesante. Les Français de souche me regardent passer en silence, tandis que les musulmans n'osent pas quitter leurs maisons. » En revanche, « là où les Européens sont en petit nombre, la population est dehors. [...] Le 12, par Sétif et Télergma,

---

d'Algérie. Il n'ira pas à Alger donc – pas plus que lors de ses précédents voyages où on lui a soigneusement évité les métropoles.

me voici dans l'Aurès, berceau et citadelle de l'insurrection. Or, à Arris, à Kef-Messara, à Biskra, parcourant les rues à pied, je me vois accompagné de chaleureuses escortes populaires[4] ».

Et enfin, à Biskra cette nuit-là, on commente longuement l'*événement* survenu à Alger. L'avant-veille, les Algériens de la casbah ont, pour la première fois ouvertement brandi des drapeaux du FLN... Ils ont osé ! Le fait est exceptionnel, inédit, depuis l'insurrection des Aurès, le 1er novembre 1954. C'est, nul n'en doute, une consécration pour le FLN, après six années d'événements d'Algérie ; et une autre guerre, sans merci, contre le rival historique, le MNA de Messali, ce père du nationalisme algérien qu'il faut tuer.

Des drapeaux du FLN en plein Alger... Il est aisé d'imaginer de Gaulle lançant un regard entendu à Louis Joxe ; et prenant les autres à témoins, Morin et Crépin, sur l'importance du fait politique. Des drapeaux du FLN en plein Alger... Et tous de convenir, qu'en effet, c'est là une grande première. La leçon politique du voyage. Oui, décidément, le FLN c'est l'Algérie...

Les jours suivants, l'événement sera largement répercuté par les médias. Au sein du gouvernement français, il fera vaciller les derniers indécis. À la tribune de l'ONU, il comptera dans la légitimité nouvelle du FLN, mieux encore, comme preuve du caractère « fusionnel » entre l'organisation et le peuple algérien. Or, nous pouvons penser, aujourd'hui, que cette manifestation décisive ne fut pas totalement « spontanée ». La démonstration de force du FLN à la casbah aurait été « encouragée » par des militaires d'obédience gaulliste. Ils auraient agi au sein du SAU[5], sous les ordres du directeur des Affaires politiques du gouvernement général François Coulet[6]. Une manœuvre parallèle en quelque sorte, dont les autorités officielles d'Alger ne furent pas informées. Le délégué général Jean Morin lui-même doute dans ses *Mémoires*

---

4. Charles de Gaulle, *Mémoires d'espoir*, tome 1, *Le Renouveau (1958-1962)*, Paris, Plon, p. 99-100.
5. Section administrative urbaine ; l'équivalent des SAS, en ville.
6. Il n'existe pas de preuves de l'action de François Coulet, mais des musulmans seront étonnés d'être arrêtés puisque le chef de leur SAU les avait encouragés à manifester pour soutenir le général de Gaulle. *Cf.* Michel Cointet, *De Gaulle et l'Algérie française, op. cit.*, p. 133-134.

de la « spontanéité » de cette mobilisation de la casbah. De Gaulle pouvait-il ignorer une telle manipulation... ? C'est peu probable. Or, de ce faux événement – disons de ce coup de pouce au FLN –, il va s'empresser de tirer une conclusion politique majeure. Et d'en faire le socle de son action algérienne future.

Est-ce cette nuit-là à Biskra... ? Ou l'avant-veille à Aïn Temouchent, choqué par l'inquiétant spectacle de la guerre des communautés ? À moins qu'il ne s'agisse des événements de la casbah d'Alger du 11 décembre... ? Une autre rupture s'opérera au terme de ce dernier voyage de De Gaulle en Algérie.

Dans cette chambre, le 13 décembre, de Gaulle a – sans doute – ressenti le besoin de faire ce point à haute voix. Ou de procéder à l'un de ces insidieux sondages auxquels s'adonnent les monarques avant toute grande décision. Mais sa (nouvelle) religion est faite. Dans l'avion qui le ramène à Paris, de Gaulle confie à Louis Terrenoire : « Il faut donc trouver un arrangement avec le FLN et, en tout cas, le mettre au pied du mur. » Cette nouvelle doctrine est fondée, au terme de ce voyage, sur une idée simple, et en contradiction avec la politique algérienne menée jusque-là : *le FLN, c'est l'Algérie.*

Dès lors, de Gaulle va consacrer le Front comme son interlocuteur exclusif. Sans plus aucune réserve, sans les réticences exprimées lors des conversations de Melun avec des représentants du FLN, en juin 1960 –il s'agissait alors de rendre le FLN plus « conciliant », voire de le « casser ». Jusque-là, il y avait eu, bien sûr, des pourparlers avec lui, mais toujours, en parallèle, d'autres tractations se menaient avec la rébellion de l'intérieur et le MNA. Ce temps est révolu. De Gaulle reconnaît le FLN. Il en fait l'incarnation de la nation algérienne – ce qui alors ne reflète pas totalement la réalité. Il octroie au Front le statut que celui-ci réclame obstinément depuis 1956. Et ce pouvoir exorbitant, il va le lui concéder sans conditions, sans contrepartie.

Tout devra passer par le FLN. Ce diktat, de Gaulle l'a refusé jusqu'à ce jour. Deux ans et demi plus tôt, en revenant au pouvoir, il pensait pouvoir maîtriser le temps, imposer ses conditions, procéder par étapes. Mais depuis, rien ne se passe comme il le voulait. Il s'enlise depuis si longtemps. Son crédit politique s'épuise. Il entend la droite – toujours Algérie française – se gausser. *Ah ! le grand de Gaulle, le sauveur, s'enfonçant dans les sables mouvants de l'Empire.* Il sent la grogne monter, et pressent que la bourgeoisie – qui l'a appelé au secours en mai 1958 – le répudiera aussi vite s'il ne parvient pas à résoudre la question algérienne. Il sait que la gauche ricane de ses malheurs coloniaux – Mollet et les siens qui l'ont mis dans ce pétrin ! Il entend l'armée – ces généraux qu'au fond il méprise – se moquer de lui ouvertement.

L'autodétermination, annoncée le 16 septembre 1959, a été pour lui la seule voie possible, après les folles promesses au balcon du Forum d'Alger, le 1er juin 1958. Il l'a vendue aux Français, fait presque accepter aux pieds-noirs, malgré la révolte des barricades[7]. Grâce à elle, il a calmé les Américains, l'ONU, ses alliés européens et même, croyait-il, convaincu les nationalistes algériens. Après le discours du 16 septembre, et durant toute l'année 1960, de Gaulle est resté persuadé que, parmi les trois solutions proposées – la sécession, la francisation ou l'association avec la France –, cette dernière hypothèse, qui avait sa préférence[8], l'emporterait. Grâce, en particulier, à cette fameuse troisième force musulmane qui allait émerger et qui lui éviterait un tête-à-tête avec le FLN.

Il ne précisait d'ailleurs jamais la durée de la période de transition vers l'association. Il laissait dire qu'elle prendrait des années, y compris dans ses messages aux armées lors de son voyage de mars 1960. Il ne démentait jamais son Premier ministre, Michel Debré, quand celui-ci défendait qu'« il faudrait bien quinze ans » pour quitter l'Algérie ; à Jean Morin, il laissait entendre qu'« il en faudrait cinq » ; et à tous, il parlait d'une association étroite entre la France et l'Algérie à un horizon lointain.

Hélas, au bout d'un an, rien n'est venu.

Fin 1960, la troisième force algérienne ne s'impose toujours pas ; le MNA, qui a évolué du marxisme vers le fédéralisme avec

---

7. En réaction à la mise au placard de Massu par de Gaulle – il avait ouvertement critiqué la politique algérienne dans un retentissant entretien au *Spiegel* – les activistes pieds-noirs se révoltent militairement à Alger, le 24 janvier 1960 – pour la première fois. Des dizaines de gendarmes sont tués. La révolte se terminera piteusement, une semaine plus tard.

8. *Cf.* le discours sur l'autodétermination.

la France, existe encore, mais affaibli ; et les notables modérés sont, pour la plupart, tombés sous la domination du FLN, comme Ferhat Abbas ; de plus, les nationalistes de Tunis ont acquis une stature internationale, grâce à une habile stratégie tiers-mondiste et – déjà – médiatique.

Alors, de Gaulle brutalise le temps.

Le 22 novembre, il nomme Louis Joxe à la tête d'un ministère d'État, celui des Affaires algériennes, réduisant plus encore l'autorité du Premier ministre Michel Debré. Une semaine après avoir spectaculairement annoncé que : « La République algérienne, [...], existera un jour mais n'a jamais encore existé[9]. » Le choix de Joxe, cet inconditionnel, fidèle depuis Alger en 1943, « modèle de conscience, tombeau de discrétion[10] », n'est pas le fruit du hasard. Le président de la République sait que l'homme obéira au doigt et à l'œil, et suivra son tempo. Absolument, et sans état d'âme. À la différence de son Premier ministre qui, chaque jour, semble douter un peu plus. Il l'a d'ailleurs sommé de choisir en ces termes : « Il faut accomplir la décolonisation. J'en ai la responsabilité. Il n'est donc que de me suivre[11]. » Debré suivra, la mort dans l'âme. Toutefois, de Gaulle a besoin de plus d'ardeur dans le Conseil des ministres – qu'il sait divisé sur la question algérienne. Grâce à Joxe, il verrouille, apaise les plus « algériens » de ses ministres, et s'assure de la fidélité des ministres influents. À tous, comme à Debré, il décrète la mobilisation, ne leur laissant aucun choix : « Jusqu'à présent, j'ai fait de nombreux discours ; il s'agissait de préparer progressivement l'opinion à ce qui doit arriver ; maintenant cela devient sérieux, il faudra se taire car on aura des contacts avec le FLN[12]. »

Ensuite, tout s'accélère.

Jean Morin confirme le virage de décembre 1960 : « Lorsque, au début de 1960[13], de Gaulle me donne ses instructions avant

---

9. Discours du 4 novembre 1960.
10. Charles de Gaulle, *Mémoires de guerre. L'Unité, op. cit.*
11. Charles de Gaulle, *Lettres, notes et carnets, op. cit.*, p. 413.
12. Louis Terrenoire, *De Gaulle et l'Algérie : témoignages pour l'histoire*, Paris, Fayard, 1964, p. 219.
13. Jean Morin reçoit le 5 décembre 1960 une « instruction pour la marche à suivre en Algérie ». Jean Morin, *De Gaulle et l'Algérie, op. cit.*, p. 30 et 31.

mon départ pour Alger, il y avait deux hypothèses pour l'Algérie. Celle à laquelle je croyais, d'une république algérienne plurielle et démocratique, dont on aurait fait surgir les élites. C'est ce que m'avait demandé de Gaulle. Et l'autre une Algérie FLN à laquelle j'étais réticent, Michel Debré et de Gaulle aussi. Il a finalement opté pour la seconde solution : le FLN... Il devait considérer qu'il n'y avait pas d'alternative... »

De Gaulle est coincé donc. Il renonce ainsi à voir émerger une « Algérie algérienne » ; et choisit une « Algérie avec le FLN ». C'est l'anéantissement de l'ambitieuse autodétermination.

En ce début 1961, rien n'est joué. Rien n'aurait dû l'être après le référendum du 8 janvier 1961 – moins d'un mois après ce voyage.

C'est au cours de ce voyage traumatique que de Gaulle renonce à vraiment décoloniser. Il choisit alors de *larguer* l'Algérie ; pas de la conduire à l'indépendance. La nuance est capitale – on l'a trop négligée. Ce virage est un zigzag gaulliste de plus. Celui qui déterminera tout – et jusqu'à aujourd'hui. C'est à ce moment – où de Gaulle n'envisage plus aucun autre interlocuteur que le FLN, ni les notables musulmans, ni les combattants de l'intérieur comme Si Salah, ni les représentants des Européens d'Algérie – que se dessine la pire des indépendances. Et sa terrible conséquence : la prise de pouvoir, en Algérie, par un parti totalitaire.

23

Le mystère Si Salah

Le 10 juin 1960, à la nuit tombante, trois combattants du FLN sont introduits dans le plus grand secret au palais de l'Élysée. Il y a là un chef de la rébellion algérienne, Si Salah, commandant de la wilaya IV[1], son adjoint militaire Si Mohamed et son adjoint politique Lakhdar Bouchemaa. Fait exceptionnel, ils sont reçus par le président de la République lui-même. Charles de Gaulle est entouré de Bernard Tricot[2], l'homme qui a pris l'initiative de ce singulier rendez-vous, et du général Mathon du cabinet militaire du Premier ministre. Sans oublier un homme en armes, caché derrière les rideaux pour intervenir en cas de nécessité.

Dès le mois de mars, les trois Algériens ont émis le désir de rencontrer les autorités françaises pour discuter d'un cessez-le-feu local. Leur émissaire a été le cadi – juge de paix – de Médéa qui, par l'intermédiaire du procureur d'Alger Robert Schmelk, a rencontré le garde des Sceaux Edmond Michelet. Ce dernier a rapporté l'offre des rebelles au général de Gaulle, qui l'a jugée suffisamment sérieuse pour accepter ce rendez-vous.

Sitôt dans le bureau présidentiel, les trois nationalistes algériens font part à de Gaulle de leur volonté de cesser le combat. Ils sont épuisés, mal armés, divisés, en désaccord avec les combattants de

---

1. En août 1956, au Congrès de la Soummam, le FLN organise militairement l'Algérie dont le territoire est découpé en six wilayas et une zone autonome, Alger et sa banlieue.
2. Bernard Tricot, *Les Sentiers de la paix*, Plon, 1972, p. 174-176.

l'extérieur, « ces planqués de Tunis et de Tripoli ». Le défaitisme gagne lers troupes ; des associations « d'officiers libres » se forment ; les critiques contre l'organisation extérieure deviennent vives. Si Salah n'est pas un inconnu pour le pouvoir gaulliste, ni un adversaire négligeable. Il représente une force capable de relativiser le poids politique et international du gouvernement du FLN – le GPRA – comme de freiner l'ascension de l'autre force montante, l'ALN de l'extérieur dirigée par Boumédiène. Selon le général Challe, le commandant Si Salah « pèse » trois quarts de l'armée intérieure ; Bernard Tricot parle, lui, du tiers des effectifs de l'ALN intérieure.

Si Salah vient, en fait, répondre à la paix des braves[3], cette offre lancée par de Gaulle en octobre 1958. Il se fait fort d'entraîner avec lui d'autres wilayas. Mais il a besoin, pour réussir à emporter l'adhésion de ses amis, de se déplacer librement en Algérie. Le général de Gaulle est intéressé. Il pose des questions. La réunion se prolonge. Il approuve finalement le projet et promet son soutien. Toutefois, il informe Si Salah qu'il prendra prochainement une initiative en direction du GPRA[4]. Les jours suivant le rendez-vous de l'Élysée, Bernard Tricot impose aux autorités militaires françaises les conditions d'une trêve qui permettra à Si Salah de se rendre en Kabylie, pour rallier la wilaya III. Le commandant algérien effectue alors son voyage en Kabylie. Il y rencontre, le 4 juillet, le dirigeant de la wilaya III, Mohand Ou El Hadj, qui se

---

3. De plus, il se montre soucieux d'informer assez vite les dirigeants du FLN de sa démarche, Ben Bella et le GPRA à Tunis. Le général Challe, alors commandant en chef en Algérie, témoin des négociations avec les chefs rebelles sur le terrain, confirma que leurs conditions sur le cessez-le-feu étaient « convenables », et que Si Salah était écouté par ses frères d'armes : « C'étaient les trois quarts de l'Algérie qui basculaient » et donc « la fin de la rébellion en quelques mois. » Challe explique la démarche de la wilaya IV par l'état d'épuisement où se trouvaient les fellaghas, harcelés par l'armée à ce moment précis de la guerre. Dès lors, le réaliste Si Salah avait décidé de prendre contact avec les autorités françaises pour négocier un cessez-le-feu (Général Challe, *Notre révolte*, Paris, Presses de la Cité, 1968, p. 169 à 171).

4. Le 14 juin 1960, dans une allocution radiotélévisée, le général de Gaulle réaffirme sa décision d'appliquer l'autodétermination à l'Algérie et lance un nouvel appel aux « dirigeants de l'insurrection » pour « trouver avec eux une fin honorable aux combats ». Le 20 juin, le GPRA annonce qu'il accepte l'offre du général de Gaulle. Cinq jours plus tard, débutent, à Melun, des entretiens entre des émissaires algériens et français.

déclare, lui aussi, prêt à un cessez-le feu. La wilaya III et la wilaya IV, voilà qui commence à peser...

Mais, sur le chemin du retour, Si Salah est arrêté par son propre adjoint Si Mohamed – également présent au rendez-vous de l'Élysée. Celui-ci déclenche aussitôt une purge parmi les cadres de la wilaya IV : on châtie les traîtres. Si Salah disparaît pendant un an avant d'être abattu dans des conditions obscures. Il se serait réfugié auprès de Mohand Ou El Hadj, le vieux chef de Kabylie, son allié de la wilaya III. Un an plus tard, le 21 juillet 1961, dans la Djurjura, un commando français, le POA, se heurte à des fellaghas. Selon la version officielle, au moment du repli des forces françaises, un harki voit un blessé dans une cache. Il panique et tire. « On » découvrira, sur le cadavre, un laissez-passer au nom de Si Salah. Mohand Ou El-Hadj disparaît lui aussi en juillet 1961 dans une autre embuscade tendue par les Français. Lakhdar Bouchemaa est exécuté par le FLN durant l'été 1960. Si Mohamed tombe le 8 août 1961 à Blida, dans un guet-apens tendu par un commando du 11e choc, cette unité militaire d'élite chargée des « opérations sensibles » pour le SDECE. Abdelatif et Abdelhalim sont exécutés pour leur participation à l'organisation de l'entrevue avec le général de Gaulle[5]. Très vite, il n'y a plus en circulation de témoins, directs ou indirects, de la négociation nocturne du 10 juin 1960 à l'Élysée. Étrangement...

Depuis des décennies, on parle d'une affaire Si Salah. En vérité il y en a deux.

La première relève de l'espionnage. Elle se résume en une question : qui a fait exécuter Si Salah, les Algériens ou les Français ? Le GPRA inquiet de cette dissidence, ou bien les services spéciaux gaullistes, désireux de faire disparaître un témoin gênant ? L'élimination systématique, outre Si Salah, des autres témoins algériens de la négociation nocturne du 10 juin 1960 est en effet troublante[6].

---

5. Michèle Cointet, *De Gaulle et l'Algérie française, 1958-1962*, Paris, Perrin, 1995, p. 87.

6. Toute la lumière n'a pas été faite sur l'affaire Si Salah, mais tous les témoignages, ceux des partisans de l'Algérie française et du général Challe en premier lieu, autant que les confidences de certains responsables du FLN, convergent. Il a été avancé qu'une fuite sur la rencontre de l'Élysée avait été

Pierre Montagnon[7], honnête historien et ancien militaire Algérie française, affirme que Si Salah et ses amis ont été éliminés à la demande de De Gaulle. Il en a apporté quelques preuves sérieuses, et a rarement été démenti. Il s'agissait pour l'exécutif français de faire disparaître toute trace de cette négociation prometteuse mais qui fut finalement écartée par le Général. Une note d'un officier français mentionne les propos tenus par Bernard Tricot. L'intention de De Gaulle de donner la préférence au GPRA y apparaît clairement : « M. Tricot précisa à ses interlocuteurs que, au cas où le GPRA répondrait favorablement à l'appel du 14 juin, il convenait de ne pas gêner le général de Gaulle par des manœuvres latérales. » On imagine sans mal le sens réel de la formule...

Savoir qui a fait assassiner Si Salah peut paraître anecdotique à côté de l'autre énigme le concernant. Pourquoi de Gaulle a-t-il laissé passer cette opportunité de conclure cette « paix » des braves déposée aux pieds du monarque français sans conditions, comme la République en avait rêvé ?

Le chef de l'État a-t-il pensé que les dirigeants de la wilaya IV n'avaient pas l'assise nécessaire pour négocier ? L'argument est peu convaincant. Si Salah disposait, au contraire, d'une influence considérable – on l'a vu.

À moins que – c'est une autre explication avancée –, la négociation ait été trop engagée avec la rébellion de l'extérieur, celle de Tunis, pour que de Gaulle prenne le risque de courir deux paix

---

organisée sciemment depuis la chancellerie en direction de Tunis. Il a été dit aussi qu'après les entretiens avec le GPRA, un ordre secret (émanant de qui ?) avait été donné d'éliminer les participants musulmans de l'affaire. Ceux-ci pouvant témoigner à la fois de la victoire militaire de la France en ce milieu de 1960, et gêner les pourparlers ultérieurs avec le FLN. La réception nocturne par de Gaulle de ces chefs fellaghas, scène étonnante ; l'initiative de Bernard Tricot, les délégations du FLN prétendant que ces combattants étaient seuls demandeurs ; l'acceptation rapide du GPRA de l'offre de négociation, peu après le rendez-vous avec Si Salah ; le scepticisme du chef de l'État face à la représentativité des chefs rebelles ; et sa volonté de traiter avec le GPRA, ainsi que la mort des principaux protagonistes musulmans de cette affaire : nombre d'éléments alimentent cette version. La thèse de Montagnon reprend d'ailleurs en partie l'accusation portée contre de Gaulle par certains militaires, d'avoir négligé les chances de négocier avec les chefs rebelles de l'intérieur une paix plus honorable pour la France que les accords d'Évian.
7. Pierre Montagnon, *L'Affaire Si Salah*, Paris, Pygmalion, 1987.

à la fois ? L'explication ne tient pas plus. Au moment où il reçoit Si Salah le 10 juin, il n'a pas encore lancé son appel du pied au FLN, avec le discours du 14 juin 1960[8].

De Gaulle aurait-il changé d'avis alors ? Cela ne lui ressemble guère : pourquoi serait-il allé si loin en les recevant à l'Élysée ? Pourquoi aurait-on monté cette comédie nocturne du 10 juin 1960 ?

Dernière hypothèse : de Gaulle s'est servi de ce pauvre Si Salah comme d'un appât, afin de forcer la main au GPRA, c'est-à-dire le FLN de Tunis. Cette résistance de l'extérieur, sans armes mais avec l'accès à la tribune internationale, lui semble plus légitime que celle de Si Salah et de ses amis.

D'abord il y a la préférence idéologique gaulliste. L'homme du 18 juin applique à la rébellion algérienne sa propre grille de lecture. Pour lui, il y a dans cette rébellion, comme dans la Résistance française de 1943, deux composantes. La Résistance intérieure – elle est vaillante, mais brouillonne et dangereuse ; tandis que la Résistance extérieure serait plus politique et, selon lui, plus fiable. Le FLN de Tunis représenterait en quelque sorte le Londres de la France libre, le sien.

Ensuite, de Gaulle a fini par être convaincu qu'il ne pourra pas négocier sur plusieurs fronts ; il n'en a ni le temps ni le goût. C'est pourquoi, plutôt que de profiter de cette formidable opportunité de diviser pour mieux négocier, et ainsi de réduire les prétentions hégémoniques du « FLN de l'extérieur » – le GPRA et l'ALN dirigée par Boumédiène –, il va la saisir pour mieux l'étouffer. Il veut livrer l'Algérie en bloc. Ne plus traîner. Se débarrasser au plus vite du « fardeau algérien ».

---

8. *Cf. supra*, note 4, p. 185.

24

Évian 1 et autres zigzags

La clé, pour comprendre les accords d'Évian qui vont conduire à l'indépendance algérienne, c'est l'impatience de De Gaulle. Elle n'aura jamais été aussi forte qu'en ce début de 1961. Tout à coup, l'Algérie l'insupporte, lui brûle les doigts, le tourmente. Il faut en finir sans tarder, pour passer à autre chose, s'atteler à sa grande œuvre, le redressement de la France. Le ministre de l'Intérieur, Pierre Chatenet, rapporte – entre autres témoignages – l'état d'esprit du Général à cette époque. En finir «tourne à l'obsession[1]». De Gaulle va mourir, il ne pense qu'à ça. L'Algérie l'obsède tant qu'il croit qu'elle l'emportera, qu'il n'y survivra pas. Il est inquiet de son état de santé. Le décès de son frère Pierre, survenu peu de temps auparavant, l'a profondément marqué. Il craint que la vieillesse ne vienne altérer ses facultés intellectuelles, et que personne ne l'en prévienne. «Vous le feriez, vous, Chatenet ?» lui lance-t-il.

La première conférence d'Évian[2] s'ouvre le 20 mai 1961 avec, côté algérien, le seul FLN[3] donc. Pour l'occasion, la France a

---

1. Pierre Chatenet, in Jean Lacouture, *De Gaulle*, tome 3, *Le Souverain*, *op. cit.*, p. 135.
2. Prévue pour le 7 avril, mais retardée par le putsch des généraux à Alger.
3. C'est le GPRA – son émanation – qui représente le FLN. Nous nous tiendrons à cette dernière dénomination au cours de ce récit. Belkacem Krim, ministre des Affaires étrangères, est le chef de la délégation algérienne. Il a obtenu, non seulement la renonciation au préalable au cessez-le-feu, mais aussi d'être considéré comme le seul interlocuteur valable pour discuter officiellement, et avec un ministre, Louis Joxe, du règlement de la question algérienne.

multiplié les gestes de bienveillance : trêve unilatérale des combats ; libération de six mille prisonniers ; et – symbole diplomatique s'il en est – transfert des trois dirigeants historiques du FLN emprisonnés avec Ben Bella au château de Turquant, Aït Ahmed, Mohammed Khider, Mohammed Boudiaf, et un jeune intellectuel algérien, Mostefa Lacheraf, capturés à la suite du détournement de l'avion qui les transportait à Tunis, le 22 octobre 1956. Le terrain avait été préparé par Georges Pompidou, lors de contacts secrets noués avec le FLN le 20 février 1961 à Lucerne et le 5 mars à Neuchâtel. L'émissaire français, investi de la confiance de De Gaulle, est alors un des dirigeants de la banque Rothschild. Il prétexte un voyage d'affaires en Suisse pour rencontrer les nationalistes algériens. Il leur déclare accepter, au nom de De Gaulle, que l'Algérie devienne un État souverain, et que l'indépendance résulte d'un processus d'autodétermination. Les Algériens du FLN rejettent néanmoins les premières conditions françaises[4]. Alors de Gaulle, pour sortir de l'impasse, renonce au préalable du cessez-le-feu avant la négociation. Il propose l'ouverture d'une conversation « officielle[5] » cette fois. Les accords d'Évian sont publiquement annoncés. Mais coup de théâtre. Le FLN, qui avait accepté de participer à la conférence le 30 mars 1961, bloque tout dès le lendemain. À cause d'une déclaration de Louis Joxe évoquant de possibles rencontres avec les représentants du MNA[6]. C'est la rupture. Les négociateurs français reculent aussitôt. Le FLN pousse son avantage. Il obtient que la France ne négocie qu'avec lui. La maladresse de l'habile Louis Joxe était-elle volontaire ? Le FLN sortira, en tout cas, renforcé de cet épisode.

Pour ces négociations officielles, de Gaulle a tout organisé, tout

---

4. Préservation des intérêts pétroliers français ; maintien d'une présence française dans les bases militaires ; double nationalité des pieds-noirs, et leur participation à la vie politique du futur État indépendant.

5. « Étant entendu que, pour qu'elle s'engage, aucun préalable n'est soulevé ni d'une part ni de l'autre. » Il prévient seulement qu'aucune décision politique ne saurait être appliquée tant que les combats n'auront pas cessé (note à l'intention de Louis Joxe *in* Charles de Gaulle, *Lettres, notes et carnets, op. cit.*, p. 53.

6. Mouvement national algérien, le mouvement de Messali Hadj, pionnier du nationalisme algérien.

prévu, tout contrôlé. Le protocole comme l'intendance. Les contacts devront être réduits au minimum. L'austérité doit régner, les consignes gaullistes enjoignent la délégation « à la plus grande simplicité et la plus grande austérité[7] ». Tout, jusqu'au moindre détail, a été pris en compte : un sous-préfet accueillera les Algériens à la descente de l'hélicoptère, sans serrement de mains. Un simple signe de la tête suffira. Les repas ne seront pas pris en commun...

Côté politique, les Algériens sont prêts à accepter le principe de l'autodétermination, mais ils résistent toujours devant les deux requêtes françaises : le Sahara et le statut spécifique des Européens. Face à ce blocage, de Gaulle ordonne à Louis Joxe d'interrompre *sine die* la négociation.

La conférence se termine par un échec le 13 juin 1961. Elle fut bâclée, ratée, inutile.

Le leurre de la partition

Tel un joueur contrarié, le président français relance, quelques jours après cet échec, l'idée d'une partition de l'Algérie, le 28 juin 1961, à l'occasion d'un voyage en Lorraine. Il parle de « regrouper dans telle ou telle zone afin de les protéger, ceux des habitants [de l'Algérie] qui se refuseraient à faire partie d'un État voué au chaos ». Il sait que cette hypothèse a le don d'affoler le FLN, tel un épouvantail.

Il persiste peu après, lors d'un rendez-vous méconnu. Le 12 juillet 1961, dans son bureau de l'Élysée, le Général est cassant, comme durant le Conseil des ministres qui vient de s'achever. Face à lui, le jeune ministre Alain Peyrefitte – venu prendre ses instructions de porte-parole du gouvernement – s'en est rendu compte. La fièvre algérienne a repris. L'échec de la négociation d'Évian bouleverse les plans gaullistes. Le Général se croyait sorti du « bourbier ». Mais à cause de l'intransigeance du FLN, la

---

7. Cité par Chantal Morelle et Maurice Vaïsse, « Histoire secrète des accords d'Évian, *L'Histoire*, n° 231.

« boîte à chagrins », comme il disait en parlant de l'Algérie, va continuer à produire ses effets dévastateurs. De Gaulle prononce cette phrase étrange, comme pour se soulager : « [le FLN] exige le divorce avec la pension alimentaire mais refuse de se présenter à l'audience. Il faut trouver une poire d'angoisse qui lui rende le statu quo insupportable[8]. »

Peyrefitte, comme la plupart des hommes de droite de l'époque, est plutôt Algérie française. Il sursaute quand de Gaulle reprend cette vieille idée[9] de « regrouper » les Français d'Algérie et les musulmans désireux de rester fidèles à la France dans une ou deux zones côtières. Les dernières fois où Peyrefitte avait évoqué l'idée de la partition, le vieux Général avait bougonné. L'affaire semblait le barber, il n'y croyait pas. Cette fois, il s'y intéresse vraiment. Il se passionne même. La conversation se prolonge entre les deux hommes. Elle se nourrit des expériences tentées ailleurs : l'Irlande, les deux Allemagnes, Israël et la Palestine, l'Inde et le Pakistan, la Corée et le Vietnam. Et dans le bureau de l'Élysée, on lance à nouveau, jusqu'à s'enthousiasmer, le mot longtemps tabou[10]. Des horizons nouveaux s'ouvrent.

De Gaulle conclut ce rendez-vous avec Peyrefitte : « Vous qui écrivez, pourquoi n'approfondiriez-vous pas cette solution dans des articles de journaux [11] ? »

---

8. Alain Peyrefitte, *C'était de Gaulle*, tome 1, Paris, de Fallois/Fayard, 1994, p. 76.

9. Évoquée le 21 avril 1961, agitée de nouveau en juin.

10. Il s'agissait alors de conserver les zones de peuplement européen, l'Algérois et l'Oranais, et de garantir à la France l'exploitation des richesses pétrolières du Sahara. Les deux hommes précisent ensemble la solution : le regroupement des populations profrançaises d'une part, et pro-FLN d'autre part, en laissant le Sahara hors de ce partage. La proposition permettrait, conviennent-ils, de résoudre les deux conflits qui opposent alors le FLN aux négociateurs français : le statut des Français d'Algérie et la « nationalité » du Sahara. En 1957, des députés radicaux, menés par Robert Hersant, avaient proposé un projet assez proche.

11. Alain Peyrefitte, *C'était de Gaulle*, tome 1, *op. cit.*, p. 76. Citation complète : « Ce n'est pas l'idéal. Des pourparlers et l'établissement d'une coopération étroite seraient de beaucoup préférables. Mais il ne serait pas mauvais que le FLN se rende compte qu'on va forcément vers ça, s'il continue à fuir le contact. La solution négociée n'aboutira qu'à la condition que nous en ayons une autre toute prête. Il faut avoir deux fers au feu. Vous qui écrivez... »

Aussitôt demandé, aussitôt fait. Quelques jours plus tard paraît, dans *La Vie française*, une savante étude de Peyrefitte sur « La partition de l'Algérie ». Mais l'article est trop modeste. De Gaulle est déçu. Cela ne lui suffit pas – d'autant que les pourparlers, repris à Lugrin[12] avec le FLN, marquent un nouvel échec. Début août, Georges Pompidou, à sa demande, relance Alain Peyrefitte. Il souhaite quelque chose de plus ambitieux : une grande série d'articles fouillés et plus retentissants. De Gaulle trace lui-même la voie le 5 septembre, au cours d'une conférence de presse où il brandit à nouveau la menace d'un regroupement des populations européennes.

Le 28 septembre, le premier d'une série de quatre articles d'Alain Peyrefitte paraît dans *Le Monde*. C'est un véritable manifeste. La partition y est présentée comme le projet qui « viendrait se substituer presque inévitablement aux formules d'association [en clair l'indépendance] au cas où les nationalistes algériens se refuseraient définitivement à tout accord assurant, dans des conditions acceptables, la protection des Européens et l'exploitation des revenus du Sahara. » L'avertissement est clair et, cette fois, le projet détaillé. Il propose la création d'une « zone occidentale qui regrouperait les partisans d'une Algérie liée à la France », qu'ils soient européens ou musulmans. Ses limites seraient au minimum les départements d'Alger ou d'Oran. Le reste composerait une deuxième circonscription exclusivement musulmane, et une troisième pour le Sahara. Dans un premier temps, ces trois territoires « s'administreraient eux-mêmes comme des cantons, des *Lander* ou comme les territoires d'Afrique noire sous le régime de la loi cadre Defferre ». L'évolution serait menée en douceur avec une étape intermédiaire, la confédération, avant la partition définitive[13].

Le projet Peyrefitte est un événement français. L'onde de choc est immédiate, considérable en Algérie et en métropole. Pour le Premier ministre Michel Debré, comme pour la gauche patriote et

---

12. Du 20 au 28 juillet 1961, au château de Lugrin, près de la frontière suisse.
13. *Le Monde*, 30 septembre 1961.

la droite Algérie française, c'est la solution miracle. Des intellectuels se passionnent. Des experts planchent sur le projet. Des économistes et des chercheurs se mobilisent. Les pieds-noirs, prêts à s'exiler, se remettent à croire à la pérennité d'une Algérie française. À Oran est fondée une Association pour le partage de l'Algérie. Et l'on reparle de cette chimérique République française d'Algérie, un an après que des émissaires de Matignon et de l'Élysée, en liaison avec Jacques Foccart, alors secrétaire général de la Communauté à l'Élysée, ont pris l'initiative de proposer au général Jouhaud[14] d'en devenir le président. Les activistes Algérie française se trouvent même déstabilisés par ce projet. Des dissensions éclatent à l'intérieur de l'OAS, entre les partisans de l'Algérie française et ceux de la partition. Elles conduisent à l'exécution des dissidents favorables à la solution Peyrefitte, Michel Leroy et René Villars, lors d'une sorte de « Nuit des longs couteaux ».

Mais, quatre semaines après la parution de la série d'articles, alors que le débat enflamme les esprits, de Gaulle a déjà abandonné l'idée défendue par le porte-parole du gouvernement – y aura-t-il d'ailleurs jamais cru[15] ? Son but est atteint. Le leurre a fonctionné. La partition a anesthésié les pieds-noirs et, surtout, fait revenir le FLN à la table des négociations. Des contacts

---

14. En novembre et décembre 1960, des émissaires de Matignon et de l'Élysée, René Legros, Claude Gérard et Paul Jérôme, en liaison avec Jacques Foccart, alors secrétaire général de la Communauté à l'Élysée, prennent l'initiative de proposer au général Jouhaud de constituer une République d'Algérie. Il s'agirait d'une solution fédérale. Jacques Foccart et Michel Debré encouragent leurs efforts. De Gaulle en a-t-il accepté le principe ? Cela reste un mystère... Jouhaud ne donna pas suite à cette proposition, la jugeant suspecte. (Edmond Jouhaud, *Ce que je n'ai pas dit : Sakiet, OAS, Évian*, Paris, Fayard, 1977, p. 163 à 180.)

15. Au cours des négociations avec le FLN à Évian, il était apparu que les Algériens craignaient, par-dessus tout, que la France n'introduise des divisions territoriales – en particulier à propos du Sahara. Après l'échec de la première négociation d'Évian, le général de Gaulle avait une nouvelle fois agité la menace. En réponse à cette « provocation » quelques jours plus tard, le 5 juillet, le FLN s'était mobilisé dans « une journée nationale contre la partition en Algérie ». L'ampleur des manifestations impressionna et la riposte des forces de l'ordre provoqua une centaine de morts. (Bernard Droz et Évelyne Lever, *Histoire de la guerre d'Algérie (1954-1962)*, Paris, Le Seuil, 1991, p. 319.)

secrets avec les nationalistes algériens reprennent près de Bâle[16]. Dès octobre 1961, de Gaulle s'éloigne sans vergogne de la solution préconisée en juillet. Au jeune Valéry Giscard d'Estaing, il déclare même la « solution impraticable » et se lance dans une distinction byzantine entre le « partage » et le « regroupement » qui ne seraient qu'une « solution transitoire de sécurité ». À son fidèle Louis Terrenoire[17], il explique que « l'idée de faire deux Algérie n'est satisfaisante que pour l'esprit ». À tous ses visiteurs, il exprime ses réticences, ses objections pour cette solution qui, trois mois plus tôt, l'avait intéressé. Le 6 décembre, il finit par affronter Peyrefitte et lui demande d'oublier cette idée. C'est une douche froide pour le jeune ministre qui n'hésite pas dans ses *Mémoires* à contester – pour une fois – de Gaulle : « J'ai le cœur serré en voyant de Gaulle balayer mes arguments en faveur du regroupement avec autant de vigueur qu'en juillet dernier il avait balayé mes objections. » La mort dans l'âme, Peyrefitte propose d'envoyer son livre sur la partition au pilon. De Gaulle refuse : « Gardez-vous-en bien ! Ça peut encore servir[18]... »

Le chef de l'État tient jusqu'au bout à laisser planer la menace sur le FLN... L'ouvrage intitulé *Faut-il partager l'Algérie ?* est publié chez Plon à la fin de 1961, mais l'utopie est mort-née. Le théoricien de la partition, pourtant resté gaulliste orthodoxe, ne se remettra jamais tout à fait d'avoir servi ce détournement. Quarante ans plus tard, il notera, amer : « De Gaulle a vu en moi un franc-tireur qu'il pouvait utiliser[19]. »

De Gaulle aurait-il – pour une fois – bien joué ? L'appât a été efficace – et le Général n'hésitera pas à s'en servir à nouveau, à chaque blocage, jusqu'à l'accord final.

Les négociations avec le FLN reprennent, au château de Lugrin,

---

16. Les 28 et 29 octobre, le 9 novembre, les 9, 23 et 30 décembre 1961.
17. Louis Terrenoire, *De Gaulle et l'Algérie : témoignages pour l'histoire*, Paris, Fayard, 1964, p. 238-239.
18. A. Peyrefitte, *op. cit.*, p. 90 – fin de la citation : « Ce que je vous demande, c'est de ne pas laisser entendre que je suis favorable à cette solution. »
19. A. Peyrefitte, *op. cit.*, p. 92.

le 20 juillet 1961. Cette fois, c'est entre les mains de Louis Joxe que le FLN met le marché : la reconnaissance de la souveraineté algérienne sur le Sahara contre l'examen de garanties aux Européens[20]. De Gaulle a compris le message : il faut lâcher du lest. Il accepte, malgré les véhémentes protestations de son Premier ministre Michel Debré, l'abandon du projet d'un « Sahara-lac[21] » – une folle utopie, celle d'un Sahara en multipropriété, dont les ressources énergétiques immenses profiteraient à tous les pays limitrophes, l'Algérie et la France bien sûr, mais aussi le Maroc, la Tunisie et les autres États africains qui bordent le désert. Il range au placard ce rêve ambitieux – et pris au sérieux par des dizaines de technocrates qui l'avaient étudié. La théorie, en apparence simple, était fondée sur deux principes : le Sahara n'est pas un territoire algérien[22] ; les ressources devaient donc profiter à tous les riverains, sous contrôle de la France bien sûr, et dans le cadre de la Communauté voulue par de Gaulle. Dans sa retraite, Olivier Guichard[23] regrette, aujourd'hui encore, cette utopie d'Empire qui aurait pu changer, selon lui, le destin de la France, du Maghreb et de l'Afrique subsaharienne. Fi donc d'une telle aventure ! De Gaulle offre le Sahara aux Algériens, sans

---

20. L'intransigeance des négociateurs du FLN s'explique, en partie, par les dissensions au sein du mouvement qui obligent les négociateurs à s'aligner sur les positions les plus dures ; sinon ils risquent d'être désavoués. Et l'évolution politique du CNRA, l'organisme dirigeant du FLN, tend à laisser de plus en plus la parole aux « durs ». Le 27 août, Ferhat Abbas est remplacé à la tête du GPRA par Ben Youcef Ben Khedda, lui-même contesté, mais élu par les ennemis de Krim qui ne veulent pas le voir accéder à ce poste.

21. Le 29 août 1961, il donne une instruction allant dans le sens des nationalistes algériens à son Premier ministre et à la délégation française : il définit les intérêts de la France au Sahara, se bornant à l'utilisation des sites d'expérimentation atomique et spatiale, à la disposition de terrains d'aviation et à la recherche et à la libre exploitation du pétrole et du gaz.

22. Il est peuplé de Bédouins, Mozabites et Juifs. Des États comme la Tunisie ou le Maroc en réclament des parties. En fait, c'est la colonisation française qui l'a intégré à l'Algérie. Chaque fois que des régions frontalières réclamaient des droits dessus, les gouverneurs de l'Algérie revendiquaient hautement leur souveraineté sur les territoires sahariens, indissociables de l'Algérie française.

23. Entretiens avec l'auteur, le 27 septembre 2002. Olivier Guichard était conseiller technique au Secrétariat général de la présidence de la République en 1969-1960, puis délégué général de l'Organisation commune des régions sahariennes jusqu'en 1962.

conditions. Le 5 septembre 1961, au cours d'une conférence de presse, il reconnaît l'appartenance du désert à l'Algérie dans une de ses formules alambiquées : « Aucun Algérien ne pourrait contester que le Sahara fasse partie de son territoire[24]... »

Cette fois, pense-t-il, le FLN est ferré.

---

24. La citation est : « Il n'y a pas un seul Algérien, je le sais, qui ne pense que le Sahara doive faire partie de l'Algérie et il n'y aurait pas un seul gouvernement algérien, quelle que soit son orientation par rapport à la France, qui ne doive revendiquer sans relâche la souveraineté algérienne sur le Sahara. [...] Si un État algérien est institué et s'il est associé à la France, la grande majorité des populations sahariennes tendront à s'y rattacher. [...] C'est dire que, dans le débat franco-algérien [...] la question de la souveraineté du Sahara n'a pas à être considérée, tout au moins elle ne l'est pas par la France » (Charles de Gaulle, *Discours et Messages*, tome 3, *op. cit.*, p. 240.)

25

Évian, terminus

Les négociations décisives se déroulent aux Rousses[1], dans le Jura, à partir de la fin du mois de janvier 1962. Elles débutent comme un film de Georges Lautner, l'auteur des *Barbouzes*, qui fait fureur à l'époque. Les diplomates français arrivent déguisés au Yéti, un chalet propriété des Ponts-et-Chaussées. Ils sont encagoulés, emmitouflés, avec, sur le toit de leur voiture, plus de skis qu'il n'en faut. Il s'agit de semer les journalistes et, surtout, de déjouer les attentats de l'OAS – une psychose partagée par les deux parties. Louis Joxe mène la délégation française, composée de sept personnes ; et Krim Belkacem celle des sept Algériens[2]. Les Français ont en tête les recommandations de De Gaulle. Il les a tant martelées : « Réussissez ou échouez, mais surtout ne laissez pas la négociation se prolonger indéfiniment... D'ailleurs, ne vous attachez pas aux détails. Il y a le possible et l'impossible[3]. » Que retenir de ce genre de consigne ? Un : dépêchez-vous. Deux : ne négociez pas trop[4]. Trois : sauvez la face... Aux Rousses, les

---

1. Elles vont se tenir les 28 et 29 janvier 1962, et du 11 au 18 février 1962.
2. Côté français deux autres ministres, Robert Buron, Jean de Broglie accompagnés d'experts : Bruno de Leusse, Claude Chayet, Roland Billecart et le général de Camas. Côté FLN, trois autres ministres : Lakhdar Ben Tobbal, Saad Dahlab, Mohammed Yazid, assistés de Mohammed Ben Yahia, Redha Malek et Seghir Mostefaï.
3. Robert Buron, *Carnets politiques de la guerre d'Algérie*, Paris, Plon, 1965, p. 187.
4. L'essentiel avait été négocié auparavant, au cours de contacts secrets entre Louis Joxe, Saad Dahlab et Ben Yahia, près de Bâle les 28 et 29 octobre, le

représentants français vont ainsi naviguer entre ces trois ordres impossibles. Comment les oublier ? De Gaulle est omniprésent. De Paris, il se tient au courant en permanence. Les témoins parlent d'un véritable « harcèlement téléphonique ». Louis Joxe est au rapport plusieurs fois par jour, tandis qu'à l'autre bout du fil le Général veut tout savoir, tout contrôler, tout décider. Il interroge, interrompt et presse toujours plus les négociateurs d'aboutir. Durant ces séances, le Premier ministre Michel Debré tient l'écouteur et prend fébrilement des notes. Le ministre – négociateur – Jean de Broglie se souvient : « J'avais le sentiment que les instructions profondes étaient de signer[5]. » Robert Buron, autre ministre présent aux Rousses, ne s'est pas privé, lui non plus, de critiquer l'impatience du chef de l'État : « Pour le général de Gaulle, l'objectif était la paix. Aux Rousses, il nous demandait de faire des concessions[6]. » Ainsi la délégation menée par Louis Joxe abandonne, une à une, les conditions jugées hier « indispensables », dans le but de satisfaire les exigences du FLN[7]. Et de signer vite. Joxe négocie donc, sans répit, avec Krim Belkacem[8], jusqu'à le

9 novembre, les 9, 23 et 30 décembre 1961 : la mise en œuvre de l'autodétermination ; le référendum d'autodétermination organisé par un exécutif provisoire algérien à dominante FLN. Les nationalistes algériens obtiennent, à cette occasion, la dissolution des conseils municipaux et des conseils généraux et l'algérianisation de la police locale. Ils acceptent le principe de « non-représailles » contre les musulmans profrançais.

5. *Le Monde*, 17 mars 1972.

6. *Le Monde*, 17 mars 1972.

7. Chantal Morelle, Maurice Vaïsse, « Histoire secrète des accords d'Évian », art. cit., p. 50). Ainsi, la procédure de cessez-le-feu sera inhabituelle afin d'éviter de reconnaître le GPRA comme gouvernement, il sera lié aux accords diplomatiques et prendra la forme de deux instructions simultanées à chaque armée. En revanche, les forces françaises, réduites à 80 000 hommes en une année, se maintiendront seulement trois ans en Algérie au lieu des cinq années demandées par les Français. La présence d'une base française à Mers el-Kébir passe de vingt-cinq ans à quinze ans. La France ne peut maintenir que cinq ans ses installations militaires au Sahara et disposer de certains aérodromes. Au Sahara, un régime privilégié est accordé aux sociétés françaises pendant six ans et un organisme technique mixte et paritaire franco-algérien doit être institué. La décision de créer l'exécutif provisoire est prise, reste à s'accorder sur sa composition et sur la force mise à sa disposition, qui doit assurer le maintien de l'ordre pendant la période transitoire. Enfin, les Algériens acceptent un statut de minorité pour les pieds-noirs.

8. Né le 14 décembre 1922 au douar Ait Yahia, près de Dra el-Mizan, Krim Belkacem prend le maquis dès 1947 après avoir été accusé sans preuves du

tirer parfois de son lit pour lui proposer, comme un eurêka, une ultime reculade qui satisfasse les deux parties. Le 19 février, à 3 heures du matin, le ministre des Affaires algériennes propose de couper la poire en deux pour la base de Mers el-Kébir. La durée d'utilisation demandée par la France est de quatre-vingt-dix-neuf ans. Cette nuit-là, un compromis est trouvé : ce sera quinze ans.

Après les Rousses, pour de Gaulle, l'accord est bouclé.

Au Conseil des ministres du 21 février 1962, Louis Joxe présente l'ébauche des futurs accords d'Évian. Elle ne recueille pas l'unanimité ; toutefois ce n'est pas la bronca redoutée par de Gaulle. Michel Debré émet des doutes sur la sincérité des Algériens à appliquer les accords, et il s'inquiète du sort des harkis. Raymond Triboulet, le ministre des Anciens Combattants, regrette la procédure d'accès à l'indépendance et la perte du Sahara. Maurice Couve de Murville se montre pessimiste – et très clairvoyant. Il redoute une « Algérie révolutionnaire et totalitaire avec laquelle la coopération pourrait se révéler difficile ». Mlle Sid Cara, la seule musulmane du gouvernement, est en pleurs. Elle craint les menaces qui pèsent sur les musulmans profrançais. On la console d'une bourrade coloniale sans entendre son cri d'alarme[9]. Qu'importe... De Gaulle est satisfait, lui. Il donne l'impression d'être libéré et balaie d'un revers de la main les critiques : « C'est l'aboutissement d'une crise... Il fallait tenir compte des réalités du monde... C'est une issue honorable...[10] »

Rompez.

---

meurtre d'un garde forestier. Il devient responsable du PPA-MTLD pour toute la Kabylie. Durant l'été 1954, Krim rencontre à Alger les activistes qui veulent passer à l'action et créer une nouvelle force nationaliste. Il rompt avec Messali Hadj et devient le sixième chef historique du FLN, responsable de la zone de Kabylie. En 1958-1959, il domine le FLN comme vice-président du GPRA et ministre des Forces armées. Son rôle militaire décline par la suite ; ministre des Affaires étrangères en 1960, puis de l'Intérieur en 1961, il entame les négociations avec la France, à Évian. En 1962, il tente de s'opposer sans succès à Ben Bella et Boumédiène, puis il abandonne la vie politique, se consacre à ses affaires. Après le coup d'État de 1965, accusé d'avoir organisé un attentat contre Boumédiène, il est condamné à mort par contumace. Il est découvert assassiné, en octobre 1970, dans une chambre d'hôtel à Francfort.

9. *Cf.* Michèle Cointet, *De Gaulle et l'Algérie française, op. cit.*, p. 243.

10. Louis Terrenoire, *De Gaulle et l'Algérie : témoignage pour l'histoire, op. cit.*, p. 247.

Le 7 mars 1962 s'ouvre la seconde conférence d'Évian. Elle débute dans un climat difficile, fait surprenant après les « constructives » négociations des Rousses. Alors que cette rencontre aurait dû n'être qu'une formalité – tout avait été mis au point un mois plus tôt –, il faudra, au lieu des deux ou trois jours prévus, deux semaines pour aboutir. Quinze longues journées. Des centaines d'heures de tension. Un véritable marathon. Les négociateurs travaillent nuit et jour, dans des atmosphères enfumées. Ils carburent au café, se réveillent – toujours – en pleine nuit pour proposer la enième mouture d'un article du projet d'accord. Le manque de sommeil ralentit le travail. La fatigue embue les esprits. Les textes se rallongent, s'alourdissent pour satisfaire les deux parties. À tout moment, alors que l'accord est à portée de main, les Algériens présentent de nouvelles demandes. Lorsque par exemple ils exigent d'« épurer la police », de « nettoyer » l'administration, de tout « algérianiser » ; à leur grande surprise, ils obtiennent satisfaction. Alors, ils poursuivent dans cette – payante – intransigeance. Soucieux de donner des gages de fermeté à ceux qui les critiquent à l'état-major général ou dans l'ALN, ils multiplient alors les demandes. Ils craignent par-dessus tout de voir le pouvoir échapper au FLN une fois l'indépendance acquise ; ils n'auront qu'un objectif durant ce deuxième Évian : se garantir le contrôle exclusif de la République algérienne. Et jamais, sur ce point, les négociateurs français ne les contrarieront. Au contraire, ils favoriseront leur dessein. Toujours de Gaulle qui trépigne dans le dos de Louis Joxe... « À Évian, [De Gaulle] s'exaspérait et s'impatientait des lenteurs[11] », témoignera Robert Buron.

Malgré ces difficultés et ces blocages, un phénomène étrange va se produire au cours de ce deuxième Évian. L'ambiance a changé. Les négociateurs se connaissent mieux. Désormais, ils s'estiment. Le ton, diplomatique au départ, est devenu chaleureux. Les Algériens sont conquis par l'aisance technocratique de la délégation française ; et les émissaires de De Gaulle trouvent en Krim Belkacem, en Benyahia – cet amoureux de Prévert –, en

---

11. *Le Monde*, 17 mars 1972.

Boumendjel – l'avocat « parisien » –, des civils de culture française, et même des libéraux. Louis Joxe est particulièrement apprécié de la délégation algérienne. Il est d'ailleurs, avec eux, dans son meilleur rôle, celui du professeur savant, paternaliste et intarissable. Il aime tant qu'on l'écoute... Et là, insensiblement, au cours de ces deux semaines, l'adversaire d'hier se mue en allié[12]. L'ennemi Joxe se fait conseiller bienveillant. Parfois même, il se met à rêver à haute voix, avec les hommes du FLN, de la future République algérienne. Étrange huis clos où les négociateurs, pris dans une course contre la montre, assiégés par l'opinion, harcelés les uns par de Gaulle, les autres par l'état-major général, Ben Bella et Boumédiène, et liés par leur commune détestation de l'OAS qu'on redoute derrière chaque bosquet, vont se retrouver solidaires. Mieux, alliés.

Ces affinités pèseront dans le résultat final – c'est indiscutable. Ont-elles joué un rôle déterminant dans ce texte, en définitive favorable au FLN ? Ont-elles amoindri la vigilance, le patriotisme, l'ardeur du négociateur Joxe ? Ou bien le ministre des Affaires algériennes s'est-il prêté, et de bonne grâce, à ce jeu dangereux avec l'assentiment de De Gaulle ? Comment le savoir ? Louis Joxe s'est toujours refusé à publier ses Mémoires.

Les accords sont signés le 18 mars 1962. Le cessez-le-feu, décrété le 19 mars. Et le soir même à la télévision, de Gaulle prophétise sur ces « ... deux peuples [...] faits, non pour se combattre, mais pour marcher fraternellement ensemble sur la route de la civilisation[13]. »

La France respire. La gauche applaudit. La droite oublie ses états d'âme Algérie française. La grande presse, unanime, célèbre la paix d'Évian.

Pourtant, l'impeccable édifice s'écroule lourdement à peine quelque jours plus tard, dans l'indifférence générale. Le viol des accords d'Évian est couvert par le fracas du désengagement français. Les accords bafoués sont ignorés du gouvernement, négligés par les envoyés spéciaux qui les encensaient quelques

---

12. Michèle Cointet, *De Gaulle et l'Algérie française, op. cit.*, p. 246.
13. Allocution du 18 mars 1962 in Charles de Gaulle, *Mémoires d'espoir, op. cit.*, p. 133.

jours plus tôt, étouffés par le zèle associé des gaullistes de gauche et du FLN, autoproclamés « bâtisseurs de l'Algérie nouvelle ». L'oukase des dirigeants de Tunis anéantit ces accords d'inspiration « néocolonialiste » – c'est la thèse de l'état-major général. Ben Bella s'abstient, lui, de les attaquer ouvertement, mais dans le programme qu'il fait adopter en mai 1962 au congrès de Tripoli, certains passages, restés confidentiels, proclament la volonté du FLN de revenir sur les accords d'Évian[14].

Un préjugé tenace fera porter la responsabilité de « l'anéantissement » des accords d'Évian à l'OAS. S'il est vrai que la politique de la terre brûlée menée par l'organisation Algérie française a rendu presque irréversible la fracture entre les deux communautés, l'explication est réductrice. Excepté les signataires présents à Évian, la plupart des dirigeants du FLN ne voulaient pas appliquer ces accords. Non reconnus par le droit algérien, il ne furent d'ailleurs jamais considérés ès qualités par l'État algérien[15].

Après le 19 mars, tout bascule. Les hommes d'Évian – des « bourgeois profrançais » selon leurs détracteurs algériens – sont éliminés par l'état-major général et son « parapluie civil », Ben Bella. À la coopération avec la France se substitue un « arabo-islamisme exclusiviste[16] ». C'est vite la débandade : les premiers massacres collectifs de Harkis ; l'enlèvement de milliers d'Européens dans les campagnes et dans les villes ; les règlements de comptes entre vainqueurs ; la cruauté des « marsiens », ces ralliés de la dernière heure ; les charniers du FLN ; les dernières folies de l'OAS ; la course sanglante au pouvoir entre les wilayas, le GPRA de Ben Khedda, le groupe de Ben Bella, et l'ALN de Boumédiène...

Cette indépendance qui ressemble à une fuite, cette décolonisation qui n'en est pas une, elle porte un nom choisi par le général de Gaulle, le « dégagement[17] ».

---

14. *Cf.* Charles-Robert Ageron, « La prise du pouvoir par le FLN », *L'Histoire*, n° 231, avril 1999.

15. *In* Gilbert Meynier, *Histoire intérieure du FLN 1954-1962*, Paris, Fayard, p. 632.

16. *Ibid.*

17. Il emploie ce terme à plusieurs reprises. En particulier dans ses Mémoires, il se déclare « résolu [...] à dégager notre pays de ses entraves outremer » (*Mémoires d'espoir*, op. cit., p. 142).

26

De Gaulle et Louis Joxe :
aveuglement d'État

Le risque majeur dans une telle enquête c'est l'anachronisme.

Le danger, je le sais, c'est cette posture de justicier que prennent parfois les enquêteurs quand ils se penchent sur le passé. Juger ici et maintenant, un demi-siècle après, en négligeant le contexte, en accumulant les charges, et en survalorisant le savoir présent, travers dans lequel tombe parfois ma génération lorsqu'elle se fait juge d'instruction de l'Histoire. Nous en avons eu la démonstration dans l'année 1994, au moment du retour du « refoulé Vichy » et du scandale national provoqué par la révélation du passé « maréchaliste » du président François Mitterrand. J'en fus le témoin, et quelques années plus tard l'auteur d'un livre où déjà je m'inquiétais de cette judiciarisation de l'histoire, de cette manière que nous avons parfois de sommer les anciens de s'expliquer.

De tout cela, j'ai dû me défier – ce fut parfois difficile. J'ai dû tenter de me prémunir de cette jouissance qui permet parfois, à l'investigateur, de saisir au collet le roi qui s'est trompé.

Pourtant, il faut en convenir : les faits d'époque sont accablants. Les témoignages existent. Les archives commencent à s'ouvrir.

Charles de Gaulle et Louis Joxe ont choisi de ne pas voir, de ne pas savoir, de ne jamais considérer les malheurs qu'engendrerait, et très vite, cette décolonisation à la hussarde. Les deux hommes, en effet, ne pouvaient ignorer les faits.

Ils ont délibérément accepté, et fait imposer, deux mensonges.

D'abord, le mensonge des accords d'Évian. Ils avaient bien conscience que ceux-ci étaient mort-nés – tant de déclarations rapportées par les témoins viennent le confirmer. Ils savaient leur caractère dérisoire, purement formel. Ils avaient, on l'a vu, tous les éléments pour penser que le FLN les renierait immédiatement. Une phrase dit tout de l'état d'esprit de l'exécutif alors. De Gaulle la prononce le 21 février 1962, en conclusion de son exposé des accords d'Évian, devant un Conseil des ministres résigné : « Que les accords soient aléatoires dans leur application, c'est certain[1]. » Personne, en effet, au sein de l'exécutif français, ne se berce d'illusions. Surtout pas les négociateurs qui, en privé, sont aussi pessimistes que le président, tandis qu'ils claironnent dans les journaux et à la télévision française sur cette « victoire de la paix. »

Le président de Gaulle et le ministre Louis Joxe savaient alors qu'ils signaient un contrat sans valeur. Avec des interlocuteurs algériens contestés, débordés par les révolutionnaires de Tunis. Robert Buron le confirme : « Nos interlocuteurs [algériens] de 1962, dépassés par les révolutionnaires, n'étaient manifestement plus maîtres du jeu. » Jean de Broglie aussi : « Nous avons accordé plus de crédit à cette délégation qu'il n'aurait fallu. Nous n'avions devant nous ni l'équipe Ben Bella ni l'équipe Boumédiène[2]. »

Dès la fin 1961, le pouvoir français est informé, par ses services, des divisions inquiétantes dans le camp algérien. Des conseillers politiques proches de De Gaulle s'émeuvent. Des ministres grincent des dents. Le Premier ministre, Michel Debré, se gendarme. Il y a surtout, dans la phase finale de la négociation, le spectacle inquiétant que donne le FLN. En mars 1962, à Évian, les négociateurs Buron et Broglie informent[3] de Gaulle et Joxe de cette anarchie.

Et puis il y a cet autre aveuglement d'État.

De même que de Gaulle et Joxe savaient que les accords d'Évian n'étaient qu'un artifice, ils ne pouvaient pas ignorer, vu

---

1. *In* Alain Peyrefitte, *C'était de Gaulle*, tome 1, *op. cit.*
2. Robert Buron, Jean de Broglie, *Le Monde*, 17 mars 1972.
3. *Cf.* les témoignages de Buron et de Broglie. *Cf.* aussi Redha Malek, *L'Algérie à Évian*, Paris, Le Seuil, 1995.

les informations dont ils disposaient, qu'ils offraient l'Algérie à un parti-État qui mènerait le pays vers le totalitarisme. Ils avaient été alertés sur la nature politique du FLN, et de ses composantes dominantes, marxiste et islamiste. De tous les horizons, les mises en garde sur le « totalitarisme » du FLN avaient afflué vers le général de Gaulle.

Celles – on l'a vu – de son entourage immédiat : Michel Debré et Maurice Couve de Murville.

Celles, particulièrement documentées, de Pierre Racine, le directeur de cabinet du Premier ministre, Michel Debré. Ce haut fonctionnaire, pourtant favorable à la négociation, rédige une note datée du 31 décembre 1961 dans laquelle il critique, sans mâcher ses mots, le futur exécutif provisoire. Il redoute que celui-ci soit manipulé par le FLN, au lieu d'être représentatif des différentes tendances de l'opinion algérienne. Il juge dangereuse la brièveté de la période transitoire : de plusieurs années, elle a été réduite à quelques mois, plaçant le FLN dans une situation de domination immédiate sur le pays. De plus, il alerte l'exécutif français sur les affrontements, prévisibles, entre groupes ethniques – Kabyles, Chaouïas et Arabes – et annonce le massacre des harkis[4]...

Sans parler des mises en garde plus anciennes, incessantes de 1954 à 1960 de Jacques Soustelle. Se trompait-il lui aussi, aveuglé par sa récente dérive extrémiste, quand il concluait ainsi son livre – publié à quelques jours de la signature des accords d'Évian ? « Un crime contre l'Algérie et les Algériens, plongés dans un bain de sang sous une dictature de terreur. Un crime contre la France qui se déshonore et qui se voit chassée d'Afrique du Nord et du Sahara. Un crime contre le monde libre, dont un des bastions essentiels tomberait entre les mains des totalitaires. Un crime, enfin, contre l'humanité, car, musulmans, juifs ou chrétiens, bruns ou Blancs, Arabes ou Berbères, descendants d'Espagnols, de Maltais, de Siciliens ou de "Françaouis", des millions d'hommes et de femmes seraient condamnés à la mort ou à l'exode[5] » ?

---

4. AEF 115, *in* Michèle Cointet, *De Gaulle et l'Algérie française, 1958-1962*, *op. cit.*, p. 233- 234.

5. Jacques Soustelle, *L'Espérance trahie*, Paris, éditions de l'Alma, 1962, p. 261.

Les avertissements sur la nature totalitaire du FLN ne se sont d'ailleurs pas limités à l'année 1962. Dès 1956, Albert Camus alerte l'opinion sur ce point[6]. Et de Gaulle le reçoit en mars 1958.

Dès le début des événements, il y a un texte. Il est fondateur et il annonce tout : celui du congrès de la Soummam, à l'été 1956, dans lequel le FLN opte officiellement pour la stratégie du terrorisme.

Il y a la proclamation du GPRA du 19 septembre 1958[7]. Elle permettait déjà de comprendre l'ambition du FLN. Être non seulement un parti-État, comme l'écrit Guy Pervillé, mais un parti-État totalitaire, avec cette manie de tout calquer sur le PC de l'URSS. Et des institutions « inspiré(e)s des statuts du PC de l'URSS. Le gouvernement français, en négociant avec le seul FLN, choisit de fermer les yeux sur ses prétentions sans les reconnaître officiellement[8]. »

Il y a les suppliques des musulmans du bled, messalistes persécutés par le FLN ; elles n'ont pas pu ne pas parvenir à de Gaulle.

Il y a les implorations, puis les protestations des élus musulmans d'Algérie que le Général reçoit à l'Élysée[9].

---

6. Camus pense que le FLN est manipulé par les Soviétiques et par l'Égypte du colonel Nasser. Il soutient ainsi l'intervention franco-nritannique à Suez en 1956. En mars 1958, il confie à Poncet : « Le FLN derrière l'Égypte, c'est le rêve de la renaissance de l'Empire arabe. Et l'Empire arabe, c'est la guerre mondiale. » Comme en Égypte, le FLN a l'intention d'imposer le pouvoir d'un parti unique. Les méthodes du FLN répugnent à Camus ; il note qu'un paysan a expliqué à son frère Lucien « que dans le bled, il est coincé : d'un côté les fellaghas lui prennent ses poules, de l'autre les soldats, en représailles, lui confisquent son orge » (Olivier Todd, *Albert Camus, une vie, op. cit.*, p. 669, 675, 714).

7. Au cours d'une conférence de presse tenue au Caire, Ferhat Abbas annonce la création du GPRA, Gouvernement provisoire de la République algérienne. « Parvenu à maturité, le FLN a pu donner naissance au gouvernement provisoire algérien. Celui-ci de par son origine et sa vocation répond à sa définition en tant que gouvernement. Il se situe au-dessus des nuances partisanes, exprime la souveraineté de tout le peuple ; non l'opinion de telle ou telle fraction, et se place d'emblée au niveau de l'existence étatique internationale. »

8. Guy Pervillé, *Pour une histoire d'Algérie*, Paris, éditions Picard, 2002, p. 258.

9. Au début de 1960, le président de la République, recevant le député de Bône, Portolano, et celui de Blida, Laradji, envisage une solution de partition : l'abandon éventuel du Constantinois. Laradji, qui a perdu une dizaine de membres de sa famille assassinés par le FLN, s'écrie : « Mais nous souffrirons... »

Il y a, jusque chez les patriotes algériens les plus libres, la crainte du FLN. Les textes alarmés du journal de Mouloud Feraoun qui dresse un portrait terrifiant des futurs maîtres de l'Algérie ; et la prise de distance de Kateb Yacine qui refuse l'assimilation du nationalisme algérien à l'unique FLN.

Ces interventions, algériennes ou françaises, intellectuelles ou politiques, mendésistes ou Algérie française, pouvaient diverger sur les solutions au problème algérien ; toutes s'accordaient cependant sur un point : l'Algérie serait totalitaire avec le FLN.

Propos injustes ? Anachroniques là encore ? Les textes sont là. De Gaulle et Joxe ne pouvaient pas ne pas savoir.

Tout les incitait à la prudence. À des accords d'Évian mieux ficelés, véritablement assortis de garanties. À une décolonisation plus exigeante. À ne pas livrer, sans conditions, l'Algérie au seul FLN.

De Gaulle et Joxe étaient loin d'être des politiques ingénus. À qui fera-t-on croire, par exemple, qu'au moment de la signature des accords d'Évian ils n'avaient pas eu l'idée de consulter Tunis, d'obtenir des garanties de Ben Bella ? C'était facile. Ben Bella et ses compagnons étaient emprisonnés au château d'Aulnoy. De Gaulle autorisa des rencontres secrètes, du 30 janvier au 2 février 1962, entre lui et des envoyés du GPRA. Hélas, l'impératif qui commandait alors les chefs français et les chefs algériens était identique. Ce n'était pas la paix et l'établissement de la démocratie en Algérie. Mais la hâte. La hâte FLN de s'emparer du pouvoir, rencontrant celle, gaulliste, *d'en finir*.

Voilà pourquoi ils n'ont pas voulu voir. Pourquoi ils refusèrent l'évidence, blindèrent leur conscience. Et, des deux côtés de la Méditerranée, verrouillèrent cette histoire et sa face noire.

Il fallait mentir à nouveau. Pour de Gaulle se mêlèrent, à ce dénouement algérien, de vieilles histoires dixneuviémistes, les plus inhumaines. La *Raison d'État* qui abandonna les Français d'Algérie, les harkis et le peuple algérien livré au FLN. Le *cynisme d'État* qui crut troquer une chimérique *grandeur* sur le

---

« Eh bien, vous souffrirez ! » répond le président (Claude Paillat, *Dossier secret de l'Algérie*, *op. cit.*, p. 338).

plan international en jetant, dans « les bases-fosses du silence », les sujets de l'Histoire. Et surtout l'*urgence d'État*, l'impatience du monarque pris entre cette peur de mourir et son désir d'aller s'ébrouer à nouveau dans la cour des grands de ce monde. On dira que ces manœuvres, ces zigzags, ces silences relèvent de l'élémentaire machiavélisme des chefs d'État. Pourquoi seraient-ils interdits à de Gaulle ? S'en tenir à cette explication, ce serait négliger les responsabilités immenses du Général. Directes dans la conclusion de la tragédie algérienne. Et indirectes, mais lourdes, dans l'Algérie d'aujourd'hui. Dans son malheur.

27

Des accords de chiffon

De nos jours, on trouve encore chez certains bouquinistes d'élégants fascicules à la couverture jaunie détaillant les accords d'Évian. Ils sont luxueux, bien imprimés, admirablement maquettés. Cent onze articles, seize chapitres, quatre-vingt-douze pages impeccables d'un texte articulé, serré, sérieux. Illisible comme celui de tous les traités. Ces plaquettes étaient diffusées en masse au printemps de 1962 par quelque officine de propagande gouvernementale. Elles sont une aubaine pour les collectionneurs, une relique pour les fétichistes de la guerre d'Algérie – ils sont de plus en plus nombreux et ressemblent aux fêlés de l'histoire napoléonienne. Et une curiosité.

Le texte intégral des accords d'Évian est admirable. Sur le papier, il se rapproche du chef-d'œuvre. On y découvre quatre grands chapitres généreux et juridiques : un accord de cessez-le-feu entre les deux parties ; le décret d'amnistie pris par le président de la République française ; la déclaration générale réglant l'accession à l'indépendance ; et enfin les déclarations de principe, c'est-à-dire les garanties – très convaincantes – accordées à la France et aux Français d'Algérie. Il y est précisé que la métropole accordera à l'Algérie une assistance technique et culturelle, en échange d'un statut particulier par les Français d'Algérie[1] – un

---

1. Face aux décisions du gouvernement algérien qui entreprit une « politique de récupération des richesses nationales », organisant une spoliation légale des biens demeurés « vacants » et nationalisant certains secteurs, le gouvernement français réagit par quelques mesures de rétorsion, mais de Gaulle imposa le

point crucial à l'époque. Les assurances accordées aux pieds-noirs feront d'ailleurs la fierté des négociateurs d'Évian : s'ils désirent quitter le pays, ils sont autorisés à emporter leurs biens et bénéficient de mesures d'aide aux rapatriés. S'ils souhaitent rester en Algérie[2] – ce que suppose et désire le gouvernement français –, ils auront le choix entre deux solutions : devenir algérien ou adopter un statut de résident étranger privilégié. Ils obtiendront aussi une représentation dans les assemblées algériennes, un quota dans l'administration, un régime municipal particulier dans les villes à forte concentration européenne, sans oublier les assurances concernant l'usage de la langue française, la pratique religieuse et l'enseignement. À toutes fins utiles, une association de sauvegarde, représentant les minoritaires auprès des pouvoirs publics algériens, est même prévue. Et, comme si toutes ces garanties n'étaient pas suffisantes, les Européens restant en Algérie auront, nous assurent les accords d'Évian, la faculté de conserver leur statut civil[3]...

Rien ne manquait. Même l'appel à une solennelle réconciliation nationale semblait convaincant. Curieusement, c'est vrai, on ne parle dans ce texte des harkis. À Évian, cette nuit-là, il devait se faire tard, probablement. Les nerfs de Louis Joxe étaient peut-être fragiles ; ou les négociateurs du FLN, surtout Belkacem, plus rigides encore que la veille. On se contenta d'une vague formule[4] *pour ne pas gêner les Algériens...*

Comme ils font sourire – amèrement – ces accords de chiffon, jamais appliqués. Grâce à eux, le drame algérien se dénouerait

---

maintien de l'aide budgétaire, honorant les accords financiers pris à Évian jusqu'en 1970. En outre la coopération culturelle et technique se poursuivit.

2. À l'issue d'une période de trois ans, durant laquelle ils bénéficieront de la double nationalité.

3. Et donc de rester soumis, s'ils le souhaitent, au code civil français pour sa partie relative aux droits de la personne. Il est même instauré, à cet effet, une double juridiction.

4. Dans l'article 2 du cessez-le-feu, « les deux parties s'engagent à interdire tout recours aux actes de violence collective et individuelle ». Dans la déclaration générale, il est précisé que « nul ne pourra faire l'objet de mesures de police ou de justice, de sanctions disciplinaires ou d'une discrimination quelconque en raison d'opinions émises à l'occasion des événements survenus en Algérie avant le jour du scrutin d'autodétermination ou d'actes commis à l'occasion des mêmes événements avant le jour de la proclamation du cessez-le-feu ».

dans la communion des nations. Les deux peuples « allaient marcher ensemble, main dans la main, sur la route de la civilisation » – comme l'avait proclamé de Gaulle.

C'est curieux. Les accords d'Évian, on en parle toujours, sans s'y attarder jamais. On s'incline vertueusement devant eux – qu'on soit étudiant en droit ou conseiller d'État –, mais plus personne ne visite ce monument. Dans cette Atlantide, nul nautile n'ose se perdre ; l'endroit est trop lugubre. Les accords d'Évian gisent là, au plus profond de ce trou noir qu'est la guerre d'Algérie. Ils sont une sorte de *Titanic* aux cuivres piqués par le temps, depuis que les éminences gaullistes ne les astiquent plus. Une machinerie administrative énorme, aux jointures délicates, sur lesquelles une génération d'énarques s'est extasiée durant l'année 1962-1963. Une ruine abandonnée aux fantômes qu'on ne prend plus le temps d'explorer tant elle est grimaçante.

Durant cette enquête, j'ai cherché à me faire expliquer ces accords par un gaulliste intelligent de l'époque. Mais, où que l'on se tourne, on ne trouve personne. Personne pour les défendre, ou simplement vous les expliquer. Quelques mots à peine, confus et expéditifs, dans les *Mémoires* du général de Gaulle[5]. Il y consacre un paragraphe à peine, dont ce raccourci étonnant : « Les accords sont conclus le 18 mars 1962. Il s'y trouve tout ce que nous avons voulu qu'il y soit. » Et il conclut : « Le soir même, j'annonce à la nation que, sous réserve qu'elle y souscrive, le drame est terminé et le problème résolu. » Pour le reste, rien ou si peu, dans le souvenir des principaux protagonistes, Jean Morin, Louis Joxe, Bernard Tricot, Robert Buron ou Jean de Broglie[6]. Aucun plaidoyer, aucune de ces défenses et illustrations ardentes dont les gaullistes de souche sont coutumiers. Pas le moindre exégète pressé de voler au secours de De Gaulle ou de Louis Joxe. Pas un savant, pas le plus petit juriste d'obédience gaulliste pour trouver,

5. Charles de Gaulle, *Mémoires d'espoir*, tome 1, *Le Renouveau (1958-1962)*, *op. cit.*, p. 132-133.
6. Jean Morin, *De Gaulle et l'Algérie, Mon témoignage, 1960-1962*, Paris, Albin Michel, 1999 ; Bernard Tricot, *Les Sentiers de la paix en Algérie*, Paris, Plon, 1972, et *Mémoires*, Paris, Quai Voltaire, 1994 ; Robert Buron, *Carnets politiques de la guerre d'Algérie*, Paris, Plon, 1965 ; Interviews de Louis Joxe, Robert Buron et Jean de Broglie dans *Le Monde*, mars 1972.

de nos jours, la moindre qualité aux accords d'Évian. Rien. Ce ne sont, chez les survivants français de cette laborieuse négociation, qu'explications compassées, circonvolutions juridiques et réponses évasives. Chez les moins timorés, on découvre, au mieux, de l'ironie. Quarante ans après, l'influent Olivier Guichard sourit de la naïveté de Louis Joxe ; et lorsque je l'interroge plus avant, il ne tente pas un instant de défendre « son » de Gaulle d'alors. Sa réponse vaut comme un désaveu – ce qui est rare chez ce fidèle d'entre les fidèles : « À Évian, l'erreur c'était le négociateur choisi par de Gaulle : Louis Joxe... Le Général était trop pressé, il aurait dû garder Pompidou qui avait amorcé la négociation. Il aurait mieux défendu la position française et peut-être mieux résisté à la pression de De Gaulle[7]... » Chez Jean Morin, le dernier délégué général en Algérie[8] – qui faisait le point tous les mois seul face à de Gaulle – on ne trouve guère plus d'enthousiasme. L'homme est trop intelligent, trop serviteur de l'État, avant de Gaulle et après lui, pour être dupe lui aussi[9].

Tout serait simple si les accords d'Évian n'étaient qu'une antiquité. Ils ne mériteraient pas notre intérêt, ni cette plongée juridique, fastidieuse et morbide. Or, s'ils nous entretiennent d'un hier souvent dérisoire, ils nous parlent aussi d'aujourd'hui.

Il suffit de s'attarder sur les péripéties de ces « deux Évian[10] » pour comprendre, bien sûr, la criminelle vacuité des accords, mais surtout l'Algérie contemporaine.

Celle du FLN et de ses généraux qui, avec l'assentiment du couple de Gaulle-Joxe, s'emparèrent alors du pouvoir, spoliant le

---

7. Entretiens avec l'auteur le 27 septembre 2002.

8. Nommé de 1960 à 1962, il quitte son poste après la signature des accords.

9. Haut fonctionnaire, directeur du personnel au ministère de l'Intérieur, au lendemain de la Libération, Jean Morin assiste aux réunions des commissaires de la République autour du général de Gaulle : c'est là que le Général apprit à le connaître. Nommé préfet de la Manche après son départ en janvier 1946, il devient directeur adjoint du cabinet de Georges Bidault en juin de la même année. En juillet 1958, de Gaulle le nomme Igame à Toulouse, avant de le désigner en novembre 1960 délégué général en Algérie. Il le restera jusqu'en mars 1962.

10. Les rencontres secrètes de Melun en juin 1960, la première conférence (ratée) d'Évian en mai 1961, la conférence clandestine de Lugrin en juillet 1961, les dernières négociations secrètes des Rousses et, enfin, la deuxième conférence d'Évian en mars 1962.

peuple algérien de son indépendance. Pendant un an se déroulera la pire des négociations ; elle mènera à la pire des indépendances. Puis à la pire des Algérie.

Tout était déjà dans ce texte.

Et dans ses silences.

La purification ethnique – elle était contenue dans les premières réticences des négociateurs algériens. Elle commença dès le 5 juillet 1962 avec les massacres d'Oran, et ne cessa jamais.

Le massacre des harkis. Il était prévisible, car inscrit dans le déni juridique des supplétifs.

L'oppression des Kabyles, elle aussi, était annoncée. Évian marqua la fin d'une Algérie plurielle – et coloniale évidemment – au profit d'une nation artificiellement unique, et forcément arabe.

La prise de pouvoir d'un parti totalitaire, et de sa branche la plus extrémiste. Elle était aussi, comme on l'a vu, implicite à tous les moments de la négociation[11], dans les bouderies, dans les revirements, dans les retrouvailles opportunes de mars 1962.

Tout y était déjà.

L'Algérie d'aujourd'hui. La pire. Celle des trabendistes, ces trafiquants richissimes, qui ont confisqué les richesses du pays. Celle des « nouveaux caïds » – le concept est d'un ancien chef FLN, Mohammed Arbi – qui ont bloqué toute modernisation

---

11. Les négociateurs gaullistes comprirent assez tôt que le véritable pouvoir était chez les révolutionnaires restés à Tunis – après le coup de force de Tripoli. Les hommes de l'ex-UDMA qui incarnaient la tendance pro-occidentale et la volonté de négociation furent, en effet, écartés du pouvoir lors de la réunion du CNRA, tenue à Tripoli du 9 au 27 août 1961. Ferhat Abbas fut remplacé par Ben Youssef Ben Khedda ; son fidèle compagnon Ahmed Francis et Ahmed Boumendjel, qui avaient participé aux rencontres secrètes avec les Français, durent également céder leur place. Le nouveau ministre des Affaires étrangères, Saad Dahlab, présent lors de la première conférence d'Évian, avait critiqué la faiblesse de ses camarades négociateurs, Ahmed Francis et Ahmed Boumendjel, après les rencontres en Suisse, à Évian et à Lugrin. Le nouveau chef du GPRA ne put être suspecté de modération envers les Français : Ben Khedda était un ancien nationaliste, arrêté au lendemain des débuts de l'insurrection, après la Toussaint 1954 ; libéré en avril 1955 il avait rejoint immédiatement le FLN. Ministre des Affaires sociales dans le premier GPRA, partisan d'une révolution sociale, il manifestait un intérêt certain pour les expériences chinoise et yougoslave. Ses gestes montrèrent d'ailleurs un décalage par rapport à son prédécesseur. Son premier discours fut prononcé en arabe alors qu'Abbas s'exprimait en français.

économique. Celle de la grande et de la petite corruption qui font que des immeubles vieux de dix ans s'écroulent comme des châteaux de cartes à la moindre secousse tellurique, alors que les bâtisses 1900 tiennent. Tout était là, jusqu'à cette clochardisation d'une nation tout entière – celle, en pire, que décrivait Germaine Tillion dans les années 1950. Tout était là, donc. Même le GIA, en germe.

Tout s'annonçait dans cette construction mythique, juridique, totalement factice, ce puissant *hypnotique* collectif que furent les accords d'Évian

CINQUIÈME PARTIE

Les placards de la République

« Hâtez-vous de mourir,
Vous parlerez en ancêtres. »
Kateb Yacine,
L'Œuvre en fragments.

28

Les harkis, *un crime d'État**

Les harkis. Dans le Saint-Raphaël de la fin des années 1970 où j'étais maître d'internat, on les prenait pour des Arabes pas comme les autres, des « Arabes bien » disaient les pieds-noirs installés dans le Var. C'était un temps, un quartier, et un coin du Midi, où l'on croisait alors peu d'enfants immigrés scolarisés. Ils étaient quatre élèves, toujours à l'écart. Pour les autres surveillants, les professeurs et l'administration, ils étaient *sauvages*, *pas liants*. *Taciturnes*, le mot revenait souvent. Alors on les laissait de côté. Leur dortoir était redouté par mes collègues ; trop de chahut, surtout les soirs où, de retour à l'internat, ils enrageaient de ne pas avoir été pris en auto-stop. « Parce qu'ils étaient arabes », m'expliquaient-ils les poings fermés. Ils n'y comprenaient rien – et nous, leurs pions, non plus d'ailleurs. Leurs pères n'avaient-ils pas justement combattu les Arabes en Algérie ?

On disait « harki », sans d'ailleurs savoir ce que signifiait le mot. On devait penser à une bizarrerie génétique, sociale, ou historique... Ils étaient Arabes sans l'être ; Arabes et anti-Arabes en quelque sorte. Je savais bien sûr l'élémentaire, qu'on désignait ainsi les musulmans engagés dans l'armée française. Mais combien avaient-ils été ? Pourquoi avaient-ils choisi la France ? À quoi ressemblaient-ils ? Que pensaient-ils ? Et d'ailleurs où vivaient-ils ? Je l'ignorais. Comme tout le monde.

En ce temps-là encore, on cachait les harkis. Les choses

---

* Sur le sort des harkis, voir annexe 4.

évolueront avec Giscard d'Estaing[1]. La République les avait parqués dans les forêts françaises, en 1962, à la demande du général de Gaulle. Pour la République, ils n'étaient bons que pour le forestage ; elle les installa dans soixante-quinze hameaux forestiers dans le Sud-Est, le Massif central, le Jura et les Vosges – sous l'égide de l'Office national des forêts. Leur nombre était limité : 42 500 personnes seulement furent officiellement rapatriées. Et on leur demanda de se faire oublier, au fond des bois, derrière des barbelés, dans ces petites baraques qu'on avait bâties à la hâte au moment du « dégagement ».

Les harkis étaient 263 000[2] – près de un million avec leurs familles. Les premiers furent recrutés dans les Aurès, fin 1954 ; deux ans plus tard, pour renforcer la « pacification », le gouvernement Mollet développa massivement ces troupes supplétives. Combien furent rapatriés par le gouvernement après l'indépendance ? Cinquante mille tout au plus. Combien ont été massacrés ? Dix mille officiellement, c'est le chiffre des gaullistes et du FLN. Entre cent cinquante et deux cent mille selon certains militaires. Le chiffre le plus crédible selon les historiens est de soixante-dix mille assassinés. C'est le même que celui des juifs de France victimes du nazisme ! L'histoire de ce massacre collectif reste taboue. Il aura fallu quarante ans pour qu'on puisse – à peine – reconnaître l'existence des harkis, ce million d'Algériens restés fidèles à la France[3]. Quarante ans. Trois générations désespérées

---

1. La loi du 9 décembre 1974 considère les anciens supplétifs ayant servi la France en Afrique du Nord comme étant des militaires auxquels s'applique le code des pensions militaires d'invalidité.

2. Selon un rapport de l'ONU, cité par Benjamin Stora, *Histoire de la guerre d'Algérie*, Paris, La Découverte, 1992, p. 80. À l'origine, les harkis étaient les membres d'une *harka* (mot arabe signifiant « mouvement »), soit une unité d'auxiliaires musulmans de statut civil rattachée à une unité militaire française en Algérie, unités qui ont été créées en avril 1956. La définition officielle d'un harki, aujourd'hui, est une personne d'origine algérienne ayant servi dans les forces supplétives de l'armée française en Algérie entre le 31 octobre 1954 et le 2 juillet 1962. Par extension, on est même venu à désigner ainsi tous les « Français musulmans » qui ont servi sous le drapeau français pendant la guerre d'Algérie.

3. Après de multiples manifestations, en 1994 le gouvernement a édicté un projet de loi assurant le versement d'une indemnité aux anciens harkis. Le 25 septembre 2001, un hommage solennel fut rendu à la communauté par l'inauguration d'une plaque dans la galerie de la cour d'honneur de l'hôtel des

avec pour seule marque de reconnaissance une plaque planquée dans un couloir des Invalides, et une journée d'hommage passée inaperçue. Mais pis encore que les barbelés derrière lesquels on les parqua, j'allais prendre la mesure, dans cette enquête, de l'ampleur et des conditions de cette extermination cachée, et toujours niée.

Peut-être est-ce trop tôt ? Ou trop tard, comme pour Vichy ? Il aura fallu cinquante ans pour que le crime d'État de Vichy vienne troubler les consciences et la vie politique de ce pays. Quand éclatera la bombe harkie ?

Le massacre des harkis se déroule, pour l'essentiel, de mars 1962 au début de 1963 – on signalera toutefois des camps de prisonniers harkis, en Algérie, jusqu'à la fin des années 1960. Il débute sitôt les accords d'Évian signés. Il fut d'une sauvagerie inouïe. Il ne s'agissait pas de règlements de comptes, ni même, comme certains milieux anticolonialistes ont tenté de le faire admettre, d'une « épuration » semblable à celle que la France connut après la Libération, mais d'une extermination systématique, comme le FLN en perpétra – en modèle réduit si l'on peut dire – à Melouza en 1957. On crève les yeux des adjudants profrançais. On plonge les sous-lieutenants[4] dans des chaudrons d'eau bouillante. De village en village, on offre les harkis à une population déchaînée. Certains récits décrivent des lambeaux de chair qu'on leur arrache et qu'on les oblige à manger. On empale des familles entières ; et on les jette sur des tas de fumier à la vue de la population. On pend, on embroche, on brûle vif. L'ALN attire les « repentis » par des promesses pour finalement les exécuter sauvagement. Les directives de l'ALN, tombées entre les mains de l'armée française, sont édifiantes : « Se montrer conciliant envers les harkis afin de ne pas provoquer leur départ en métropole, ce qui leur permettrait d'échapper à la justice de l'Algérie indépendante. Les valets du régime ne trouveront le

---

Invalides à Paris (*cf. supra*). En 2002, le gouvernement a reconduit la Journée d'hommage national.

4. *Cf.* Raphaël Delpard, *Les Oubliés de la guerre d'Algérie*, Paris, Michel Lafon, 2002.

repos que dans la tombe. » Partout dans le pays, les camps de harkis prolifèrent, les charniers se multiplient. Dans l'indifférence des officiels français et algériens.

Ce fut une inquisition terrifiante. Sans Torquemada. Sans le rituel cruel, mais codifié, de l'Inquisition catholique. Une autre inquisition, mais revue et corrigée par le rêve « révolutionnaire » – mi-marxiste, mi-islamiste – d'accoucher de l'Homme nouveau. Il s'agissait de haïr les corps, et les chairs ; de faire expier les harkis ; de les rendre méprisables ; de les avilir avant de les détruire. L'éradication des harkis sera cette folie meurtrière : la volonté d'effacer *la faute française.*

À cette simple question : combien de harkis ont été exterminés, il fut longtemps impossible de trouver une réponse.

Dans les années 1960, Jean Lacouture, apprécié pour ses reportages sur la guerre d'Algérie, évoquait le chiffre de dix mille victimes, estimation proche de celle du gouvernement algérien et de l'armée française. Tandis que les sources proches des militaires parlaient de deux cent cinquante mille disparus !

Cette amplitude des chiffres laisse songeur... Elle est aussi idéologique que la « guerre des bilans » qui fait rage à propos de la guerre d'Algérie. Les partisans de l'Algérie française ont eu tendance à surestimer ces chiffres, tandis que les amis de la Révolution algérienne les ont toujours, bien sûr, sous-estimés. Dans le cas des harkis, le bilan officiel – celui de l'armée française et des Algériens – a été, en effet, sous-estimé, c'est flagrant désormais. En vérité, ce chiffre scandaleusement faux a exercé une fonction politique et symbolique. Il fallait, pour faire disparaître ce génocide, le banaliser. Dix mille disparus, c'est lourd pour une guerre civile, mais c'est bien le prix d'une Libération, le nécessaire pour une épuration algérienne. Dix mille disparus, c'est comme par hasard le bilan des victimes de l'épuration française ; et l'on retrouve là la mythologie résistancialiste appliquée à la Révolution algérienne. Avec ce chiffre, on considéra qu'il n'y eut pas d'extermination des harkis, mais simplement une accumulation de règlements de comptes, une justice peut-être expéditive, une ordinaire exultation postcoloniale.

Les archives algériennes sont toujours cadenassées ; les archives françaises presque autant. Aucune étude de comptage vraiment fiable n'a été entreprise au moment des faits. Cette tâche macabre, mais combien nécessaire, des spécialistes se sont attachés à la mener ces vingt dernières années. En 1977, le général Porret, chef du service historique des armées, avançait le chiffre de cent cinquante mille morts[5]. Une autre étude, menée par le sous-préfet d'Akbou en 1962, dénommée « rapport Robert », recense entre cent cinquante mille et deux cent mille victimes. Il s'agit de la seule enquête sérieuse de terrain. Elle est cependant partielle. Le sous-préfet Robert a abouti à ce chiffre en partant du nombre de victimes harkies dans l'arrondissement d'Akbou qu'il administrait, et en l'étendant aux soixante-douze arrondissements de l'Algérie sous administration française. L'ouvrage de Maurice Faivre, *Archives inédites de la politique algérienne*, fait, lui, état de cinquante mille à soixante-dix mille exécutions perpétrées entre mars 1962 et décembre 1966. En 1998, l'universitaire Jean-Jacques Jordi, lors d'un colloque consacré à « La réécriture de l'Histoire », a également retenu le chiffre de soixante-dix mille victimes. Un consensus semble s'établir chez les historiens français : entre soixante mille et quatre-vingt mille assassinats au début de la Révolution algérienne.

On a coutume de se débarrasser de l'affaire harkie avec cette formule dite sur un ton désolé : « La France a laissé tomber les harkis. » Et puis rien. Rideau. Circulez, y a rien à voir, les harkis c'est une cause pour Le Pen... Peu d'études... À peine quelques mentions sur le massacre des harkis dans les histoires générales de la guerre d'Algérie. Comme si ce minable aveu tenait lieu d'explication ou de justice. Comment, pour ma génération, née de la guerre d'Algérie, se contenter de cette hypocrite repentance ? Continuer à se taire devant un tel déni ?

J'ai voulu en savoir plus sur la mécanique d'État qui rendit possible une telle extermination. À travers les comptes rendus des Conseils des ministres ; les délibérations du Comité des affaires algériennes ; les télégrammes confidentiels circulant entre l'armée et le gouvernement entre février 1962 et novembre de la même année ; en explorant le remarquable travail d'archives du

5. Selon Frédéric Médard, *in La Guerre d'Algérie Magazine*, n° 6.

général Faivre, j'ai cherché ce qui se tramait derrière la fugitive explication : la France a laissé tomber les harkis. J'ai voulu savoir « qui » avait laissé tomber les harkis. Pourquoi « on » avait laissé tomber les harkis ? Qui était ce « on » ? À quel échelon se situait-il, du côté français ? L'Histoire, la mémoire, la plus élémentaire justice méritent mieux que cette formule confuse et inacceptable, ânonnée par les autorités françaises depuis quarante ans.

Aux commandes du massacre, il y a bien sûr l'acteur du crime : le FLN. Un pouvoir déchiré, divisé, convulsif, tiraillé entre les modérés et les jusqu'au-boutistes civils et militaires ; dépassés par les ralliés de la dernière heure, mais réunis par ce même désir de vengeance expiatoire à l'égard des harkis, qui tient lieu de première politique.

Et puis il y a les autres responsabilités. Elles sont françaises. Et accablantes.

D'abord, il y a l'*abandon* des harkis. Il est réel, bureaucratique, inhumain, prouvé à chaque étape de leur calvaire, dans le printemps de 1962. Ensuite il y a bien pire, j'allais le découvrir...

Les harkis sont « abandonnés » juridiquement, au moment des accords d'Évian. En effet, les musulmans partisans de la France n'y sont jamais explicitement mentionnés. Il est seulement fait référence à un principe d'amnistie.

Les harkis sont aussi « abandonnés » administrativement. Rien n'a été prévu pour eux. On leur avait promis un « avenir français ». L'armée s'y était engagée ; les politiques avaient acquiescé. Or, à quelques jours de la signature des accords d'Évian, rien n'est prévu pour ce million d'hommes, dont tout le monde sait qu'ils seront menacés par une indépendance imminente. Le 21 avril, le général Ailleret, chef des armées en Algérie, s'émeut dans un télégramme – secret urgent[6] – de leur sort auprès du ministre des Armées Pierre Messmer. Paris s'intéresse enfin à eux. Le 8 mars – soit dix jours seulement avant la signature des accords et le début du massacre –, le ministre des Armées donne ses directives. Les supplétifs vont être démobilisés et recevoir une

---

6. Voir Maurice Faivre, *Les Archives inédites de la politique algérienne*, *op. cit.*, p. 391.

prime de retour à la vie civile. Un tract de l'état-major vante alors en ces termes ce généreux « recasement » : « Ainsi vous n'aborderez pas la vie civile comme l'enfant nouveau-né aborde la vie » !!! C'est cette forme de licenciement que les harkis, pour une grande part, finiront par accepter. Deux autres formules leur sont proposées : ils peuvent bénéficier d'un contrat de réflexion de six mois, sans armes. Ou bien signer un engagement dans les armées, à condition d'en être reconnus aptes. Il est prévu quelques repliements de harkis particulièrement « menacés » mais au compte-gouttes – quelques milliers de places dans des camps militaires, en métropole[7]. Par ailleurs, l'instruction du ministre des Armées souligne les difficultés de l'adaptation en France d'un harki et de sa famille. Si une demande en ce sens est manifestement justifiée, elle ne leur sera pas refusée, mais – tenez-vous bien : « ceux qui choisiraient cette voie devront faire l'objet de la constitution d'un dossier prévu dans une note à paraître ».

Les dossiers et les procédures étant complexes, les embûches si nombreuses, les familles n'étant pas les bienvenues, beaucoup de harkis se découragèrent. L'installation en France « ne devrait être engagée que si le maintien en Algérie se révélait impossible », expliquait alors Robert Boulin, qui, le 30 mai 1962 – alors que les massacres étaient patents – estima nécessaire le retour de seulement cinq mille harkis[8].

Les harkis sont également abandonnés militairement. Au lendemain du 19 mars, le gouvernement entreprend dans l'urgence la démobilisation massive des forces supplétives. Ce qui retient l'attention dans cette panique, c'est l'ordre stupéfiant donné aux militaires français[9]. Il faut, disaient les directives, « désarmer en douceur les harkis ». Désarmer en douceur les harkis... Cette simple consigne administrative, distribuée dans toutes les casernes, en dit long sur la connaissance que les autorités françaises avaient d'un drame prévisible. N'est-ce pas le plus cinglant

---

7. Au total, 43 000 réfugiés furent évacués d'Algérie par l'armée française entre 1962 et 1970 (la moitié en 1962).

8. Le 30 mai 1962. Cité par Guy Pervillé, « La tragédie des harkis : qui est responsable ? », *in L'Histoire*, n° 231, avril 1999.

9. *Cf.* liste des directives dans Maurice Faivre, *Les Archives inédites de la politique algérienne, op. cit.*, p. 135.

aveu d'un abandon délibéré par la France ? Ainsi démobilisés à partir du 19 mars 1962, des dizaines de milliers de harkis errèrent ainsi à travers l'Algérie, abandonnés à eux-mêmes, sans protection pendant plus de deux mois. Terribles semaines où les massacres se poursuivirent dans l'indifférence des officiels français et l'impuissance de l'exécutif provisoire. Parfois pire encore : « Pendant que se déroulent les massacres, les militaires français ont pour consigne de rester l'arme au pied... » Le 24 août 1962, dans une note sur la protection des harkis, l'état-major Interarmées précise qu'il ne faut « procéder en aucun cas à des opérations de recherche dans les douars de harkis ou de leurs familles ».

Ce n'est qu'un mois (!) après avoir été informé des premiers massacres de harkis que le gouvernement commence enfin à évoquer un « plan de sauvetage ». Une directive du 11 avril met en place un processus qui permettra à quelques milliers de supplétifs pourchassés de trouver refuge en France. Mais il est minimal, encadré par des conditions draconiennes, très limité. Alors comme il n'est pas à la mesure de l'événement dramatique, qu'il tarde à se mettre en place, l'émotion gagne l'armée et les pieds-noirs. Des filières clandestines s'organisent vers la France – en particulier grâce à des officiers de SAS[10] voulant sauver « leurs hommes », à l'exemple du général Meyer qui sauva lui-même trois cents harkis. Devant la multiplication des meurtres, ces militaires français – les hommes les plus en phase avec le terrain militaire – commencent à désobéir aux ordres de Paris.

Alors quelque chose de proprement stupéfiant va se passer, à Paris justement.

À l'Élysée, durant les Conseils des ministres de mai 1962 – comme durant les séances du décisif Comité des affaires algériennes –, on va se gendarmer. On va partir en guerre... Mais

---

10. Les sections administratives spécialisées (600, en mai 1958) sont chargées d'encadrer et de répondre aux besoins des populations rurales sous-administrées. Les missions de l'officier de SAS sont multiples : surveillance et recensement de la population, maintien de l'ordre, mais aussi distribution des pensions et retraites, ouverture de chantiers, d'écoles, de centres sociaux, développement de l'artisanat et de l'économie locale, accueil des centres médicaux itinérants, etc.

paradoxalement, pas contre les assassins des harkis. Non plus pour protester hautement contre le « viol » des accords d'Évian auprès de l'exécutif provisoire, ou des chefs du FLN. Mais contre l'armée française, ses officiers indisciplinés qui osent sauver des harkis au mépris du règlement. Contre l'armée, oui, et son mauvais esprit, son reliquat de putschistes qui « menacent la paix en Algérie », comme le répète de Gaulle. Tandis qu'une entreprise de sauvetage, spontanée, élémentaire, commence à se mettre en place, le principal souci de l'État, concernant les harkis, consiste à sanctionner les militaires qui leur sauvent la vie !

Le 12 mai, le ministre des Affaires algériennes Louis Joxe diffuse donc un brutal rappel à l'ordre[11] : « Pas de rapatriement hors du plan prévu ; renvoi, en principe, des anciens supplétifs en Algérie, prise de sanctions appropriées contre les complices de ces entreprises... », mais aussi : « éviter de donner la moindre publicité à cette mesure ».

Dans cette chaîne de responsabilités, on trouve une figure prestigieuse, le général Buis[12], collaborateur jusqu'à sa mort du *Nouvel-Observateur*. Longtemps, Buis fut, pour la gauche, l'incarnation de l'armée vertueuse, avec le général Paris de Bollardière. Glorieux capitaine de Leclerc, son char entre parmi les premiers à la porte d'Orléans en août 1944. Ce traîneur de sabre est un littéraire. Un intellectuel. Et de gauche ! Il est pourtant à l'origine de ces deux télégrammes criminels : c'est lui qui donna l'alerte. Le 12 mai 1962, soit quatre jours avant les télégrammes de Joxe et Messmer, il ordonna à l'inspecteur général des SAS de faire en sorte que ses officiers « s'abstiennent de toute initiative isolée destinée à provoquer l'installation des Français musulmans en métropole[13] ».

Au même moment, Roger Frey, le ministre de l'Intérieur, affole le gouvernement : « Des groupes de harkis s'apprêtent à rentrer dans des conditions assez anarchiques... Il est probable qu'ils ont

---

11. Contribution du général François Meyer *in* Maurice Faivre, *Les Archives inédites de la politique algérienne, op. cit.*

12. Alors colonel et chef du cabinet militaire du haut-commissaire Christian Fouchet.

13. Cité par Guy Pervillé, « La Tragédie des harkis : qui est responsable ? », art. cit.

été incités à franchir la Méditerranée sans qu'ils aient été précisément menacés... il y a là un danger certain. »

Le 21 juin, le Comité des affaires algériennes interdit les opérations « de secours humanitaire, de sauvetage », hormis évidemment les cas de légitime défense. Il est vrai que – comme le relève le général Meyer – pour Louis Joxe, « la situation dans le bled est calme », ainsi qu'il le déclarait le 25 avril...

Le 15 juillet 1962, alors que les massacres de harkis font la une des journaux, le ministre d'État Louis Joxe hausse le ton dans une nouvelle directive. Il annonce que : « Les supplétifs débarqués en métropole en dehors du plan général seront renvoyés en Algérie. »

Le 19 juillet, Pierre Messmer, ministre des Armées, réclame l'arrêt des transferts en France. La capacité des camps mis à disposition est épuisée. 11 486 personnes ont été recueillies, soit trois ou quatre mille anciens supplétifs, avec leurs familles. Le ministre ajoute : « Les intéressés ayant eu le temps d'apprécier les conditions de leur reconversion en Algérie, les options pour la métropole ne devraient plus être le fait que de très rares individus. »

Le 4 août, le général de Montbrison, commandant supérieur à Alger, informe le ministre des Armées de la poursuite des massacres : « L'épuration se poursuit avec une violence accrue. » Le général de Brébisson « demande instamment d'autoriser les embarquements pour la France », car ses camps d'accueil sont débordés. Dans sa réponse du 6 août, le ministre Pierre Messmer lui rappelle que les possibilités d'accueil dans les armées sont provisoirement épuisées. Le 11 août, le général de Brébisson renouvelle sa demande. En vain.

À l'origine de cet aveuglement du pouvoir français, il y a trois textes. Trois télégrammes restés longtemps enfouis, et qui constituent la matrice du crime d'État, et où l'on découvre que, pis encore que l'abandon, la France mena une politique d'entrave au sauvetage systématique des harkis.

Le premier télégramme est daté du 16 mai 1962. L'auteur en est le ministre d'État chargé des Affaires algériennes, Louis Joxe. Il est classifié n° 125/IGAA avec mention ultra-secret/strict.confidentiel : Ministre d'État Louis Joxe demande au Haut

Commissaire rappeler que toutes initiatives individuelles tendant à l'installation métropole des Français Musulmans sont strictement interdites. En aviser urgence tous chefs SAS et commandants d'unité.

Le même jour, ce 16 mai 1962, le ministre des Armées Pierre Messmer envoie un ordre identique au commandant supérieur de la ville de Réghaiai. Il est classifié n° 1334/MA/CAB/DIR[14] :

Il me revient que plusieurs groupes d'anciens harkis seraient récemment arrivés en métropole.

Renseignements recoupés tendent à prouver que ces arrivées inopinées sont dues à initiatives individuelles certains officiers SAS.

De telles initiatives représentent infractions caractérisées aux instructions que je vous ai adressées.

Je vous prie d'effectuer sans délai enquête en vue déterminer départ d'Algérie de ces groupes incontrôlés et sanctionner officiers qui pourraient en être à l'origine.

En veillant application stricte instructions qui ont fait l'objet de votre note de service n° 1013 : CSFA/EMI/MOR du 11 avril, informer vos subordonnés que, à compter du 20 mai, seront refoulés sur l'Algérie tous anciens supplétifs qui arriveraient en métropole sans autorisation de ma part, accordée après consultation départements ministériels intéressés.

L'instruction de Messmer ne reste pas lettre morte. En juin 1962, des harkis sont arrêtés à Marseille, et renvoyés en Algérie. À Beni-Bechir, des moghaznis, se trouvant à bord d'un cargo français accosté à Philippeville, sont débarqués par des soldats algériens sans que les militaires français interviennent. Ils sont ensuite fusillés place Marquet, à proximité du port. Les exemples sont nombreux de telles abominations perpétrées sous les yeux de l'armée française. Elle avait des ordres[15]. Pierre Messmer a confié, en 2002, avoir demandé au général de Gaulle au mois de juin 1962 « l'intervention de l'armée à trois endroits différents pour faire cesser les exactions commises par le FLN. Le Général m'a dit : il n'en est pas question, vous allez recommencer la guerre d'Algérie ».

---

14. Citée par Boussad Azni *in Harkis, crime d'État*, Ramsay, 2001.
15. *Le Point*, 8 février 2002, n° 1534, p. 48.

Deux mois après, le ministre d'État Louis Joxe part à nouveau en guerre contre les rapatriements sauvages de harkis dans une directive du 15 juillet 1962. Il menace : « Les supplétifs débarqués en métropole en dehors du plan général seront renvoyés en Algérie. »

Durant l'été 1962, la position française évolue sous l'influence de l'ambassadeur de France en Algérie, un grand gaulliste, Jean-Marcel Jeanneney. Installé le 6 juillet 1962, Jeanneney contra la ligne d'indifférence inspirée par De Gaulle et Joxe. Il organisa des regroupements, procéda à des transferts. Les premières protestations officielles françaises suivirent, en août 1962. Est-ce la pression de l'opinion, de la presse, des militaires... ? Le 19 septembre, le Premier ministre Georges Pompidou ordonne par une note « d'assurer le transfert en France des anciens supplétifs menacés ». Le rapatriement des harkis peut reprendre, mais l'ordre arrive bien tard. Et surtout, il est mystérieusement détourné de son objectif[16]. Après avoir été « expurgé » par le ministre des Armées, il se voit restreint aux seuls Européens d'Algérie. Ce qui amène le prudent général Faivre à s'interroger sur ce « détournement administratif » : « Tout se passe encore une fois comme si une autorité extérieure aux armées édictait des consignes négatives[17]. »

Nouveau tour de vis. À l'automne 1962, alors que les demandes de rapatriement augmentent de manière alarmante, le gouvernement

---

16. De nouvelles divergences apparaissent entre Georges Pompidou, le ministre des Armées et le commandant supérieur au sujet de la politique d'accueil. Après avoir reçu Mgr Rodhain, le pasteur Boegner et M. de Bourbon-Busset, le Premier ministre invite le ministre des Armées à « assurer le transfert en France des anciens supplétifs qui sont venus chercher refuge sous la menace des représailles de leurs compatriotes » (1H 1260-2584).
Cependant l'IPS du ministre des Armées du 29 septembre ne traite que de la protection des Européens. Le commandant supérieur renouvelle le 20 octobre ses directives restrictives : « Les possibilités d'absorption de la métropole étant largement saturées, il convient de suspendre dès maintenant toute nouvelle admission dans les camps. » Les cas exceptionnels doivent être soumis au commandant supérieur (1H 1260). Le général Moullet, chef du cabinet militaire, lui enjoint le 23 octobre de ne plus faire de promesses de transfert (1R 336/8) (Maurice Faivre, *in Les Archives inédites de la politique algérienne 1858-1962*, *op. cit.*, p. 141, 142).
17. *Ibid.*

français décide de suspendre toute nouvelle admission, ainsi que de conserver à l'accueil accordé un caractère facilement révocable. Le 23 octobre, le ministre des Armées annonce que plus aucune promesse de transfert ne devra désormais être faite aux musulmans qui demandent la protection de l'armée[18].

Au-delà de ce que nous imaginions, il y avait donc autre chose. Pire que cet « abandon ». Un crime d'État. Et il est français. Il y a donc eu, non pas comme nous l'a fait croire l'Histoire officielle, des promesses trahies, des égoïsmes d'État, ou un accident de l'Histoire. Mais une politique menée de Paris. Elle est délibérée, constante, comme on l'a vu, et impulsée au plus haut niveau de l'État. Elle est le plus souvent implicite, purement administrative, apparemment banale, comme tous les « crimes de bureau ». Parfois pourtant la vérité éclate, sans fard, à travers un simple acte administratif, comme ces trois télégrammes « secret urgent » signés Joxe et Messmer.

C'est bien d'un crime d'État dont il est question. Ces archives, ces instructions ministérielles, ces allers et retours de télex, ainsi que toutes ces délibérations du Comité des affaires algériennes sont là – enfin – pour l'attester. D'un crime contre l'humanité – l'extermination des harkis en a, hélas, toutes les caractéristiques[19] – auquel la France apporta son concours. Il est indirect, complexe, aussi sinusoïdal et administratif que le furent les « crimes de bureau », perpétrés par la police de Bousquet sous Vichy. Certes il n'est pas comparable – l'Histoire ne se répète jamais – mais relève de la même logique d'État, criminelle et bureaucratique.

---

18. Dix mille personnes sont rapatriées au cours du second semestre de 1962, 15 000 le seront en 1963, 5 000 en 1964-66 (dont les prisonniers libérés à la demande du gouvernement français) auxquels s'ajoutent 2 300 engagés démobilisés au camp de Sissonne (10 000 personnes avec les familles), et sans doute 40 000 rapatriés sans aide officielle : soit au total 90 000 rapatriés musulmans. Maurice Faivre, *in Les Archives inédites de la politique algérienne 1858-1962, op. cit.*, p. 141, 142.

19. Selon la définition établie lors du procès de Nuremberg : « Assassinat, extermination, réduction en esclavage, déportation et tout acte inhumain commis contre toute population civile [...] ou persécution pour des motifs politiques, raciaux ou religieux [...]. »

Alors qui ?

Où situer, précisément, les responsabilités françaises dans le génocide harki ? Où la mécanique d'État s'est-elle enrayée ?

Les archives déterrées récemment par le général Faivre méritent le détour. Elles confirment les pires présomptions sur la responsabilité de Louis Joxe dans l'affaire harkie. Le ministre d'État, chargé des Affaires algériennes, tenait véritablement le rôle de premier ministre pour tout ce qui concerne l'Algérie. Qu'il s'agisse des accords d'Évian ou du sort des supplétifs musulmans, il court-circuitait ses deux premiers ministres – Michel Debré puis Georges Pompidou. Avec l'assentiment du général de Gaulle, il avait pris le pas sur les autres ministres. Et particulièrement sur le ministre des Armées, Pierre Messmer, qui appliqua, en traînant les pieds, la « ligne Joxe ». Le ministre des Armées, n'ayant pas obtenu de protestation solennelle du président[20] sur le destin des harkis, reconnut plus tard que « pour les soustraire aux vengeances qui les menaçaient le seul moyen vraiment efficace était de les transporter en France avec leur famille[21] ».

Ainsi pour contrarier l'exode des harkis, Louis Joxe fit verrouiller l'armée, sanctionner les indisciplinés, surveiller la stricte exécution des instructions restrictives, et, par exemple, proscrire les opérations de recherche de harkis dans les douars.

Averti des massacres, il fut, comme toujours, le fidèle exécutant de De Gaulle.

Car l'inspirateur de la « politique harkie », c'est bien de Gaulle. Pas un instant ce n'est le Premier ministre – tout juste pourrait-on reprocher à Michel Debré d'avoir été « imprévoyant » durant son passage à Matignon, en n'anticipant pas sur un repliement des harkis ; ou à Georges Pompidou d'avoir eu des sentiments humanitaires à l'égard des supplétifs qui se révélèrent inconséquents. Les harkis, c'est « de Gaulle en direct », comme on dit dans les rouages de l'État. Sur ce sujet comme sur toute chose algérienne, le président non seulement inspire la politique comme le veut la

---

20. Selon Guy Pervillé, *op. cit.*
21. Pierre Messmer, *Après tant de batailles*, Paris, Albin Michel, 1992 ; *Les Blancs s'en vont*, Paris, Albin Michel, 1998.

toute fraîche Constitution de 1958, mais la conduit. Et la contrôle jusqu'au moindre détail. Dès le 25 janvier 1962, alors que le flux de rapatriés européens grossit, il donne ses instructions au Conseil des ministres : « On ne peut pas accepter de replier tous les musulmans qui viendraient à déclarer qu'ils ne s'entendront pas avec leur gouvernement ! Le terme de rapatriés ne s'applique évidemment pas aux musulmans ; ils ne retournent pas dans la terre de leurs pères ! [...]. » Le 3 avril 1962, il lance à cette même table du Conseil : « Les harkis... ce magma qui n'a servi à rien et dont il faut se débarrasser sans délai. » « Le magma », ce mot terrible prononcé devant les ministres au garde-à-vous – on ne plaisante pas dans les Conseils des ministres – vaudra consigne.

En détaillant cet *abandon* des harkis par de Gaulle, on peut distinguer trois motivations. Elles furent longtemps indicibles, et elles saisissent d'effroi quand on croit les avoir mises à nu.

La première « crainte » de De Gaulle, c'était qu'à cause d'un « imprévu » la paix en Algérie ne puisse se conclure. Or les harkis comme les pieds-noirs étaient bien ce grain de sable qui risquait de venir enrayer la belle – et artificielle – mécanique des accords d'Évian.

La deuxième découle de la première. Au printemps et à l'été 1962, cntrc de Gaulle et le FLN, comme entre Joxe et le GPRA, va s'établir une connivence. Ils ont les mêmes objectifs à court terme, le même empressement à conclure, et, de fait, adversaire commun, l'OAS, les pieds-noirs et les harkis, ce « magma ».

Et puis il y a une autre motivation, peu glorieuse et occultée par l'historiographie gaulliste. Les préjugés dix-neuviémistes de De Gaulle. Sa volonté farouche de préserver une France blanche, en rupture avec une conception moins ethnique, véhiculée par la IIIᵉ République. Le refus d'une « invasion algérienne » : « Nous ne devons pas nous laisser envahir par la manœuvre algérienne, qu'elle se fasse passer ou non pour des harkis ! Si nous n'y prenions garde, tous les Algériens viendraient s'installer en France[22] ! » Ou encore « Colombey-les-Deux-Mosquées » et autres grâces... En clair, le racisme de De Gaulle. S'agissant

---

22. Alain Peyrefitte, *C'était de Gaulle*, tome 1, *La France redevient la France*, Paris, Fallois/Fayard, 1994, p. 196.

des harkis, dans les conversations du Général, les notations méprisantes, ridicules, toujours inhumaines, fourmillent : « Des Français, ces gens-là ! Avec leurs turbans et leurs djellabas[23]... »

Jusqu'au bout du génocide harki, de Gaulle reste intraitable, contrairement à Pompidou et à Messmer. Rien en dehors du plan ! Aucun harki ne doit dépasser du rang ! Même lorsque la machine à tuer les harkis tourne à plein régime, en juillet 1962, ces affaires sont, pour lui, de la responsabilité du gouvernement algérien, en violation de l'esprit et de la lettre des accords d'Évian. Dès lors, jamais le problème harki ne fut abordé ni au Conseil des ministres ni au Comité des affaire algériennes[24]. Jusqu'en janvier 1963, alors qu'il est encore possible de tirer des geôles algériennes des milliers de harkis, de Gaulle s'obstine dans sa criminelle attitude.

Ainsi de Gaulle savait. Et il a laissé faire.

Joxe lui aussi savait pour les harkis ; et il a entravé, en connaissance de cause, leur véritable sauvetage.

Les Premiers ministres successifs savaient. Dès les premiers massacres de harkis de mars et avril 1962, les gouvernants français furent informés[25].

L'armée savait. Les chefs militaires savaient, comme les officiers et la troupe. Le général Ailleret, commandant supérieur en Algérie, révélera dans ses *Mémoires* posthumes[26] « qu'il était certain que les harkis auraient à subir le contrecoup d'une haine féroce en cas d'accession de l'Algérie à l'indépendance ».

Le ministre des Armées savait, mieux que quiconque probablement. Il traîna les pieds, comme on l'a dit, grogna contre l'inhumanité des mesures de De Gaulle et de Joxe, mais il ne rompit jamais.

La presse savait. Dès le mois de mai 1962, Algérie française

---

23. Alain Peyrefitte, *C'était de Gaulle*, tome 1, *op. cit.*
24. D'après Maurice Faivre, *Les Archives inédites de la politique algérienne*, *op. cit.*, p. 139.
25. Cité par Maurice Faivre, *Les Archives inédites de la politique algérienne*, *op. cit.*, p. 137.
26. Rappelant qu'il ne voyait pour les harkis que deux solutions : « se replier sur la France avec leur famille » ; ou bien, s'ils n'étaient pas trop compromis : « passer en temps utile au Front (FLN) ».

ou anticolonialiste, elle dénonçait les tristes résultats « de cette politique imprévoyante[27] ». *Le Figaro* du 28 juillet n'annonçait-il pas que : « tous les anciens harkis, moghaznis et autres partisans armés ou non de la France ont été arrêtés en masse » ?

Le monde entier redoutait un massacre des harkis. Fin mai 1962, le président John Fitzgerald Kennedy lança un appel solennel pour les sauver[28]. Son retentissement est oublié ; mais c'est la prise de position publique de Kennedy et la pression internationale suscitée qui obligèrent alors le gouvernement français à accueillir les harkis « au compte-gouttes » en juin 1962. Il fut même proposé de les accueillir aux États-Unis.

Leçon de démocratie américaine. L'homme dont on a tant dit qu'il avait influencé de Gaulle pour accorder l'indépendance aux Algériens ne pouvait concevoir l'abandon des supplétifs.

27. Guy Pervillé *in L'Histoire*, n° 231, avril 1999.
28. Selon Boussad Azni, *Harkis, crime d'État, op. cit.*, p. 165.

29

Que sont-ils devenus ?

Parfois, je repense à eux. Que sont-ils devenus, mes élèves harkis de Saint-Raphaël... ? Vingt-cinq ans après, sont-ils des chefs de famille tranquilles ? Ou, comme leurs pères, toujours bûcherons au fond des bois ? Délinquants peut-être ? Ou, c'est moins sûr, notables dans le midi de la France ? Après cette plongée dans les semaines où se commit le crime d'État, je comprends mieux leur rage les dimanches soir, de retour à l'internat. On ne les prenait jamais en auto-stop, non pas seulement parce qu'ils étaient arabes, mais bien pis, parce qu'ils n'existaient pas. Les harkis n'ont jamais existé. Ils se trouvaient au cœur des contradictions de l'Empire. Dans ce lieu géométrique où ont convergé tous les mensonges français de la guerre d'Algérie. Ils disparurent au moment du big bang.

Comment expliquer ce déni ? La raison d'État gaulliste d'abord. La passion tiers-mondiste aussi. Elle aveugla la gauche bien-pensante, la droite obéissante, et les vertueux éditorialistes, parce qu'il y a dans l'idéologie tiers-mondiste des pauvres rentables et des pauvres improductifs, pour reprendre l'expression de Pascal Bruckner dans son livre *Le Sanglot de l'homme blanc*[1] ; il y a aussi des victimes rentables et des victimes improductives. Et les harkis furent les plus improductives des victimes, les plus encombrantes,

_____

1. Pascal Bruckner, *Le Sanglot de l'homme blanc*, Paris, Le Seuil, mai 1983, p. 44.

les plus inutiles. Alors, on les jeta dans les « basses-fosses du silence ».

« Vous comprenez, ce n'étaient que des collabos. Vous en avez eu vous aussi ; vous savez ce que c'est... » Le mot « harki » a fini par devenir, dans la langue française, synonyme de collabo, de traître. L'équivalent algérien du milicien français sous l'Occupation. C'est devenu un lieu commun, et une évidence politique. Si bien qu'en 2001, lors du spectaculaire voyage du président algérien Bouteflika, personne n'osa protester lorsqu'il parla d'eux en ces termes dans un discours officiel. Ni la gauche ni la droite, personne ne se risqua à « froisser » les Algériens. Au mépris, non seulement de l'honneur mais aussi de la vérité et de la justice, la France avait accepté depuis longtemps cette version. Ou plutôt l'avait gobée. Depuis quarante ans, le FLN a gagné dans les têtes, entre autres avec ce détournement sémantique. Et en particulier avec son utilisation abusive de la Résistance française, appliquée à la cause algérienne. La bienveillance gaulliste à l'endroit de la Radieuse Révolution algérienne autorisa le reste. Ou du moins le massacre, son occultation depuis près d'un demi-siècle. L'extermination systématique des harkis eût été impossible sans la victoire symbolique du FLN. Elle aveugla les honnêtes hommes, ministres – on l'a vu – comme journalistes. Guy Sitbon, fameux grand reporter durant la guerre d'Algérie, me confiait sa coupable insouciance. Il n'avait pas « vu » le massacre des harkis. Ses confrères, présents en Algérie à ce moment-là, non plus. Au printemps et à l'été 1962, la presse se désintéressa de cette « épuration » autant que des malheurs des Français d'Algérie. Elle n'avait d'yeux que pour les vainqueurs, pour l'ALN qui débarquait du Maroc, pour Ben Bella et son triomphal retour en Algérie, par Tlemcen et Oran. Et même un certain attendrissement devant les excès de la *jeune* Révolution algérienne.

30

« Ces idiots de pieds-noirs »

« Ces idiots de pieds-noirs », vient de lâcher Pierre Messmer. Il a laissé échapper ces mots en passant, calé dans son fauteuil, sous les lambris de l'Institut, sans autre raison que de mettre de la couleur locale dans le récit de la « tournée des popotes » où, nouveau ministre des Armées, il accompagnait le général de Gaulle en Algérie, en mars 1960. Il avait, en les prononçant, son sourire bienveillant. L'ancien ministre du général de Gaulle ne connaît pas la méchanceté ; il n'a pas mis de haine dans ces quatre mots qui n'en faisaient qu'un dans sa bouche : c'était machinal. Depuis quarante ans, il s'est habitué à cette expression qu'on employait dans les cercles gaullistes, les allées du pouvoir, au ministère des Armées qu'il dirigeait au moment du putsch d'avril 1961. « Ces idiots de pieds-noirs » : un peu de paternalisme, beaucoup de condescendance et, chaque fois, le même air entendu. C'était la manière des grands gaullistes – et j'allais le découvrir dans des archives oubliées – de parler de ce million de Français d'Algérie. Ce n'était pas la marque d'un quelconque fanatisme gaulliste, mais plutôt un mistigri qu'on se repassait en douce, comme on parle des cocus dans leur dos. Et les pieds-noirs furent si magnifiquement cocufiés par de Gaulle. Appelé par eux en mai 1958, arrivé au pouvoir grâce à eux, par le Forum d'Alger bien plus que par la représentation nationale, ils étaient devenus bien encombrants pour lui...

Le bon Messmer ne fut pas d'ailleurs le plus zélé des gaullistes anti-Algérie française. Il n'appartenait pas, comme le vertueux

Edmond Michelet ou le tiers-mondiste Robert Buron, au clan des ministres pro-FLN des gouvernements Debré ou Pompidou. Il n'avait pas l'arrogance technocratique d'un Louis Joxe, toujours empressé de devancer les désirs de De Gaulle. Messmer, lui, traîna parfois des pieds. En tout cas plus que ses collègues. Et je jurerais que le jour où, en plein Conseil des ministres, André Malraux remonté proposa le plus sérieusement du monde de « passer le réduit (des barricades d'Alger) au lance-flammes[1] », Pierre Messmer avait dû se dire, comme quelques-uns de ses collègues, que décidément le ministre de la Culture était « piqué ». Messmer fut au contraire un ministre des Armées plutôt clément. Il géra bien son affaire après le putsch du 21 avril 1961 : la société militaire française n'explosa pas et devint, grâce à lui, « la Grande Muette ». Non, chez lui l'expression « ces idiots de pieds-noirs » s'apparente plutôt à une banalité, un vieux réflexe.

Pour comprendre cette curieuse expression, il faut se plonger au cœur du pouvoir, et revenir sur les Conseils des ministres au cours desquels on s'intéressa au million d'Européens d'Algérie, et aux conditions de leur désengagement. Il faut écouter de Gaulle, observer sa pensée, s'intéresser aussi aux seconds rôles, s'arrêter sur les silences douloureux de Michel Debré, sur les états d'âme des ministres (assez rares), sur leur vanité courtisane (très fréquente).

L'essentiel des Conseils des ministres consacrés au sort des pieds-noirs se déroule après les accords d'Évian, entre fin mars et début juillet 1962.

C'est Courteline et c'est Kafka. Les Mémoires de l'ancien ministre du général de Gaulle, Alain Peyrefitte, ce mémorialiste précis, constituent le meilleur journal de bord du pouvoir d'alors[2]. C'est le moment décisif où le président français se félicite d'être sorti du « bourbier algérien ». Et celui d'un compte à rebours fragile jusqu'à l'indépendance prévue pour juillet 1962 que rien

---

1. Conseil des ministres du lundi 25 janvier 1960, 15 heures. *Cf. Le Pays Magazine*, 3 mars 1999.
2. Alain Peyrefitte, *C'était de Gaulle*, tome 1, *op. cit.* Certains ministres du Général grognent contre la « manière Peyrefitte », mais ils ne lui ont jamais opposé aucun argument de fond.

– pas même le sort de un million de Français d'Algérie – ne doit venir contrarier.

Alors que des centaines de milliers de Français d'Algérie fuient les grandes villes, les petites fermes, le bled, en un exode terrible, nos ministres devisent savamment, et se rassurent. Vingt-deux ans après juin 1940, c'est un autre exode, mais le Général se moque bien de ces Français. Il les néglige, les ignore. Et toujours les méprise.

On retient en général que l'exode des pieds-noirs fut pour de Gaulle et son gouvernement « une surprise totale ». On parle d'« autosuggestion[3] » d'un pouvoir gaulliste qui, campé sur le prétendu succès diplomatique des accords d'Évian, occulte la réalité. Alors qu'en six mois l'Algérie se vide de sa population européenne, le gouvernement va s'acharner à nier ce départ collectif, à le banaliser, à le réduire à rien. « Un simple retour de vacanciers. » Ce fut la « thèse commode » imposée par de Gaulle.

Les services de l'État, pourtant truffés de prévisionnistes, d'espions et d'énarques, avaient prévu le retour de « cinquante mille pieds-noirs » après l'indépendance.

Sept cent mille seront rapatriés en moins de six mois...

Au cours du Conseil des ministres du 25 avril 1962, le président de Gaulle explique à Alain Peyrefitte, afin que celui-ci donne ses « instructions » à la presse : « Trois cents Français d'Algérie par semaine, ça fait douze cents par mois, à supposer qu'ils soient tous des rapatriés. Ce n'est pas la mer à boire. Ce n'est rien ! »

Alain Peyrefitte : « Vous ne pensez pas que le rythme va s'accélérer ? »

De Gaulle : « On verra bien ! »

Et tout à l'avenant. Le ton est donné.

Le 24 mai 1962, le ministre des Affaires algériennes Louis Joxe admet pour la première fois – selon Peyrefitte – que les mouvements de départ vers la métropole prennent une allure préoccupante : « Certes, ils sont saisonniers ; à la fin mai ce sont des

---

3. Michèle Cointet, *De Gaulle et l'Algérie française, 1958-1962, op. cit.*, 1995.

vacances anticipées à l'arrivée des grandes chaleurs... » Il persiste néanmoins dans la thèse d'un « mouvement saisonnier », alors que les statistiques – et les plus élémentaires rapports de police – prouvent le contraire. Il est, par exemple, impossible de trouver des déménageurs en Algérie, ou tout simplement des valises.

Lors du Conseil des ministres du 30 mai 1962, le secrétaire d'État aux rapatriés, Robert Boulin, de retour d'un voyage d'inspection en Algérie, présente son rapport : « On peut espérer [...] que la quasi-totalité des Européens qui reviennent en métropole repartiront sans demander à bénéficier du statut de rapatriés. Seulement 2 à 3 % des personnes qui arrivent actuellement sont démunies de ressources et de lieux d'hébergement. » Et le secrétaire d'État aux rapatriés de conclure, rassurant : « Il n'y a donc pas lieu de dramatiser. Nous avons de quoi transporter trois fois plus de monde qu'il ne s'en présente. [...] À peu près tous ont acheté un billet aller et retour. Simplement, la plupart sont incertains sur la date de leur retour en Algérie[4]. »

Rien à signaler, se congratule Boulin, alors que brusquement le flux des départs bondit, passant à près de douze mille personnes par jour[5].

Le même jour, de Gaulle retient son ministre de l'Information, Alain Peyrefitte : « Dites bien tout ce qu'a dit Boulin... Il n'y a pas d'exode, contrairement à ce qui dit votre presse, votre radio, votre télévision ! Mais on le répète tellement que cela finira pas être vrai !... Il n'est pas exclu que sur un million d'Européens, trois cent mille s'établissent finalement en France... »

Dans ses commentaires, Peyrefitte s'étonne de cette soudaine et inquiétante variation des chiffres : « En décembre dernier encore, le Général me parlait de cent mille départs – ou à la rigueur deux cent mille ; et la loi sur les rapatriés du mois de décembre en prévoyait soixante-dix mille pour l'année 1962[6]. »

---

4. Alain Peyrefitte, *C'était de Gaulle*, tome 1, *op. cit.*, p. 136-137.
5. Michèle Cointet, *De Gaulle et l'Algérie française, 1958-1962*, *op. cit.*, p. 273.
6. Alain Peyrefiite, *C'était de Gaulle*, tome 1, *op. cit.*, p. 136-137.

À trois semaines de l'indépendance, Boulin retrouve un peu de liberté d'esprit. Il prend conscience que le nombre de rapatriés risque d'augmenter, mais, en plein conseil, l'influent Joxe balaie cette hypothèse, farfelue selon lui : « Nous en arrivons au moment où la politique suivie va commencer à donner des résultats. L'exécutif provisoire affirme que l'Algérie appartiendra à tous les Algériens. C'est l'embryon d'un coude-à-coude des communautés[7]. »

À la fin de juin 1962, Robert Boulin revient avec d'autres statistiques. Ses services ont bien travaillé. Ils n'ont rien constaté d'anormal entre le 1er et le 26 juin 1962. Il rassure ses collègues et apaise le Général : « Ce sont bien des vacanciers », conclut-il, en se drapant dans ce principe de précaution dont se réclament toujours les administrations : « Jusqu'à ce que la preuve du contraire soit apportée. »

De Gaulle est satisfait, il enjoint à ses ministres de s'accorder sur cette thèse.

Pendant ce temps-là à deux mille kilomètres, à Oran, c'est la Peste, pour les musulmans comme pour les Européens. Le port est en feu, et l'hippodrome, proche de l'aéroport de la Sénia à Oran, un lieu de désolation où des vieillards agonisent en attendant d'improbables avions. Sur les routes isolées, le FLN enlève chaque jour des dizaines de pieds-noirs ; à tous les carrefours, les fuyards brûlent leurs meubles ou leurs voitures ; des dizaines de milliers de personnes s'entassent dans les ports ou dans les aérogares. Ces bateaux pris d'assaut, embarquant jusqu'à trois fois leur charge autorisée, ces vieillards qui meurent dans ces files d'attente ; cette nourriture qui manque dans ces camps où ils attendent le départ ; ces milliers de Français enfermés à Mers el-Kébir, entourés d'une foule musulmane hostile... Tout cela, le fracas de l'Histoire, le malheur des rapatriés, bien tangible pourtant dès le mois d'avril 1962, dans les statistiques, ne parvient pas jusqu'aux lambris de l'Élysée, 55, rue du Faubourg-Saint-Honoré.

Le 4 juillet, de Gaulle s'acharne encore et toujours à refuser la réalité de l'exode collectif : « De toute façon, sur un million de pieds-noirs, trois cents ou trois cent cinquante mille devront se

---

7. Le 6 juin. Alain Peyrefitte, *ibid.*, p. 138.

réinstaller en France... Même si beaucoup (de pieds-noirs) continuent à s'en aller, je suis persuadé que la grande majorité d'entre eux retourneront en Algérie[8]. »

Ce jour-là, on clôturera cette fâcheuse discussion en se félicitant des conditions de calme remarquables dans lesquelles le référendum du 1er juillet s'est déroulé. Joxe, au garde-à-vous comme toujours, présente, content de lui, son rapport sur les suffrages exprimés dans les six bureaux de vote européens d'Oran – alors que le solde cumulé des départs[9] avoisine cinq cent mille pieds-noirs.

Nous sommes à la veille des massacres du 5 juillet 1962, perpétrés par des Algériens dans l'indifférence de l'armée française cantonnée par consigne dans ses casernes[10].

« Il faut expulser les enfants et leurs familles »

Il y a, dans le script de ces Conseils, de ces moments pathétiques et qui font bondir quarante ans après. Et il y a le loufoque, la mesquinerie, l'absurde bureaucratie lorsque les ministres s'inquiètent par exemple de la recrudescence de la criminalité, là où se trouvent les pieds-noirs, encore en Algérie ou en France. On désigne les coupables : les enfants.

Pierre Sudreau : « Les parents laissent jouer au revolver et au couteau leurs enfants de quinze ans. »

De Gaulle : « Dans ces cas-là, il faut expulser les enfants et leurs familles ! Et qu'on leur interdise de retourner en Algérie ! »

Joxe : « Je ne suis pas favorable à l'expulsion. C'est une mauvaise graine, une graine de fascisme. Il vaut mieux les laisser là-bas. »

---

8. *Ibid.*, p. 173 et 174.
9. Retours en Algérie déduits. Michèle Cointet, *De Gaulle et l'Algérie française*, *op. cit.*
10. *Cf.* Jean-Pierre Chevènement, *Le Vieux, la Crise et le Neuf*, Paris, Flammarion, 1974 ; Jean-Jacques Susini, *Histoire de l'OAS*, Paris, La Table ronde, 1963. Joxe, contre ses services, parlera de 290 disparus le 25 juillet 1962, dans la région d'Oran ; alors que la préfecture en aura relevé entre cinq cents et huit cents (témoignage de J.-P. Chevènement).

Au Conseil des ministres du 22 août, on se plaint auprès de De Gaulle de l'obstination de « ces idiots de pieds-noirs » à vouloir s'installer dans la région de Marseille. Cette « fixation marseillaise » déplaît à de Gaulle. Il s'emporte, se gendarme et ordonne : « Il faut se réserver, dans les textes, la possibilité des interdictions de séjour. »

Lorsque de Gaulle ordonne de renvoyer en Algérie, et d'autorité si nécessaire, les fonctionnaires pieds-noirs repliés en France, Pompidou s'oppose au Général. Celui-ci s'emporte contre son Premier ministre : « Si ça ne colle pas, il faut qu'on se donne les moyens d'aller plus loin ! Ça doit être possible sous l'angle de l'ordre public. » Frey, le très zélé ministre de l'Intérieur, se précipite, tel le meilleur de la classe : « J'ai les moyens d'intervenir s'il y a des manifestations à Marseille », lance-t-il à la cantonade. On passa alors une bonne partie de ce Conseil à chercher la meilleure manière juridique de désigner cette concentration de pieds-noirs comme un « trouble à l'ordre public ».

Joxe, lui, au cours de ces séances, n'a qu'une idée fixe : pas de pieds-noirs en France, ils inoculeraient le fascisme. Alors il déploie des trésors d'imagination pour s'en débarrasser par décret : « Dans beaucoup de cas, il n'est pas souhaitable qu'ils retournent en Algérie, ni qu'ils s'installent en France où ils seraient une mauvaise graine. Il vaudrait mieux qu'ils s'installent en Argentine, ou au Brésil, ou en Australie. » De Gaulle, nullement gêné par l'horreur administrative de ces discussions, répond très sérieusement : « Mais non ! Plutôt en Nouvelle-Calédonie, ou bien en Guyane qui est sous-peuplée, et où on demande des défricheurs et des pionniers ! »

Un jour, les ministres crurent avoir trouvé la solution miracle, la meilleure manière de se débarrasser de cette « graine de fascisme ». Le 18 juillet 1962, le placide Pompidou passe la parole à ses ministres : « M. Boulin et le ministre de l'Intérieur (Roger Frey) ont très bien travaillé... Pourquoi ne pas demander aux Affaires étrangères de proposer des immigrants aux pays d'Amérique du Sud ? Ils représenteraient la France et la culture française. » Se débarrasser d'un million de pieds-noirs par petites annonces. Quelle trouvaille ! De Gaulle ne rejette pas cette piste mais, malgré l'enthousiasme de Joxe, préfère attendre. On devine que cette « exportation » des pieds-noirs le chiffonne. Il répond à Pompidou avec cette drôle de phrase : « C'est une substance humaine française que nous n'avons pas le droit de perdre. »

Là, il faut s'arrêter.

Et se demander comment de Gaulle et Joxe pouvaient ignorer qu'aux frontières tunisienne et marocaine les troupes de la redoutable ALN de l'extérieur, menées par Boumédiène allié à Ben Bella, allaient prendre le pouvoir. Et qu'ils étaient, nul ne l'ignorait alors dans la sphère du pouvoir, les farouches adversaires du maintien de toute présence française dans la nouvelle Algérie. De Gaulle et Joxe avaient en effet connaissance, à ce moment-là[11], des difficultés rencontrées par le modéré Ben Khedda à la tête du GPRA – déjà menacé par Ben Bella, Boumédiène et leurs amis.

Il y a l'incurie de l'État. L'indifférence d'État. L'idée d'une « surprise totale », du gouvernement dépassé par les événements et sous l'emprise de la suggestion gaulliste. Et puis il y a une autre explication. Elle est audacieuse, intuitive, pas encore étayée, mais elle chemine. C'est une thèse prudemment avancée par l'historienne Michèle Cointet[12]. « Et s'il [de Gaulle] avait... laissé Joxe édifier, comme un leurre nécessaire au dégagement, ce médiocre barrage de garanties ? L'hypothèse est hardie, absolument pas officielle, choquante même, mais ne sera-t-elle pas celle qui prévaudra au XXIe siècle ? L'observateur de bonne foi se demande comment une France aussi bien pourvue d'énarques, d'experts et de spécialistes de la prospective – toutes catégories qui constituent les oracles de la Ve République – s'est-elle à ce point trompée. »

Michèle Cointet toucherait-elle du doigt la vérité ? Celle qui prévaudra, comme elle dit, au XXIe siècle.

Et si de Gaulle avait sacrifié, en le sachant, les pieds-noirs à la

---

11. Au Conseil des ministres du 25 juillet, Louis Joxe « disserte sur les rivalités entre les nouveaux dirigeants algériens, puis manifeste pour la première fois de l'inquiétude : "Des enlèvements ont eu lieu". » Après le conseil du 22 août, le général de Gaulle confie à Peyrefitte son pessimisme sur la capacité des dirigeants algériens à gouverner : « On n'arrive même pas à téléphoner à Rocher Noir. Les militaires arabes ont le bâton. Mais si nous leur rentrons dans le chou, la guerre va recommencer. » (Cité par Alain Peyrefitte, *C'était de Gaulle*, tome 1, *op. cit.*, p. 194 et 206.)

12. *De Gaulle et l'Algérie française, op. cit.*

raison d'État ? Et s'il avait voulu, en cette affaire encore, faire plier les êtres humains aux faits ? Les faire entrer dans les catégories de l'Histoire, celles qu'il avait établies à Évian ?

La sentence d'État, définitive, fut même explicitement énoncée au Conseil des ministres du 4 mai 1962 par le président de Gaulle : « L'intérêt de la France a cessé de se confondre avec celui des pieds-noirs. »

La diabolisation avant l'amputation

Un tel cynisme de la part du chef de l'État, à l'égard d'une catégorie de Français, sidère aujourd'hui.

Les pieds-noirs sont, pour de Gaulle aussi, des « bicots ». En vérité, le Général n'a jamais aimé « ces Français-là ». Et puis il reste, chez le de Gaulle de 1962, la vieille rancune de 1943. Cette année algéroise, terrible pour lui, où les élites pieds-noires lui ont préféré son rival, le général Giraud – après avoir été maréchalistes. Il se souvient de cette année humiliante où Alger était un « nid d'espions » ; où les Américains, ligués avec les pieds-noirs, soutinrent d'abord Darlan puis Giraud contre lui ; cette année terrible où les Français d'Algérie préférèrent l'armée d'Afrique à la France libre. De là datait, selon des sources recoupées[13], cette antipathie à l'égard de toute une population.

De plus, les Français d'Algérie étaient, pour la seconde fois dans le destin de De Gaulle, les empêcheurs de l'Histoire. Ils contrariaient ses plans ; ils menaçaient sa politique ; pis, ils ne cherchaient qu'à l'assassiner. Ils étaient l'obstacle à abattre. Ils devinrent ainsi, dans la dernière phase de la guerre d'Algérie, le bouc émissaire idéal – c'était tellement plus facile que de les traiter en victimes. On les chargea donc, on les identifia à l'OAS, et l'on fit porter sur cette organisation terroriste toute la responsabilité des malheurs de l'indépendance. Il serait exagéré bien sûr de n'envisager la relation de De Gaulle et des pieds-noirs qu'à

---

13. *Cf.* « De Gaulle et l'Algérie », *in De Gaulle en son siècle*, Actes des Journées internationales tenues à l'Unesco, Paris, 19-24 novembre 1990, t. VI, *Liberté et dignité des peuples*, Paris, La Documentation française, Plon, 1992.

travers ce seul prisme. Il n'explique pas tout, mais il influera sur le comportement du président, et sur son étrange dédain à l'endroit d'une partie de la nation.

C'est le scandale de cette affaire. L'histoire d'une amputation. En lâchant ainsi, dans tous les sens du terme, le million de Français d'Algérie, la France va couper une partie du corps national. Elle y mettra les formes bien sûr – à peine –, avec quelques précautions stylistiques les concernant dans ces fameux accords d'Évian. La nation poussera en fait le peuple des Français d'Algérie dans un nulle part où il errera durant plusieurs décennies. Elle le jettera aux oubliettes. Et avant cela, avant de le rayer d'un trait de plume administratif, de l'effacer de l'Histoire, elle le diabolisera.

Voilà au fond le crime, l'injustice d'État. Les avoir exclus de la table des négociations d'Évian ; exclus aussi de la communauté nationale, en les interdisant de vote dans le référendum qui les concernait directement – aussi incroyable que cela paraisse aujourd'hui[14], les avoir niés. Avoir tenté ensuite d'entraver leur misérable exode, ne pas les avoir accueillis, leur avoir refusé la plus minimale humanité administrative à l'été 1962. En clair, les avoir exclus de la nation, au nom de la nation justement.

Dans cette affaire algérienne, où est-il, le magnifique de Gaulle de 1930, celui d'*Au fil de l'épée* qui voulait contre les guerres épargner les vies humaines ? En vieillissant, il finit par ressembler à ces gérontocrates. Les criminels états-majors de 1914-1918. Pis encore, à ces maîtres du monde du XIXᵉ siècle qui, des tsars à

---

14. Lors du référendum du 8 avril 1962, portant approbation des accords d'Évian, seule la métropole fut consultée, écartant ainsi les habitants d'Algérie d'un scrutin qui décidait de leur sort. La consultation prévue en Algérie se déroulerait seulement le 1ᵉʳ juillet. Certains contestèrent ce procédé avançant qu'il violait la Constitution en divisant le territoire national (imposant une révision de l'article 2 qui proclame que la République est une et indivisible), en consacrant une sécession des départements français d'Afrique (article 72) et en excluant les Français résidant en Algérie de ce vote (violant l'article 3 de la Déclaration des droits de l'homme). Le 20 juillet 1962, il fut question à l'Assemblée nationale, des observations respectueuses que le Conseil constitutionnel avait adressées au président de la République à propos de l'organisation de ce référendum.

Adolphe Thiers, tenaient les peuples pour quantité négligeable. Celui que l'on découvre ici, dans ces souterrains d'une histoire oubliée, ne cadre pas avec la légende. Il n'est pas ce Père de la Nation au jugement d'airain. Il n'est même pas un homme d'État au sens où on l'entend, ici et maintenant ; mais un chef d'armée, une sorte de Napoléon en très petit, capable de sacrifier un million d'hommes au gré de ses chimères politiques. Ou de la rancune de 1943.

Alors, comme le voulut de Gaulle, ce fut le temps de la propagande d'État. Un Français d'Algérie imaginaire va s'installer dans les têtes. De 1958 à 1962 s'est produite une dégradation accélérée de son image [15]. Les sondages d'opinion de l'époque montrent que l'on passe vite d'une relative solidarité de 1954 à 1958, à un véritable rejet, de 1958 à 1962, quand ce n'est pas une véritable détestation pour une partie de la gauche. N'a-t-on pas matraqué depuis des années de hideux stéréotypes sur les pieds-noirs ? Tout le monde va s'y mettre : les médias de droite tenus par les gaullistes, à l'exception de *L'Aurore*. Les journaux de gauche, où l'on déteste par principe tout ce qui est colonialiste – à l'exception notable de *France-Observateur*. Les milieux d'affaires. La France catholique. La jeunesse selon l'UNEF. Les intellectuels de gauche autant que ceux de la droite cartiériste – comme on l'a vu.

C'est, jusque dans les quartiers populaires de certaines villes françaises, une psychose où l'on confond ces malheureux avec l'OAS des commandos Delta. Ainsi on organise des rafles, durant l'été 1962, dans certaines villes du Sud à forte concentration de rapatriés [16]. Camus aura eu beau, avant sa mort, dans ses blocs-notes de *l'Express*, combattre ces préjugés, tenter chiffres à l'appui une pédagogie, brandir les évidences en prouvant que 80 % des pieds-noirs appartenaient aux classes moyennes et populaires ; que leurs salaires étaient inférieurs à ceux de la métropole ; que le nombre des victimes musulmanes et européennes d'Algérie en 1914-1918 ou en 1939-1945 était proportionnellement supérieur aux soldats métropolitains ; il avait beau préciser que les

---

15. Charles-Robert Ageron, « L'opinion française à travers les sondages », *in* Jean-Pierre Rioux (dir.), *La Guerre d'Algérie et les Français, op. cit.*

16. Jean-Jacques Jordi, *1962 : l'arrivée des pieds-noirs, op. cit.*

« colons » n'étaient guère que quinze mille sur un million, rien n'y fera. À ce moment-là, dans la presse et dans l'opinion, on a dépassé – et de très loin – les clichés qui exaspéraient Camus en 1954[17] : « À en croire une certaine presse, le million de Français d'Algérie ne serait que des colons sanguinaires à cravaches, fumant cigares et montés sur Cadillac. »

Dans ses moments de désespoir, vers 1956, Camus imaginait que l'abandon des Français d'Algérie serait un « Munich français ». Parfois, il plaisantait amèrement avec ses amis : « Les pieds-noirs sont un peu les Juifs de la France[18]. » Au commencement de cette enquête, je m'étais dit qu'il exagérait. J'avais souri. Camus avait le verbe trop ample, encore la démesure pied-noire... Mais à son terme, je réalise que, si la comparaison est excessive, elle n'est pas infondée.

Nous sommes face à l'agonie de l'Algérie française, dans une situation comparable à une amputation. Amputé, c'est bien le mot, comme ce fut le cas avec l'Alsace-Lorraine, quand le bon M. Thiers, en 1871, céda aux diktats du vainqueur allemand. Et au risque de choquer, pas si loin, pour sa méthode, son indifférence, de l'élaboration du statut des Juifs de 1940, cette part de la nation que d'un trait de plume on effaça.

Je n'aime guère la nostalgie pied-noire. Jusqu'à l'adolescence, elle me gêna même. Je devais la trouver trop braillarde, ressassante comme tous les paradis perdus. Très tôt d'ailleurs, je n'aimais plus inconditionnellement les pieds-noirs, depuis ce jour de mes dix ans où dans le jardin de mes grands-parents, leur meilleur ami, un ancien colon octogénaire qui avait fait 14 et ressemblait à Jules Roy, lâcha de sa voix rocailleuse : « Oui, mais celui-là est un youpin. » Cette phrase me foudroya, comme ces actes d'éducation aléatoires qui se posent sur le chemin de la vie. Je n'ai jamais été particulièrement sensible aux récits du martyre familial. Je n'aurais pas supporté (comme Camus, si j'avais été

17. *L'Express*, 21 octobre 1955, cité par Olivier Todd, *Camus, une vie*, *op. cit.*, p. 617.
18. La citation exacte dans Todd est : « Nous sommes les Juifs de la France. » Olivier Todd, *Albert Camus, une vie*, *op. cit.*, p. 613.

son contemporain) la suffisance politique et raciale des petits Blancs d'Algérie. Comme lui, j'aurais enragé à leur aveuglement politique, face à tous les rendez-vous manqués de leur Algérie. Celui de 1936, avec le projet Blum-Violette que la République n'a même pas le temps de sortir de ses tiroirs[19]. Celui de 1945, où les massacres de Sétif répondirent à une rébellion, certes sauvage, mais sans comprendre ces milliers de musulmans algériens revenus de la guerre bardés de décorations à qui l'on refusait de donner des postes de gardes champêtres, leur préférant le petit Blanc illettré et planqué du coin. Je sais tout cela. Je ne suis ni dupe ni sentimental. Mais comment, face à l'abandon dont ces mêmes petits Blancs furent victimes, ne pas comprendre leur désespoir fou ? Comment de Gaulle ou ses ministres, ou nos intellectuels, n'ont-ils pas pu voir qu'à côté de la détresse des neuf millions d'Algériens, il y en avait une autre, ni supérieure ni inférieure, mais bien réelle ?

Je n'ai pas oublié qu'en 1940 ma mère, comme tant d'enfants de sa génération, s'était vu interdire les écoles d'Algérie – et que la rue européenne d'Algérie se félicitait hautement de l'abrogration par Vichy du décret Crémieux. Je connais les folies pieds-noires et les haines méditerranéennes dont ce peuple fut capable, depuis Max Régis, idole d'Alger dont il fut un temps le maire, et sa folle croisade antisémite de 1898[20] ; et j'ai même trouvé cocasse, en lisant le livre de Pierre Hebey[21], que Max Régis se réfugia à Alicante, comme tant d'autres OAS, soixante ans plus tard.

Je ne suis ni dupe ni aveugle, ni même affaibli par quelque douteuse solidarité. Je sais cela, et je connais aussi la haine des pieds-noirs pour Mendès « le Juif ». Pour Camus « le traître ».

Tout cela, je ne l'ignore pas, mais au nom de quelle morale

---

19. À cause de la menace d'une démission collective des maires d'Algérie, le projet de loi Blum-Violette déposé en décembre 1936 devant l'Assemblée nationale ne fut jamais discuté en séance plénière.

20. Pierre Hebey, *Alger, 1898, la grande vague antijuive*, Paris, NiL éditions, 1996.

21. Max Régis, leader des étudiants, puis maire d'Alger, prit la tête d'un mouvement antijuif qui se conjuguait avec la revendication d'autonomie pour l'Algérie française et l'antidreyfusisme.

primitive les pieds-noirs – si toutefois ils étaient coupables collectivement – devaient-ils être condamnés à disparaître, à être exclus de l'Histoire et de la Nation ? Et si on les avait rendus fous ? Fous, comme on peut l'être avant une exécution. Alors, on bâillonne le condamné. Il faut que cela se fasse dans le calme. Mais le cri parfois jaillit quand même. Et si la révolte des pieds-noirs, c'était ça ? Ce refus de se laisser égorger dans une ruelle obscure de l'Histoire.

31

Le massacre du 5 juillet 1962

C'est *un massacre sans nom**.

Il n'existe pas. Il est absent des chronologies de la guerre d'Algérie qui, généralement, se terminent le 3 juillet 1962, avec la
reconnaissance par la France de l'indépendance. Aucune cérémonie officielle ne lui est consacrée. Ce massacre sans nom, j'en
entendrai tant parler dans ce voyage de la mémoire... Longtemps
je crus – comme beaucoup – que le massacre du 5 juillet d'Oran
était une rumeur. Une exagération pied-noir. Une sorte d'étape
enflée de leur calvaire – comme leur obstination à brandir les
vingt-cinq mille Français d'Algérie morts pendant la guerre. Il y
en eut, en vérité, entre quatre et six mille entre 1954 et 1962 ; la
mémoire pied-noire ayant, dans ce bilan, purement et simplement
annexé les militaires français de métropole tombés en Algérie...

Au contraire de l'autre grand massacre d'Européens – celui de
la rue d'Isly à Alger[1] le 26 mars 1962, resté inscrit dans l'histoire
grâce au suppliant « Halte au feu, halte au feu, mon capitaine ! »
d'un gradé, retransmis en direct sur les ondes d'Europe 1 –, le
massacre du 5 juillet d'Oran semble être un événement clandestin,
discutable, fantasmé, et dont seuls les survivants se repassent le
souvenir. Aucune étude historique définitive. Pas de véritable

---

* Sur ce massacre, voir annexe 5.
1. Les circonstances de la fusillade sont connues : des troupes musulmanes
de l'armée française, mal encadrées, ont paniqué devant la manifestation européenne.

investigation. Peu de livres. Pas une plaque, nul hommage officiel de la République. Quand il s'agit des massacres du 5 juillet d'Oran, tout est sujet à caution

Son bilan est contesté. Les sources officielles de 1962 l'établissaient à vingt-cinq morts, là où les pieds-noirs oranais parlent de trois mille disparus. Ses circonstances sont controversées. Pour les Algériens et les gaullistes, l'émeute fut déclenchée par une provocation de l'OAS en déroute. Pour les pieds-noirs et nombre de militaires français, la responsabilité doit – aussi – en être imputée au général Katz, commandant du corps d'armée à Oran, qui aurait refusé de venir en aide aux Français assassinés en masse dans les rues d'Oran.

J'ai voulu en savoir plus sur ce que, dans cette Atlantide de l'Algérie française, certains appellent « la Saint-Barthélemy des pieds-noirs ».

Au détour d'une chronique dans un grand quotidien du Sud, j'ai lancé un appel à témoins sur ces massacres du 5 juillet 1962. Quantité de lettres me sont parvenues ; des témoignages directs racontaient la traque de ce jour-là ; des enfants de disparus se sont manifestés ; toutes sortes de récits, à la fois maladroits et précis, qui tous insistaient sur cette journée où l'armée française resta passive alors qu'ils étaient pourchassés. Évidemment, il a fallu distinguer l'information de première main de la mémoire reconstruite ou indirecte. J'ai ensuite consulté une centaine d'autres témoignages directs, recensés dans trois ouvrages – hélas – méconnus[2]. Et puis j'ai voulu retrouver des témoins « plus neutres » : un énarque – devenu célèbre – de permanence à la préfecture d'Oran le 5 juillet ; ainsi que l'envoyé spécial de *Paris-Match*, Serge Lentz, lui aussi témoin des massacres.

Et j'ai lu. Écouté. Comparé. C'est l'épouvante.

Ce jour-là, eut lieu dans Oran – la ville la plus espagnole d'Algérie, celle de la douceur de vivre – une gigantesque chasse à l'homme. *La Peste*. Oran telle que Camus l'a décrite au moment où le mal est à son zénith.

---

2. *L'Agonie d'Oran*, témoignages collectés par Geneviève de Ternant, t. 1, 2, 3, Éditions Gandini, 1991, 1996, 2001.

Les faits. Le 5 juillet 1962, la population arabe de la ville d'Oran s'apprête à célébrer l'indépendance. Ce jour-là est aussi l'anniversaire du 5 juillet 1830, date de la prise d'Alger par les troupes françaises du général de Bourmont, envoyé par Charles X pour laver l'offense faite par le dey d'Alger à un représentant de la France.

Cent mille Européens sont restés dans Oran, la moitié de la population de la ville, tandis que des dizaines de milliers d'Oranais s'entassent dans les files d'attente sur le port, ou à l'aéroport ultra-moderne de la Sénia, inauguré quelques semaines plus tôt. De retour du Maroc, la puissante ALN pénètre en Algérie en triomphatrice. Ce matin-là, toutes les radios claironnent les triomphaux résultats du référendum des Algériens, quatre jours plus tôt[3]. La ville est étonnamment calme. On signale peu d'incidents. Les troupes de l'exécutif provisoire, ces ATO qu'on reconnaît à leur uniforme trop neuf, remplissent leur mission. L'ordre semble, en dépit des craintes, être maintenu à Oran.

À 9 heures du matin dans le Village nègre – le quartier arabe –, c'est l'animation des grands jours, autour de ces petits commerces groupés, rue par rue, selon leurs activités : articles indigènes, brodeurs, savetiers, bijoutiers, torréfacteurs... Des colonnes de garçons musulmans, scouts portant des foulards verts et blancs, se pressent. Ils sont suivis par des petites filles des écoles, en uniforme de scout elles aussi. Elles sont sages et obéissent à leurs monitrices[4]. Le grand défilé de l'Indépendance s'annonce pacifique. Le cortège sort du Village nègre par le boulevard Joseph-Andrieu, une large artère bordée de cafés maures d'où s'échappent des mélopées. La foule, à laquelle se joignent peu à peu des adultes, se dirige vers la ville européenne. Elle longe le boulevard Joffre, longtemps interdit aux Arabes par l'OAS ; passe devant la Grande Synagogue ; déborde sur la place d'Armes ; et descend le boulevard du Deuxième-Zouave. Seul incident en ce début de matinée – il est mineur – place Karguentah, des sifflets sont lancés

---

3. 1er juillet : référendum d'autodétermination en Algérie. 5 975 581 voix pour le « oui », 16 534 pour le « non ».

4. L'auteur se réfère en outre au livre de Gérard Israël, *Le Dernier Jour de l'Algérie française*, Paris, Robert Laffont, 1970.

par la foule arabe devant la « Maison du colon ». Au même moment, d'autres manifestants atteignent la place Jeanne-d'Arc située devant la cathédrale.

Là, le défilé marque une pause. La foule, immense à présent, se fige devant l'édifice chrétien. Elle piétine, comme si elle était vaguement intimidée par sa propre audace. Puis des youyous de femmes fusent. Il se multiplient, ils se répondent. Les esprits s'échauffent, jusqu'à ce qu'une scène attire l'attention de tous[5]. Une jeune musulmane a réussi à grimper sur la statue équestre de Jeanne d'Arc. Elle est applaudie à tout rompre. Un bras lui tend un drapeau vert et blanc. Elle tente d'accrocher l'emblème algérien à l'épée que Jeanne d'Arc pointe fièrement vers le ciel. Elle n'y parvient pas tout de suite ; elle s'y reprend à plusieurs fois ; la foule l'encourage bruyamment. Et lorsque le drapeau algérien flotte au bout de l'épée, c'est une sorte de transe collective[6] : « Alors, l'égérie entreprend une danse du ventre endiablée entre les pattes de la monture cabrée de celle qui bouta hors la France l'envahisseur anglais. Un gigantesque cri de satisfaction parcourt la multitude. Puis les mains claquent au rythme de la danse. Des milliers de mains scandent le chant à deux temps de cet étrange ballet. Les hommes, les femmes, les enfants exorcisent, par cette cérémonie, le mythe le plus insupportable que la colonisation a imposé à l'Algérie, celui de la virginité de l'héroïne Jeanne d'Arc. Les grands, les petits, les vieux et les jeunes participent au viol collectif d'une statue. Il n'y a plus de France en Algérie, il n'y a plus de pucelle française, l'Algérie appartient aux Algériens. »

Il est bientôt 11 heures. C'est alors que des coups de feu éclatent. La panique s'empare de la foule qui hurle et s'éparpille. Des hommes en armes surgissent. Ils se répandent dans la ville européenne. C'est le début du massacre.

À partir de là, c'est le chaos partout dans la ville européenne. Des soldats algériens prennent position. On ignore s'ils sont du FLN, des ATO, ou des pillards. Ils patrouillent dans les rues, font des prisonniers, les regroupent dans des couloirs d'immeubles ou

---

5. Elle est décrite par plusieurs témoins, on la trouve aussi dans le récit de Gérard Israël, *op. cit.*
6. *Ibid.*

à des carrefours. Les manifestants se livrent à des pillages, à des exécutions sommaires de Français ou de musulmans considérés comme « profrançais ». C'est la chasse à l'homme. Des badauds, des commerçants et leurs clients, des cafetiers, le moindre Européen aperçu à une fenêtre, l'anonyme revenant de la plage comme le notable le plus emblématique de la ville – M. Martinez, patron du quatre étoiles du même nom – sont abattus. Vers midi, la grande poste d'Oran, cette fière bâtisse républicaine, est envahie. On égorge les fonctionnaires présents ; les plus chanceux parviennent à s'enfermer au deuxième étage d'où, grâce à un émetteur, ils lancent un SOS radio – il sera capté par un bateau étranger qui se détournera vers Oran. Serge Lentz voit passer un cortège d'environ quatre cents Européens, *visages durs, fermés, tuméfiés*. Ils seront amenés au quartier de Petit-Lac et enterrés dans un charnier qui restera longtemps irrespirable.

Vers midi, le général Katz, commandant militaire de la zone, sort enfin de son bureau. Il survole la ville en hélicoptère pour se rendre compte par lui-même de la situation. De là-haut, il peut voir – mieux que quiconque – les soldats musulmans embusqués sous les porches, tirant à l'aveuglette sur tout ce qui bouge ; ou, sur le boulevard du Deuxième-Zouave, une mitrailleuse lourde qui se déchaîne, puis une autre ; ou encore ces grappes d'hommes et de femmes qui courent vers la caserne des Zouaves pour y demander refuge. Le général Katz est en liaison constante avec ses services. Il sait tout cela. Il a même été informé de ce qui se déroule dans le hall de l'immeuble de *L'Écho d'Oran* assiégé. Des fuyards affolés cherchent à s'y réfugier. Ils frappent aux portes du journal, supplient qu'on les laisse entrer ; à leurs trousses, les émeutiers se rapprochent en hurlant. Le général est également informé que des musulmans ont cherché, eux aussi, à se réfugier à *L'Écho d'Oran* – et que, pour éviter un drame bien pire, on les a rendus aux fellaghas qui les réclamaient à l'extérieur... Survolant le front de mer, cette artère à la vue dégagée, le général Katz ne peut pas ne pas voir aussi ces dizaines de voitures calcinées avec, à l'intérieur, leurs passagers tirés comme des pigeons. Ou savoir que, près du cinéma Rex, une femme venait d'être pendue à un crochet de boucher.

À 12 h 15, une fois son inspection aérienne terminée, le général donne l'ordre formel à ses troupes de... ne pas bouger. L'armée française restera consignée dans ses casernes. Le général Katz part ensuite déjeuner à la base militaire de la Sénia. À un officier inquiet qui le presse d'intervenir, il répond : « Attendons 17 heures pour aviser[7]. »

Le général ne donna finalement l'ordre de protéger les Européens qu'à partir de 14 h 20[8] – une fois son déjeuner terminé. Sans grande détermination semble-t-il. Les premiers gendarmes mobiles ne furent opérationels qu'à 15 h 30. Et le calme ne revint dans la ville qu'à partir de 17 heures, une fois l'armée française déployée dans Oran. Il aura fallu cinq heures pour qu'elle vienne secourir ses compatriotes.

Au lendemain du 5 juillet, l'affaire était claire pour les responsables algériens, comme pour les autorités françaises. Une provocation de l'OAS, une manifestation qui avait mal tourné. Vingt-cinq morts officiellement – l'évaluation avait été faite par le directeur de l'hôpital local, un militant du FLN.

La réalité du massacre du 5 juillet est tout autre.

Le premier rapport du général Katz, en date du 12 juillet 1962, fait état « d'une centaine de morts » – on ne peut pas suspecter celui-ci d'exagérer le nombre des victimes, il passa la fin de sa vie à minorer l'événement.

Un autre témoignage direct mérite d'être pris en considération. Il émane d'un jeune haut fonctionnaire français, assurant l'intérim du préfet à Oran ce jour-là. Il est énarque à l'époque, et s'appelle Jean-Pierre Chevènement[9]. Il confirme que le 5 juillet 1962, au terme de cette terrible journée, les services de la préfecture effectuèrent un pointage – comme on dit – du nombre de victimes. Il s'élevait à 807 personnes – ce chiffre doit cependant être sensiblement minoré, car certains Européens ont pu fuir la ville par avion ou par bateau avant la fin de la journée. Il serait plus proche de la réalité de parler de centaines de morts. Les historiens

---

7. Selon l'historien Claude Paillat, *Dossier secret de l'Algérie, op. cit.*
8. Selon le journal de marche et d'opérations, retrouvé par le général Faivre aux archives de Vincennes.
9. Rencontre avec l'auteur le 5 septembre 2002.

semblent s'accorder aujourd'hui, mais à voix basse, sur deux à trois cents disparus[10]. Des centaines de morts, et pas vingt-cinq !

Des Européens et des musulmans pris dans l'autodafé de l'indépendance. Quel symbole gênant ! On comprend pourquoi la France gaulliste, l'Algérie ben-belliste et les anticolonialistes myopes ont cherché à occulter ce massacre. Alain-Gérard Slama explique ce durable désintérêt – celui des journalistes et des historiens – par la « mauvaise place » qu'occupe le massacre du 5 juillet dans la chronologie de la guerre d'Algérie. Nulle part. À la charnière de deux histoires ; pris entre deux histoires, celle de l'Algérie française qui s'achevait, et celle de l'Algérie algérienne qui n'avait pas encore commencé, le massacre du 5 juillet d'Oran fut, comme le martyre harki, jeté dans les basses-fosses du silence.

Un massacre d'État disparut.

Et là encore, il est nécessaire – pour dissiper ce mensonge de plus – d'éclairer la vérité. De remonter la chaîne des responsabilités. Qui dans la machine-État prit la décision de cantonner l'armée française dans ses casernes, de 11 heures à 17 heures, le temps du massacre ?

Après les faits, l'exécutif provisoire algérien désigna vite le responsable des massacres du 5 juillet. Un certain Attou Mouckdem, un dissident du FLN connu pour avoir terrorisé le quartier du Petit-Lac. Ce voyou était le coupable idéal. Et on classa l'affaire.

La responsabilité algérienne dans ce massacre prête toujours à controverse. On s'interroge encore sur la spontanéité de cette soudaine chasse à l'homme. On évoque – de plus en plus – une provocation de l'ALN de l'extérieur qui, dans sa rivalité avec les politiques du GPRA, cherchait à imposer, non seulement son pouvoir, mais aussi, sa conception d'une Algérie épurée de toute présence française[11]. Compte tenu de l'impossibilité d'accéder aux archives algériennes – ou françaises dans certains cas –, il est difficile de trancher.

En revanche, il est indéniable que ces massacres du 5 juillet ne

---

10. Alain-Gérard Slama, « Oran, 5 juillet 1962, le massacre oublié », *L'Histoire*, avril 1999, n° 231.
    11. *Ibid.*

se seraient pas produits – ou du moins pas à cette échelle – si l'armée française était venue au secours de cette population menacée de mort, dès le début des troubles vers 11 heures.

La non-intervention de l'armée française est en effet atterrante. Le général Katz a déserté ses responsabilités. Il a retenu ses troupes. Et laissé faire, jusqu'à l'inhumanité la plus totale, pourrait-on croire aujourd'hui. En vérité, le général Katz était un militaire exemplaire. Il n'était pas le *gauleiter* que les Oranais décrivent, mais simplement un homme aux ordres. Un de ceux sur qui de Gaulle pouvait compter en Algérie. Il était dans la ligne. Sa (meurtrière) neutralité est incompréhensible si l'on n'examine pas les pièces de l'affaire du 5 juillet[12]. La position du pouvoir français durant cette période de transition c'est : « Se mêler le moins possible de l'Algérie. » Ne pas s'interposer. Avoir le minimum d'ennuis avec le FLN. Ne pas le froisser. Et, pour toutes choses, demander l'autorisation, par des voies bureaucratiques, et courtoises, au chef local FLN d'intervenir...

Katz n'est qu'un homme de paille. Derrière il y a de Gaulle, encore lui. Si l'armée française a mis six longues heures à intervenir, c'est pour obéir à des ordres présidentiels précis. Le 18 avril 1962, de Gaulle déclare à ses ministres : « À Alger, à Oran, c'est à nous d'agir, dans cette période transitoire – c'est-à-dire jusqu'au 1er juillet 1962. Mais, dès que nous le pourrons, nous céderons les responsabilités aux Algériens... La France n'aura plus la responsabilité de l'ordre public sur cette terre-là. » Après nous, le déluge... ! Le 24 mai 1962, il renouvelle le diktat à ses ministres : « La France ne doit plus avoir aucune responsabilité dans le maintien de l'ordre après l'autodétermination. Elle aura le devoir d'assister les autorités algériennes, mais ce sera de l'assistance technique. Si les gens s'entre-massacrent, ce sera l'affaire des nouvelles autorités. »

Pourtant l'examen des faits établit que, en l'absence d'un protocole intérimaire sur le maintien de l'ordre, la France pouvait juridiquement – selon l'article V des accords d'Évian – protéger ses ressortissants, au moins jusqu'à la fin du mois de septembre ! Et *a fortiori* le 5 juillet. Or c'est de Gaulle lui-même, qui, quelques

---

12. Joseph Katz, *L'Honneur d'un général*, Paris, L'Harmattan, 1993.

jours avant le massacre du 5 juillet, refusa toujours – selon Alain Peyrefitte – d'user de ces prérogatives sur la protection des citoyens français. Rien n'ébranlait la détermination du Général. Pas même l'insistance de Pierre Messmer, ministre des Armées, qui demanda, au Comité des affaires algériennes que l'intervention des forces armées puisse être – aussi – déclenchée à l'initiative de la France. Cette idée d'une intervention dite d'initiative fut aussitôt bloquée par le général de Gaulle. Le 23 juin, une nouvelle instruction rappela que « la France n'exerce plus de responsabilités de maintien de l'ordre, même en dernier ressort, et sauf menaces directes et graves sur ses ressortissants* ». Cette instruction fut reprise par le chef d'état-major, le général Fourquet[13], qui ne l'appliqua pas à la lettre – surtout concernant les « menaces directes et graves sur ses ressortissants ». Plusieurs versions de cet ordre circulèrent. Au bout de la chaîne de commandement, des officiers supérieurs comme le général Katz ignorèrent les subtilités introduites dans les instructions du Comité des affaires algériennes[14]. Il reste l'essentiel : *ne pas s'en mêler.*

On le voit, la responsabilité, juridique et morale, du pouvoir français est engagée dans cette affaire. Par-delà celle, directe, des massacreurs algériens. Responsabilité française, et en particulier responsabilité du général de Gaulle lui-même, plus encore que celle de ses ministres, de ses hauts fonctionnaires ou du zélé général Katz. Le président de Gaulle ne surveilla-t-il pas lui-même, et jusque dans les moindres détails, l'affaire algérienne jusqu'à son terme ? Qui d'autre que lui a voulu supprimer de l'instruction Messmer du 23 juin 1962 toute notion d'« initiative » ? Car le scandale, justement, c'est que ce massacre d'État trouve son origine dans le manque *d'initiative* du général Katz.

---

13. Chef d'état-major en Algérie.
14. *Cf.* Maurice Faivre, *Les Archives inédites de la politique algérienne, op. cit.*
* Voir annexe 6.

Une mémoire sélective

Ce sont deux tragédies, l'une longtemps occultée, l'autre toujours oubliée. Toutes deux au nom de la raison d'État.

L'une participe de la mémoire algérienne. Il s'agit de la terrible répression policière du 17 octobre 1961, où des dizaines de manifestants algériens périrent. Et l'autre, ce massacre d'Oran du 5 juillet 1962, appartient à la mémoire Algérie française.

En 1999 on reconnut enfin le massacre des Algériens du 17 octobre 1961. La vérité éclata, provoquant enfin l'émoi dans la République, les explications confuses du gouvernement, et l'éviction durant quatre ans de deux archivistes honnêtes, Brigitte Lainé et Philippe Grand. La révélation au grand jour de ces crimes de la police française, dirigée alors par Maurice Papon, fut une conquête. Elle provoqua un salutaire réveil des consciences. On levait enfin le voile sur ces nuits sauvages où la police matraquait, jetait à l'eau parfois, parquait par centaines les Algériens au palais des Sports, ou à l'abri des regards. La France reconnaissait enfin l'inadmissible. Depuis quarante ans, on avait interdit aux historiens d'enquêter ; on leur opposait de faux bilans humains à la Préfecture de police ; ou des fins de non-recevoir aux Archives nationales. On s'en tenait à la version officielle diffusée par les services de Maurice Papon. Sur ce crime d'État, il y avait un silence d'État.

L'acharnement de l'historien Jean-Luc Einaudi[15], ses recherches et ses travaux finirent par avoir raison de ce silence. Il fut aidé en cela par une génération qui, à son tour, découvrait les mensonges *français* sur la guerre d'Algérie. Pour moi, le soutien à Einaudi fut naturel. Alors que je dirigeais un hebdomadaire, j'avais engagé des moyens importants pour l'aider, sortir de l'oubli les reportages photographiques de Kagan sur cette nuit macabre, retrouver les

---

15. Jean-Luc Einaudi a publié deux ouvrages sur cette question : *La Bataille de Paris*, 17 octobre 1961, Paris, Le Seuil, 1991, et *Octobre 1961, un massacre à Paris*, Paris, Fayard, 2001.

rescapés du 17 octobre 1961 et fixer leurs souvenirs dans des textes émouvants. Il fallait rendre justice à ces hommes.

Or, si l'on commémore désormais le 17 octobre 1961, on continue d'ignorer l'autre massacre.

17 octobre 1961... 5 juillet 1962... Le parallèle est saisissant. On a souhaité marquer, et à juste titre, le premier événement – si tardivement. Pourquoi n'en va-t-il pas de même avec le massacre du 5 juillet d'Oran ? Pourquoi ce persistant déni ? Quel pouvoir sera assez libre d'esprit – et indifférent à une crise de nerfs diplomatique d'Alger – pour reconnaître officiellement le massacre du 5 juillet d'Oran ? À moins qu'il ne soit, et pour longtemps, politiquement incorrect ? Comment est-il possible en effet, bientôt un demi-siècle après, de faire *comme si* à chaque occasion, comme si ces deux mémoires étaient toujours en guerre ? Comme si la guerre d'Algérie continuait, ici, là-bas. Quand finira-t-elle vraiment d'ailleurs ? Peut-être le jour où plus personne n'osera opposer les cadavres algériens dans la Seine et les charniers de pieds-noirs, quartier du Petit-Lac près d'Oran.

32

À la recherche de Mouloud Feraoun

Ce matin du 15 mars 1962, le ciel est splendide sur toute l'Algérie ; le printemps s'annonce. Les cigognes reviennent d'Alsace ; elles donnent le signal du bonheur. Dans mon souvenir, c'est le moment le plus heureux du pays.

Je vais avoir cinq ans. On fêtera mon anniversaire dans quinze jours. Une belle fête, me promet ma mère. Mes grands-parents viendront de Tlemcen, si les routes sont sûres.

Cependant le monde des grands ne tourne plus comme avant ; quelque chose cloche. Devant moi, on chuchote de plus en plus souvent. Des mots reviennent sans cesse, sourds, énigmatiques : « accords d'Évian », « OAS » encore, « FLN » de plus en plus souvent. Nous ne sortons plus. Ce printemps, les baignades dans la piscine communale, entourée de terres rouges comme je n'en verrai plus jamais, se font rares. Les fellaghas... On continue bien sûr à jouer la comédie du bonheur ; Papa vient de changer de voiture.

Mais ce qui me terrorise par-dessus tout, c'est *à cause des événements*, de ne plus revoir mon père. Lorsqu'il se rend à son studio de photographie ou dans les environs travailler, je ne vis plus. Je me souviens, je ne pensais qu'à ça, qu'à lui. Je ruminais et mon corps se nouait. Je me rappelle une manie idiote – redécouverte curieusement ces temps-ci dans les cours de récréation. Quand il tardait et que l'inquiétude était à son comble, j'arrêtais de respirer le plus longtemps possible. Pour m'étourdir, me faire souffrir, imaginer ce que cela pouvait être qu'être mort. Je devais battre un record, me mettre à l'épreuve, souffrir le plus longtemps possible et lorsque j'étais au bord de l'évanouissement, je revenais à la vie, je refaisais surface. Mon père absent, je me disais que je ne vivrais plus, que je passerais le reste de mon existence ainsi, dans un tunnel noir râpeux, une chute sans fin dans une sorte d'état d'apesanteur que l'apnée était censée figurer. C'était mon tribut à l'angoisse de la maison lorsque *Papa était dehors*.

À Alger, à quatre cents kilomètres de là, le même matin à la même heure, sous le même soleil, avec les mêmes cigognes dans le ciel, et un printemps plus marin qu'à Saïda à l'intérieur des terres, Mme Feraoun réveille deux de ses six enfants. Les aînés, Ali et Mokrane, doivent aller à l'école. Mouloud Feraoun leur père proteste gentiment. Il dit à sa femme : « Laisse les enfants dormir. » Ce matin, ils ne se rendront pas à l'école – « Trop dangereux », dit le père, d'autant que la veille, les Feraoun se sont couchés un peu plus tard que d'habitude à la villa Lung, sur les hauteurs d'Alger. Ils ont veillé dans la cuisine, puis au salon où ils ont regardé la télévision. Il y en avait quelques-unes à Alger et à Oran depuis un an. Ils ne voulaient pas manquer, sous aucun prétexte, l'émission de Pierre Dumayet, « Lecture pour tous » – diffusée en différé à la télévision d'Alger. Ce soir là, Dumayet recevait l'ami algérois de Mouloud Feraoun, Emmanuel Roblès, venu parler de son dernier roman.

« Ça lui a fait beaucoup plaisir, se souvient le fils de Mouloud Feraoun, Ali, dans une lettre à Roblès au lendemain de l'assassinat de son père. Je sais quelle amitié vous liait. Après l'émission nous avons parlé de vous et il est allé se coucher. C'est la dernière fois que je le voyais. »

Ce soir-là – se souviendra son fils – Mouloud Feraoun avait étrangement passé sa vie en revue, toutes les écoles où il avait exercé. À chaque poste étaient attachés un souvenir, des figures, celle du Blanc métropolitain tête de cochon et raciste, ou de ses frères pieds-noirs, ou de ses amis communistes, ou de ses élèves arabes de quinze ans, promis à un bel avenir et qui allaient trouver la mort dans les maquis du FLN.

J'entends Feraoun répéter à sa femme, d'une voix douce où roulent les « r » comme seuls s'exprimaient les Arabes francisés de cette génération : « Laisse les enfants dormir. » J'imagine Mme Feraoun, pas convaincue mais fataliste. Et Ali, réveillé et faisant semblant de dormir, attendant le verdict des parents. Je sais le ton qu'employa Mouloud Feraoun pour trancher. « Chaque matin tu fais sortir trois hommes. Tu ne penses tout de même pas qu'ils te les rendront comme ça tous les jours ! » Et tandis qu'Ali devait se rendormir, il a dû entendre sa mère faire mine de « cracher sur le feu pour conjurer le mauvais sort »

Quel âge avait-il, Ali, en 1962 ? Bien plus du double du mien ; il fut en âge de prendre la responsabilité de publier la même année le beau, le terrible *Journal* de Feraoun, qui constitue la meilleure recension de l'histoire de la Peste en Algérie. Ali Feraoun est le plus malheureux d'entre nous. Lui, on a tué son père. Il y eut alors tant d'Ali Feraoun chez les Arabes, les Kabyles et les Européens ! La Peste choisissait, de manière indifférenciée, les pères qui ne reviendraient pas le soir.

Voici ce qui arriva au père d'Ali Feraoun.

À Château-Royal, l'importante réunion des centres sociaux et éducatifs devait commencer à dix heures, mais on décida d'attendre les retardataires. La quarantaine d'inspecteurs du CSE venaient de toute l'Algérie, et les routes étaient bien dangereuses. On n'avait pas adressé de convocation par la poste, tout s'était passé oralement car on savait, depuis quelques semaines, que les CSE étaient dans le collimateur de l'OAS. Tous les matins, *L'Écho d'Alger* d'Alain de Sérigny s'en donnait à cœur joie contre eux. La campagne avait été lancée en 1960 par le général Gardes : « Un foyer de communistes, le plus grand vivier du FLN », avait-il accusé. Mais la rumeur algéroise valait condamnation à mort... Max Marchand, le directeur des CSE, avait donc pris ses précautions. D'autant qu'un préfet gaulliste, M. Petitbon, devait faire le déplacement pour cette réunion. La période était nerveuse. Les accords d'Évian étaient sur le point d'être signés. Le FLN suspendait son souffle, le gouvernement français aussi. Et l'OAS maintenait la pression par la terreur, dans une folle course contre la montre contre l'indépendance.

10 h 30. La réunion était sur le point de débuter dans ce vaste ensemble verdoyant, abritant, dans un triangle limité par des

routes, l'école normale de jeunes filles d'Alger, des services de l'Éducation nationale, des logements de fonction, et, bien sûr, les bureaux des CSE dont c'était le siège. Tous les chefs de département avaient rejoint la salle de réunions, un baraquement inhabituel, situé au fond de la cour, un peu en retrait[1]. Un chevalet portant les noms indiquait leur place.

C'est alors qu'une Peugeot 403 noire et une Peugeot 203 beige pilent devant l'entrée du CSE. Les voitures viennent d'Alger. Quelques minutes plus tôt, leurs passagers se sont arrêtés à un bureau de l'Institut géographique national, afin d'acheter une carte du quartier Ben-Aknoun et donc de Château-Royal. Ensuite ils ont pris la route nationale et remonté lentement l'allée bordée de palmiers qui conduit au domaine.

Six hommes descendent des véhicules ; deux autres manœuvrent les voitures afin qu'elles soient en position de départ. Ils sont jeunes, d'allure sportive – des témoins les prennent pour des militaires venus procéder à un contrôle d'identité. Ils ne sont pas masqués, ils sont armés de pistolets-mitrailleurs. Ils se divisent en deux groupes. L'un détruit la ligne de téléphone et neutralise les membres du personnel qui se demandent, terrorisés, « s'ils sont de l'OAS ou si ce sont des barbouzes ». L'autre se dirige vers le préfabriqué où se tient la réunion des inspecteurs du CSE. Le dernier retardataire, Marcel Basset, vient de pénétrer dans la salle. La porte s'ouvre à nouveau. Les trois hommes du second commando surgissent arme au poing. L'un d'entre eux ordonne – les témoins signaleront que dans chaque groupe un seul homme parlait : « Mains en l'air, vous reculez de la table et vous vous mettez le long du mur. » Les témoins décriront un homme jeune, trente ans environ, portant des lunettes, mesurant à peu près 1,75 mètre et parlant d'un ton plutôt aimable. Les dix-huit participants s'exécutent.

Le chef du commando passe en revue les prisonniers, vérifie d'un geste l'absence d'armes, et s'attarde devant le directeur des CSE, Max Marchand. Le chef des commandos prend un ton rassurant : « N'ayez pas peur. On ne vous fera rien. Il s'agit

---

1. Jean-Philippe Ould Aoudia, *L'Assassinat de Château-Royal*, Éditions Tiresias, 1992.

simplement d'enregistrer une bande. » L'assemblée semble soulagée, ce n'était que cela : un enregistrement pour une de ces émissions pirates à la radio et à la télévision dont l'OAS s'était fait une spécialité.

Ensuite, c'est l'appel des noms. L'homme lit une liste. Lentement. Si lentement que chaque instant de cette attente est un gouffre entre les noms qui se succèdent dans l'ordre alphabétique.

Aimard Robert... Un Français. Le premier. Pourquoi un Français ? Pourquoi Aimard ? Pourquoi lui ? Pas activiste, pas FLN, ayant tout juste reçu une lettre de menace – ils en recevaient tous – dont il avait parlé à ses amis.

À cet instant, dans l'immense silence qui précède le prochain nom, j'imagine Mouloud Feraoun. Je le revois, à partir de cette photo de lui découverte après la lecture de son *Journal*. Sur cette photo d'identité : une petite moustache soignée comme en portaient alors les vieux juifs républicains d'Algérie ; un costume croisé, IIIe République lui aussi. Au bas de la photo, il doit y avoir une montre de gousset. Feraoun, le modèle du musulman intégré, avec un air de ressemblance avec le Ferhat Abbas de 1945, celui qui croit encore à l'intégration à la France...

La première fois que je m'intéressai au *Journal* de Feraoun – ce monument –, ce fut raté. Je n'avais pas apprécié, en feuilletant le livre, qu'en date du 4 janvier 1960 l'écrivain algérien n'évoque pas la mort d'Albert Camus, qu'on disait son ami.

À la deuxième lecture j'avais compris. Feraoun n'en pouvait plus de cette guerre. C'était devenu invivable. Début 1960, il interrompt son *Journal*. Il étouffe en écrivant ; comme il étouffe en se taisant. Je découvris là un frère de Camus, son jumeau en littérature. Il renvoie dos à dos les deux terreurs. On est frappé, particulièrement dans ses chroniques de la décisive année 1956, par la lucidité de Feraoun devant les maquisards du FLN qui terrorisent les campagnes, autant que devant la bêtise de l'armée française du temps de la bataille d'Alger. Feraoun refuse de choisir. Souvent, il est désespéré. Un jour, il voudrait, tel un amant éconduit par la France, voir disparaître les Français d'Algérie, leurs livres, leurs bâtiments, leurs écoles. Dans ces moments d'abattement, il pourrait embrasser le premier FLN venu. Mais ce serait pour mieux le repousser, et l'insulter avec la sèche obscénité de la langue des faubourgs d'Alger. Pour l'accuser, lui comme l'OAS, de propager la Peste, et de préparer d'autres malheurs algériens... C'est dans le *Journal* de Feraoun qu'on trouve les premières – et convaincantes – dénonciations du totalitarisme FLN, lorsqu'il parle du massacre de Melouza[2] autant que de ces assassinats absurdes de gardes champêtres ou de paysans par les moudjahidin.

À la seconde où le jeune OAS finit d'appeler Basset, Mouloud Feraoun sait que ce sera son tour. Il a appris à détecter l'odeur de la mort. Depuis qu'il tient son *Journal* – le 1er novembre 1955, un an après le début de l'insurrection – Feraoun n'est hanté que par une idée : il sait qu'il ne survivra pas à cette guerre. Mais il ignore d'où viendra la balle. Selon les jours, il balance.

L'armée française ? Cet officier des SAS qui le persécute ?

L'OAS ? La bande d'Achard[3] particulièrement sanguinaire à Alger ?

Ou bien les maquisards du FLN, sur dénonciation, pour déviationnisme, par un ordre venu – pourquoi pas ? – du Caire ou de Tunis ? La mort rôde, il le sait, Feraoun. Il se dit qu'ils vont tous mourir et à mesure qu'approche l'indépendance la ronde de la mort se resserre autour de lui.

Quelle heure devait-il être ? 10 h 45, 11 heures peut-être, quand l'homme prononça : Feraoun Mouloud. L'écrivain ne cilla pas, sa pâleur était déjà extrême. Il tendit, comme les autres, sa carte d'identité française à l'homme armé, toujours aussi affable, comme doivent l'être d'ailleurs tous les guichetiers de la mort. Puis ce fut le tour des quatre autres. D'Hammoutene Ali, de Max Marchand bien sûr, puisqu'il était pour ainsi dire « condamné à mort » par l'OAS – depuis un an au moins –, d'Ould Aoudia Salah. Au septième nom, celui de Petitbon Marcel, le préfet attendu, un silence. Il était absent[4].

---

2. *Cf. supra.*

3. Un des chefs locaux de l'OAS d'Alger.

4. D'après l'OAS, c'était en fait l'homme visé par le commando, car il avait participé aux contacts entre Matignon et Leroy et Sarradet, les « scissionnistes ». *Cf.* Jean-Philippe Ould Aoudia, *L'Assassinat de Château-Royal, op. cit.*, p. 89 et suiv.

Il dut y avoir alors le mouvement de menton du tueur, économe de mots, désignant la cour. On fit sortir les six hommes désignés. Un témoin, neutralisé par le premier commando, les vit s'avancer. Ils formaient une file lente et avaient les bras posés sur la tête.

Les six hommes avaient préparé l'exécution, méthodiquement. Deux fusils-mitrailleurs disposés dans la cour. Deux monstres. Le premier est disposé à l'entrée de la cour, côté ouest ; le second plus à l'intérieur, côté sud. Toute fuite est rendue impossible.

Ensuite, il y eut le bruit sec des canons qu'on enclenche. Et la mitraille, trouant le beau silence champêtre de ce matin-là. Six armes : les deux fusils-mitrailleurs, les quatre pistolets-mitrailleurs.

À l'intérieur de la salle, les douze inspecteurs, restés sous bonne garde, n'y croient pas. Ils imaginent la détonation d'une bombe plutôt que la mitraille de l'exécution, tant les cent neuf crépitements des armes ressemblaient à un coup de tonnerre.

Selon des témoins, Feraoun fut l'un des derniers à survivre. Il avait reçu douze balles. Aucune sur le visage. Le commando OAS avait tiré dans les jambes. Ce sont les modes d'exécution les plus sûrs. Le condamné à mort, on est sûr de l'avoir. Il se plie puis il s'affaisse...

Au soir du 15 mars 1962, Ali Feraoun écrit à Roblès : « Je l'ai vu à la morgue. Douze balles, aucune sur le visage. Il était beau, mon père, mais tout glacé et ne voulait regarder personne. Il y en avait une cinquantaine, une centaine, comme lui, sur des tables, sur des bancs, sur le sol, partout. On avait couché mon père au milieu, sur une table[5]. »

En février 1962, Mouloud Feraoun envoyait son manuscrit rue Jacob, aux éditions du Seuil. Des centaines de feuillets écrits entre le 1er novembre 1955 et ce qu'il croyait – un instant – être la fin de la guerre. Bouclé. Corrigé. Relu. Le livre est fini. Mais quelque chose ne va pas dans ce *happy end*. Dans ces dernières lignes, il y a une naïveté politique qui ne ressemble ni à l'époque ni à l'auteur. Début février, Feraoun pouvait imaginer, bien sûr, que,

---

5. Lettre du fils de Mouloud Feraoun, Ali, à Emmanuel Roblès, Paris, Le Seuil, 1962. Voir annexe 7.

les pourparlers ayant repris entre le FLN et le gouvernement français, la fin de la guerre d'Algérie était proche. On pouvait croire que la bête algérienne allait s'assoupir. C'était mal la connaître. Les mois suivants, mars, avril, mai 1962 seraient les plus terrifiants de la guerre, comme une agonie à son zénith. Un corps fou de douleur qui se cabrerait avant la mise à mort de l'Algérie française. Un dernier sursaut de sauvagerie. Le *Journal* de Feraoun se poursuivait donc malgré lui dans ce mois supplémentaire de vie. Après la fausse conclusion, ce « Cesse la terreur. Vive la liberté », il y avait ces codicilles rédigés jusqu'au 14 mars au soir, ce livre qui poussait malgré Feraoun et en particulier ce jour où la mort si proche lui tournait le dos.

« Depuis deux jours je suis enfermé chez moi pour échapper aux ratonnades. Il y en a eu une formidable à Bab el-Oued, des dizaines de morts ou blessés, une rue Michelet, une rue d'Isly. C'était avant-hier, rue d'Isly. Ce jour-là, j'ai assisté au mitraillage. À 11 h 5, face à Monoprix, foule, mitraille, fuite désordonnée des passants. À côté de moi, sur la chaussée, des gendarmes en jeep passent à une allure de piétons, imperturbables, le dos tourné aux assassins. L'un des assassins est juste à mon niveau sur le trottoir qui me fait face, mais lui aussi me tourne le dos, il a un chandail bleu clair, il est jeune, trapu, tout rondelet, il tire très courroucé, et je vois une silhouette qui tombe, une autre fuit vers le boulevard Bugeaud. Le temps de traverser, les assassins ont suivi le fuyard et je les vois au bout de la rue, ils sont deux ou trois. Des gosses accourent, puis des grandes personnes, enfin les gendarmes qui avaient fini par s'arrêter et décidé d'intervenir. Je n'ai pas le courage de m'approcher des deux corps étendus. Je m'en vais, la peur dans le ventre, la sueur au front.

« À la radio j'ai appris que c'était là une "fin de série" car les choses avaient commencé une heure plus tôt et en haut de la rue Michelet. À ce moment-là il y avait déjà une douzaine de musulmans étendus sur les trottoirs. »

Épilogue

« Il était beau mon père, mais tout glacé... »

À cause de cette phrase, j'ai continué à chercher Ali Feraoun. Je voulais connaître ce fils – le fils de Mouloud Feraoun ; avec plus de détermination encore que Delphine Renard, certains terroristes de l'Algérie française ou les éminences gaullistes que j'avais traqués. Je tenais à entendre sa voix, à voir son visage, et les traces de cette souffrance inscrites chez le jeune auteur de la bouleversante postface au *Journal* de Mouloud Feraoun*.

Il m'a fallu du temps, bien des efforts, pour le retrouver en Algérie : courriers sans réponse, mauvaises adresses, erreurs d'e-mail... Un an.

Il est là enfin, avec son frère Mokrane, chez Germaine Tillion, amie de Mouloud Feraoun, son père. Mouloud Feraoun était inspecteur des centres sociaux fondés par Germaine Tillion. J'ai organisé cette rencontre pour les entendre parler de lui, de l'Absent, de Feraoun, et encore, de ce monde d'hier. Curieusement, Germaine Tillion n'avait jamais rencontré Ali Feraoun. Lui ne connaissait d'elle que son adresse depuis qu'enfant il lui postait religieusement les lettres de son père. *Germaine Tillion, 3, avenue Daumesnil, Saint-Mandé, département de la Seine*[1]...

---

* Voir annexe 7.

1. Le département de la Seine est l'ancien département de la région parisienne formé de Paris et de sa banlieue, partagé en 1964 entre la Ville de Paris, les Hauts-de-Seine, la Seine-Saint-Denis et le Val-de-Marne.

Depuis quarante ans, à chacune de ses venues à Paris, il passait devant chez elle, vérifiait que l'adresse était bonne, levait la tête sur le dernier étage de la petite maison. Il n'avait jamais osé monter la voir, me confia-t-il avant ce rendez-vous qui l'impressionnait. Mokrane Feraoun, son cadet, lui, habite Paris depuis 1964 ; il connaît bien Germaine à qui il vient d'offrir ce petit chien qu'on fête aujourd'hui et dont elle ne se sépare plus.

Personne n'a voulu s'asseoir à la place où se tenait Mouloud Feraoun quand il venait la visiter, et d'où il apercevait le lac du bois de Vincennes et ses cygnes. Toujours à la même place.

Ali Feraoun le fils aîné, et Mokrane, son cadet, ont la soixantaine. Ils conservent des « airs de fils ». Jusqu'à leur mort, ils resteront à jamais les enfants de Feraoun. C'est leur destin, leur malheur, leur mission. La foudre qui s'abattit sur eux à l'adolescence, le 15 mars 1962, a, pour la vie, façonné leurs traits, leur allure, la douce juvénilité qu'ils affichent.

Ce matin, avant de venir, j'ai relu le texte de Germaine Tillion paru dans *Le Monde* du 17 mars 1962. Il s'intitulait « La bêtise qui froidement assassine ». Germaine Tillion a écrit cet article à l'annonce de l'assassinat de Château-Royal, en rage, en larmes, dans ce petit appartement simple et briqué où nous nous trouvons. Elle avait cinquante-cinq ans à l'époque. Son chagrin était immense : tant de choses la reliaient à Feraoun, son congénère : cette utopie des CSE[2] qu'elle créa en 1955 et cette position singulière d'humaniste dans la décolonisation – à la différence de Sartre et des porteurs de valises. J'ai été ému par ce beau texte. Je lui en reparle, croyant qu'elle l'aurait oublié. Non. Tout de suite, elle emploie les mêmes mots : « Assassiné... Non pas par hasard, non pas par erreur, mais appelé par son nom, tué par préférence... Parce que cela entrait dans les calculs imbéciles des singes sanglants qui font la loi à Alger... »

« Les singes sanglants »... Aujourd'hui, quarante-deux ans après, presque centenaire, son petit chien dans les bras, la colère de Germaine Tillion reste intacte. La « bêtise » tuait, en Feraoun, le symbole d'un syncrétisme franco-algérien. Bêtise... bêtise... Bêtise de toutes les terreurs.

---

2. Centres sociaux éducatifs, *cf. supra.*

Je les écoute tous trois. L'impeccable français de Feraoun légué à ses fils. Leur existence à cheval entre Paris et Alger. Mokrane, installé en France depuis si longtemps, qui m'explique qu'« il a quitté l'Algérie pour les mêmes raisons que les pieds-noirs ». Il ne voulait pas vivre dans ce pays-là. Et Ali, agronome reconnu, toujours algérois, responsable du seul parti fréquentable en Algérie, le RCD[3], militant intraitable de la laïcité. J'ai tant pensé à lui, à eux. Je craignais – comment dire... – d'être déçu. Je ne le suis pas, bien au contraire.

La discussion est animée. On parle d'Alger et puis de Paris. Du passé, du présent – dans le désordre – et de la joie de se trouver.

Germaine Tillion se rappelle sa nomination par Jacques Soustelle à la tête des CSE. Elle revenait en Algérie vingt ans après ses débuts d'ethnologue dans les Aurès. « Le pays était déjà turbulent avant-guerre. »

Ali décrit les réceptions du Palais d'été d'Alger, celui du gouverneur français, où parfois il accompagnait *Feraoun* – c'est toujours ainsi qu'Ali et Mokrane parlent de leur père. Il se souvient de la franche amitié qui le liait à Jacques Soustelle, « au temps de l'intégration, avant qu'il ne vire OAS ». Germaine le reprend. Elle explique l'itinéraire de Soustelle par le choc émotionnel ressenti par celui-ci au moment des massacres d'Européens dans le Philippevillois en 1955.

Ali se souvient aussi de la visite de François Mitterrand, ministre de la IVe, dans l'école de son père. Mitterrand demanda à Feraoun de faire lever les couleurs françaises dans la cour de l'école tous les matins, comme le règlement l'y obligeait. Mouloud Feraoun fit la moue, expliqua au ministre que ce serait une bêtise, une provocation inutile. Mitterrand en convint finalement...

Puis ils reparlent de la nuit de la trêve civile de Camus. Je réalise à quel point elle fut importante, pour eux aussi. Germaine croit s'en souvenir. Elle était là, non loin de Camus et de Roblès. Ali confirme la présence de Feraoun à cette réunion.

Ensuite, on parle de tout et de rien. On prend des nouvelles de

---

3. Le Rassemblement pour la culture et la démocratie de Saïd Saadi fait partie des principaux partis d'opposition laïcs au FLN.

L'Observateur ; des éditions du Seuil, l'éditeur de Feraoun ; de la gauche française et de ses grandes figures – « Comment va Jean Lacouture ? ». On parle de Paris, comme si c'était encore le centre du monde, avec la ferveur de l'Honnête homme des années 1960. Comme si rien n'avait changé depuis la mort de Feraoun.

On plaisante aussi, et l'on discute du goût des *makrouds*, ces magnifiques petits gateaux faits de miel et de semoule, dont on se demande longuement s'ils sont musulmans et destinés à rompre l'Aïd, ou juifs, ou espagnols...

« L'Algérie c'est la France... » Ce monde disparu dans lequel je suis né, je l'ai cherché partout. Il est là tout à coup. Dans le bonheur simple de cette rencontre, dans ces rires, dans ces larmes, et cette dispute sur le goût des makrouds. Mon Algérie française, je l'ai traquée sur tous les chemins, dans les films 8 mm couleur de l'enfance, dans les catalogues de propagande édités à grands frais, lors du Centenaire de l'Algérie en 1930. J'en ai retrouvé la trace dans l'architecture moderniste d'Alger, ou celle rococo, jaunie par le temps et si IIIe République d'Oran. Je l'ai pourchassée, et sur toutes les fausses pistes.

J'ai cru échouer. Au cours de ce voyage, cette Algérie-là restait, trop souvent, une abstraction, un slogan, une nostalgie bouffie par les âges. Je n'en retrouvais pas les traits, mais la caricature. Les souvenirs des anciens combattants étaient trop crispés, figés dans ce rictus affreux caractéristique de certains cadavres. Ce n'était pas là l'Algérie que j'attendais – utopie cruelle et généreuse – à laquelle Camus et Feraoun s'agrippèrent.

J'avais voulu aller au-delà de la carte postale que je savais trompeuse ; donner à ce « Monde d'hier » des couleurs, une réalité, par-delà le ressentiment des uns et des autres. Mais je voulais, en vérité – je le réaliserai en chemin –, retrouver, non pas l'Algérie française, mais la teneur de cette rencontre, entre la France et l'Algérie. De quoi était donc faite cette chimie méditerranéenne complexe, entêtante jusqu'à aujourd'hui ? Qu'est-ce qui avait poussé ce petit garçon arabe de douze ans, dans la foule oranaise accueillant Chirac en mars 2003, à scander « Algérie française », sans savoir ce qu'il disait ou en le sachant trop peut-être... L'Algérie française, ou la France algérienne – qu'importe à l'instant les préséances sémantiques – ce n'était donc pas ce que j'avais cru rencontrer. Pas une civilisation morte, pas cette Atlantide. Lorsque j'évoque ce « rendez-vous raté » entre la France et l'Algérie, Germaine la belle ancêtre rit de mon ingénuité : « Mais non ! Rien n'est fini entre la France et l'Algérie. On se trompe en disant cela. C'est une histoire qui continue, qui va reprendre. Autrement. »

Au moment de se séparer, on s'assombrit en parlant de *là-bas*. La terreur, celle du GIA, les trente morts par semaine à Médéa, en Kabylie, ou près de Saïda. La terreur – non plus celle du colonialisme, du FLN de 1957, ou de l'OAS – mais celle bien présente des islamistes. Mais quelle malédiction pèse donc sur ce pays ? Comme l'invocation de ma grand-mère, à la moindre annonce d'un malheur présent ou à venir, dans cet arabe que parlaient les Juifs d'Algérie, et que pourraient reprendre à leur compte tous les Lopez ou les Feraoun : « *Harlech hour lé oum ?* » Pourquoi sur nous ?

Pourquoi sur eux, les Feraoun ? J'apprends que l'épouse de Mokrane est la fille d'un pharmacien arabe, assassiné par le FLN en 1957. Pour l'exemple, parce qu'il semblait *trop français*. L'épouse d'Ali, elle, est en exil depuis 1995. Professeur d'université, et militante laïque elle aussi, elle a fui Alger après avoir été victime d'un attentat du GIA. Depuis, elle est une migrante en Europe. Lorsque Ali parle de l'homme qui voulut assassiner sa femme – un émir de vingt-trois ans, milliardaire et sanguinaire, qui terrorise les environs d'Alger –, il y a dans son regard le même effroi que lorsqu'il évoque l'assassinat de son père. Comme si la meute de la terreur, celle du pire FLN, de l'OAS ou du GIA, était du même parti, et hurlait un semblable *Viva la muerte* !

ANNEXES

ANNEXE 1

Chronologie
Glossaire

Une chronologie de la guerre d'Algérie

1945

8-10 mai : Massacres de musulmans en représailles à des attentats perpétrés à Sétif et à Guelma.

1946

Mars : Création de l'Union démocratique du manifeste algérien par Ferhat Abbas.

Novembre : Messali Hadj fonde le Mouvement pour le triomphe des libertés démocratiques (MTLD).

1947

20 septembre : Adoption du statut de l'Algérie.

20 octobre : Élections municipales. Triomphe des « nationalistes » : UDMA et MTLD.

1948

4-11 avril : Élections à l'Assemblée algérienne truquées par le gouverneur général Naegelen.

1954

1er novembre : Une vague d'attentats contre les Français en Algérie marque le début de la guerre. Proclamation du Front de libération nationale.

22 décembre : À la suite à la dissolution du MTLD, Messali Hadj fonde le Mouvement national algérien.

1955

26 janvier : Jacques Soustelle est nommé gouverneur général d'Algérie par le gouvernement Mendès France.

20 août : Massacres d'Européens dans le Philippevillois. Le soulèvement des musulmans est sévèrement réprimé.

1956

22 janvier : Conférence de la trêve civile à Alger, organisée par Camus et Roblès.

2 février : Jacques Soustelle est remplacé par Robert Lacoste.

6 février : Journée des tomates : Guy Mollet, président du Conseil, est accueilli à Alger par des manifestations d'hostilité des Européens d'Algérie.

12 mars : Vote des pouvoirs spéciaux au gouvernement Guy Mollet.

11 avril : Le service militaire est allongé à 27 mois, 70 000 hommes « disponibles » du contingent de 1953 sont rappelés.

21 avril : Ferhat Abbas rallie le FLN au Caire.

22 avril : Pierre Mendès France, ministre d'État, en désaccord avec la politique algérienne du gouvernement, démissionne.

10 août : Bombe contre-terroriste dans la casbah, rue de Thèbes à Alger.

20 août : Le congrès du FLN dans la vallée de la Soummam (Kabylie) définit les buts de guerre, se donne des institutions et se déclare le seul et unique représentant du peuple algérien.

30 septembre : Bombes FLN au Milk Bar et à la Cafétéria, des cafés d'Alger.

22 octobre : Détournement par l'armée française de l'avion transportant des dirigeants du FLN de Rabat à Tunis.

2-5 novembre : Expédition de Suez.

1er décembre : Le général Raoul Salan est nommé commandant en chef en Algérie.

27 décembre : Assassinat d'Amédée Froger, président de l'Association des maires d'Algérie. Suivent de violentes émeutes anti-arabes.

1957

7 janvier : La 10e division parachutiste du général Massu est chargée du maintien de l'ordre à Alger. Début de la bataille d'Alger.

16 janvier : Attentat au bazooka contre le général Salan.

28 mai : Massacre de la population civile dans le village de Melouza par le FLN.

11 juin : Arrestation de Maurice Audin, militant communiste pro-FLN, assistant de la faculté des sciences d'Alger.

1958

31 janvier : L'Assemblée nationale vote la loi-cadre sur l'Algérie.

15 avril : Chute du gouvernement Gaillard. Longue crise ministérielle.

13 mai : Prise du palais du gouvernement général par les Européens à Alger. Formation d'un Comité de salut public sous la présidence du général Massu.

14-15 mai : Investiture de Pierre Pflimlin. « Vive de Gaulle ! » lancé par Salan à Alger. Le Général se déclare prêt à assumer les pouvoirs de la République.

1er-3 juin : L'Assemblée nationale investit de Gaulle et lui donne les pleins pouvoirs.

4 juin : Dans un discours à Alger, de Gaulle déclare aux Européens . « Je vous ai compris. »

19 septembre : Formation du Gouvernement provisoire de la République algérienne (GPRA) dont Ferhat Abbas est le premier président.

28 septembre : La nouvelle Constitution française est approuvée par référendum.

3 octobre : De Gaulle annonce à Constantine un plan de développement en cinq ans pour l'Algérie.

23 octobre : Dans une conférence de presse, de Gaulle propose au FLN la paix des braves.

19 décembre : Le général Maurice Challe et Paul Delouvrier reprennent les fonctions du général Salan.

1959

27-31 août : Première tournée des « popotes » du général de Gaulle en Algérie.

16 septembre : De Gaulle proclame le droit des Algériens à l'autodétermination.

28 septembre : Refus du GPRA qui exige l'indépendance totale avant toute discussion.

15 octobre : Attentat de l'Observatoire contre François Mitterrand.

1960

4 janvier : Mort d'Albert Camus.

24 janvier : Début de la semaine des barricades à Alger.

3-5 mars : Deuxième tournée des « popotes » du général de Gaulle en Algérie.

9 juin : Le général de Gaulle reçoit Si Salah à l'Élysée.

25-29 juin : Échec des entretiens de Melun avec les émissaires du GPRA.

5-6 septembre : Procès à Paris des membres du réseau Jeanson de soutien au FLN. Publication du « Manifeste des 121 » sur le droit à l'insoumission en Algérie.

4 novembre : Discours du général de Gaulle sur « l'Algérie algérienne ».

22 novembre : Création d'un poste de ministre d'État des Affaires algériennes, confié à Louis Joxe.

24 novembre : Départ de Paul Delouvrier, remplacé par Jean Morin, comme délégué général du gouvernement en Algérie.

9-12 décembre : Dernier voyage du général de Gaulle en Algérie. Manifestations violentes de soutien au FLN à Alger.

1961

8 janvier : Les Français se prononcent par référendum à 75 % pour le droit à l'autodétermination du peuple algérien.

Fin janvier-début février : Création de l'Organisation armée secrète (OAS).

Fin février : Rencontre entre Georges Pompidou et le FLN en Suisse.

21-22 avril : Putsch des généraux à Alger : Challe, Jouhaud, Zeller et Salan tentent de s'emparer du pouvoir.

20 mai-17 juin : Négociations à Évian avec le FLN.

20-28 juillet : Nouveaux entretiens avec le FLN au château de Lugrin.

9-28 août : Réunion du CNRA à Tripoli. Ben Khedda succède à Ferhat Abbas à la tête du GPRA.

5 septembre : De Gaulle lâche le Sahara.

17 octobre : Manifestation de plusieurs dizaines de milliers d'Algériens à Paris, réprimée brutalement par la police.

1962

8 février : Manifestation à Paris contre les exactions de l'OAS et pour la paix en Algérie. Violente réaction policière : huit morts et plus de cent blessés au métro Charonne.

18 février : Pourparlers des Rousses dans le Jura.

7-18 mars : Ouverture de la seconde conférence d'Évian et signature des accords d'Évian.

19 mars : Proclamation du cessez-le-feu en Algérie.

23 mars : Insurrection et siège de Bab el-Oued.

26 mars : À Alger, les troupes françaises ouvrent le feu sur des manifestants pieds-noirs, rue d'Isly.

8 avril : Référendum en métropole sur les accords d'Évian : 90 % de oui.

17 juin : Conclusion des accords Susini-Farès à Alger.

1er juillet : Référendum d'autodétermination en Algérie. L'indépendance est approuvée par 99,72 % des voix.

3 juillet : Le général de Gaulle reconnaît l'indépendance de l'Algérie.

5 juillet : Proclamation de l'indépendance. Massacre de pieds-noirs à Oran.

Glossaire

AFN : Afrique Française du Nord
Regroupe l'Algérie, la Tunisie et le Maroc jusqu'en 1956.

ALN : Armée de libération nationale
Les forces militaires du FLN organisées au congrès de la Soummam en août 1956.

CNRA : Conseil national de la révolution algérienne
Organisme dirigeant du FLN institué au congrès de la Soummam en août 1956.

DPU : Dispositif de protection urbaine
Organisation d'encadrement de la population d'Alger créée par le colonel Trinquier en 1957.

ENA : Étoile nord-africaine
Premier parti nationaliste algérien créé en 1926 par Messali Hadj. Devient le Parti du peuple algérien (PPA) en 1937, puis le Mouvement pour le triomphe des libertés démocratiques (MTLD) après la Seconde Guerre mondiale.

FAF : Front de l'Algérie française
Mouvement fondé le 15 juin 1960 par les activistes algérois (Pérez, Susini) ; dissous en décembre 1960, précurseur de l'OAS.

FLN : Front de libération nationale
Mouvement lancé en novembre 1954 par des nationalistes algériens partisans de l'action armée.

GG : Bâtiment du gouvernement général à Alger
Depuis 1834, l'Algérie est administrée par un gouverneur général ; remplacé en 1956 par un résident général ; en 1958, par un délégué général ; en 1960, par un ministre chargé des Affaires algériennes, mais le bâtiment n'a pas changé de dénomination.

GPRA : Gouvernement provisoire de la République algérienne
Exécutif provisoire algérien créé le 19 septembre 1958 par le FLN au Caire et placé sous le contrôle du CNRA.

MNA : Mouvement national algérien
Mouvement de Messali Hadj créé en 1954 après une scission qui a entraîné certains de ses membres vers le FLN.

OAS : Organisation armée secrète
Mouvement terroriste fondé à Madrid, en janvier-février 1961, par des activistes et des militaires opposés à la politique algérienne du général de Gaulle.

PCA : Parti communiste algérien
Fondé en 1936. La plupart de ses militants rejoindront le FLN à partir de 1956.

RPF : Rassemblement du peuple français
Parti gaulliste fondé en 1947, dissous en 1953.

SAS : Sections administratives spécialisées
Sections de l'armée spécialisées dans l'encadrement et l'aide aux populations musulmanes en milieu rural.

SAU : Sections administratives urbaines
Sections de l'armée spécialisées dans l'encadrement et l'aide aux populations musulmanes en ville.

UDMA : Union démocratique du manifeste algérien
Parti de notables, nationalistes modérés, fondé en avril 1946 par Ferhat Abbas, pour promouvoir une République algérienne fédérée à la France.

ANNEXE 2

Lettre de Me Isorni à Valéry Giscard d'Estaing

La lettre de Me Isorni[1]**, fameux avocat et ancien défenseur du maréchal Pétain, au jeune ministre Valéry Giscard d'Estaing provoqua une longue et rude bataille juridique. L'aboutissement en fut l'irrecevabilité des plaintes déposées par Valéry Giscard d'Estaing. Cette missive mérite d'être lue, à présent, comme une antiquité. Et comme la possible révélation d'un des secrets de famille de la droite les mieux gardés.**

Paris, le 4 décembre 1962

Monsieur Valéry Giscard d'Estaing
Ministère des Finances
93, rue de Rivoli
Paris 1er

Monsieur le Ministre,

J'étais l'avocat de l'aide de camp du général Salan, le capitaine Ferrandi. Au cours de l'information ouverte contre lui, et pour des fins élevées sur lesquelles il sera plus tard possible de dire toute la vérité, il fut appelé à mettre en cause le Premier ministre actuel, un membre du gouvernement et différents chefs de partis politiques.

À la veille de l'audience du jugement, je fus amené à comprendre que le silence du capitaine Ferrandi lui vaudrait la bienveillance du ministère public et probablement la liberté. Me refusant à être l'avocat du silence, mais ne voulant point porter préjudice à celui qui m'avait confié la charge de ses intérêts, je renonçai à sa défense.

Jean Ferrandi, s'étant tu, était condamné à quinze ans de détention criminelle.

Je pense aujourd'hui, avec mélancolie, que de tels marchés suggérés en confidence sont rarement respectés et qu'il eût été préférable de ne rien cacher. Sans que la décision des juges fût plus sévère, la lumière eût été faite sur ce qui était encore obscur.

Elle l'eût été en ce qui concerne les conditions dans lesquelles M. Georges Pompidou avait reçu en 1958 du général Salan un chèque de 70 millions d'anciens francs, libellé à son nom, somme prélevée sur les fonds spéciaux du gouvernement général d'Algérie, pour subvenir

---

1. Jacques Isorni, *Mémoires*, t. 3, Paris, Robert Laffont, 1988, p. 63 et suiv.

aux frais de cabinet du président du Conseil. La lumière eût été faite en ce qui concerne la banque qui avait encaissé ce chèque et l'usage de ces fonds.

Elle eût été faite également sur les conditions dans lesquelles a disparu de chez le capitaine Ferrandi le talon de ce chèque que, contrairement aux usages, le général Salan n'avait pas brûlé et que son aide de camp avait conservé, par mégarde sans doute.

Elle eût été faite enfin à propos de ce ministre qui agissait de telle sorte que les comptes rendus de conseils ministériels étaient transmis au général Salan.

Ce ministre, c'est vous, Monsieur le Ministre.

Il résulte en effet d'un rapport adressé par le chef de l'OAS-Métropole au général Salan que, dans « l'équipe 12 » qui aidait ce dernier, vous portiez le numéro « 12 b ». Vous n'ignorez pas qui est « 12 a », ce qu'il faisait, ses contacts avec le capitaine Sergent. Il transmettait les renseignements que vous lui donniez.

Dans une communication du 28 août 1961, adressée à deux chefs de l'OAS-Métropole, le général Salan écrit, sans recourir au code qui vous dissimule habituellement : « Sur le plan politique, il serait inutile que J. C. me fasse le point aussi précis que possible sur les tenants et aboutissants des activités déployées par l'équipe Giscard d'Estaing... (ici le nom d'une personnalité de votre entourage immédiat). J'ai des renseignements précis dans ce domaine, mais la confirmation de votre côté serait utile. »

J'ai vu les photocopies de ces documents. J'ai pu m'assurer qu'elles étaient conformes aux originaux, dont j'ignore où ils se trouvent à l'heure actuelle.

Sur les réquisitions du gouvernement auquel vous appartenez, Monsieur le Ministre, beaucoup de Français se trouvent en prison ou au bagne, contre lesquels ont été recueillies parfois moins de charges qu'il n'en existe contre vous.

Mais vous, vous êtes au pouvoir. Vous voici le chef de parti. Demain, que ne serez-vous pas ?

Cela ne me choquerait nullement – je m'en réjouirais au contraire – si vous ne vous montriez à ce point oublieux de ceux qui furent vos amis et que vous abandonnez dans le malheur. Je ne me préoccupe pas seulement du pauvre Ferrandi, qui s'est tu pour vous et qui est maintenant emprisonné pour quinze ans.

Des milliers d'autres, qui ont été trompés comme jamais citoyens ne le furent, et dont vous aviez joué prudemment la victoire, attendent d'être libérés. Ils ne demandent que cette amnistie que vous avez accordée aux pires criminels du FLN.

Ils appellent, et vous ne les entendez pas. Car vous avez d'autres soucis que de les entendre. Vous parlez. Après votre belle élection, que je n'ai pas eu le mauvais goût de troubler, vous avez même déclaré : « Je souhaite que ces résultats ouvrent les yeux à ceux qui ont conduit le groupe des Indépendants à des positions extrêmes... »

Qui en eut jamais de plus extrêmes que celle que vous aviez prise dans l'ombre ?

Alors, je vais vous dire ce que vous devez faire aujourd'hui. Vous êtes membre du gouvernement, et combien influent ! Votre devoir est d'exiger l'amnistie, en faveur de ceux que vous aidiez par patriotisme autant que pour ménager votre avenir, lorsque vous étiez encore incertain de l'issue du combat. Oui, vous devez l'exiger, immédiate, et partir si vous ne l'obtenez pas, partir en disant pourquoi.

Nous nous sommes bien connus, Giscard d'Estaing, à la dernière Assemblée nationale de la IVe République. J'avais, j'ai conservé pour vous, pour vos qualités qui brillent sans éclat, une admiration réelle. Vous-même, me manifestiez de la sympathie. J'y étais sensible. Un souvenir de vous et qui vous honore m'est toujours resté présent. Au cours d'une réunion de groupe – nous étions plongés dans le drame de l'Algérie – et en conclusion de votre intervention remarquable vous aviez dit à peu près ceci, mais certainement dans une forme plus belle : « On juge Louis XV sur la perte du Canada et des Indes, non sur le rendement de la gabelle... »

Ce souvenir, c'est le dernier que j'ai emporté de vous. Je vous le rapporte afin que vous le méditiez, si vous avez le temps de la méditation.

Vos ambitions, je les comprends, soyez-en sûr, je comprends même que vous les ayez toutes. Mais il vous faut prendre garde. À suivre trop de chemins contraires, à l'oublier par la suite, on risque fort de ruiner ses ambitions.

Pour votre honneur et votre avenir, et pour l'équité aussi, puis-je vous recommander d'entreprendre enfin ce qui est votre devoir le plus élémentaire ?

Veuillez croire, Monsieur le Ministre, avec l'assurance de ce qui me reste de sympathie, à tous ces sentiments d'inquiétude et d'espoir que suscite votre personne.

ANNEXE 3

Le Manifeste des 121

Voici le texte de la « Déclaration sur le droit à l'insoumission dans la guerre d'Algérie », dit « Manifeste des 121 », suivi de la première liste des signataires. La guerre d'Algérie fut aussi une guerre des pétitions. De 1957 à 1962, de nombreux autres manifestes circulèrent. De tous, celui-ci reste le plus fameux.Toutefois, nombre d'authentiques intellectuels de gauche, comme Germaine Tillion ou Jean Daniel, refusèrent de le signer. Ils reprochaient – déjà – au « Manifeste des 121 » de ne considérer la guerre d'Algérie que sous le prisme unique colonisé/colonisateur, faisant l'économie du sort des autres victimes.

Un mouvement très important se développe en France, et il est nécessaire que l'opinion française et internationale en soit mieux informée, au moment où le nouveau tournant de la guerre d'Algérie doit nous conduire à voir, non à oublier, la profondeur de la crise qui s'est ouverte il y a six ans.

De plus en plus nombreux, des Français sont poursuivis, emprisonnés, condamnés, pour s'être refusés à participer à cette guerre ou pour être venus en aide aux combattants algériens. Dénaturées par leurs adversaires, mais aussi édulcorées par ceux-là mêmes qui auraient le devoir de les défendre, leurs raisons restent généralement incomprises. Il est pourtant insuffisant de dire que cette résistance aux pouvoirs publics est respectable. Protestation d'hommes atteints dans leur honneur et dans la juste idée qu'ils se font de la vérité, elle a une signification qui dépasse les circonstances dans lesquelles elle s'est affirmée et qu'il importe de ressaisir, quelle que soit l'issue des événements.

Pour les Algériens, la lutte poursuivie, soit par des moyens militaires, soit par des moyens diplomatiques, ne comporte aucune équivoque. C'est une guerre d'indépendance nationale. Mais, pour les Français, quelle en est la nature ? Ce n'est pas une guerre étrangère. Jamais le territoire de la France n'a été menacé. Il y a plus : elle est menée contre des hommes que l'État affecte de considérer comme français, mais qui, eux, luttent précisément pour cesser de l'être. Il ne suffirait même pas de dire qu'il s'agit d'une guerre de conquête, guerre impérialiste, accompagnée par surcroît de racisme. Il y a de cela dans toute guerre, et l'équivoque persiste.

En fait, par une décision qui constituait un abus fondamental, l'État a d'abord mobilisé des classes entières de citoyens à seule fin d'accomplir ce qu'il désignait lui-même comme une besogne de police contre une population opprimée, laquelle ne s'est révoltée que par un souci de dignité élémentaire, puisqu'elle exige d'être enfin reconnue comme communauté indépendante.

Ni guerre de conquête, ni guerre de « défense nationale », ni guerre civile, la guerre d'Algérie est peu à peu devenue une action propre à l'armée et à une caste qui refusent de céder devant un soulèvement dont même le pouvoir civil, se rendant compte de l'effondrement général des empires coloniaux, semble prêt à reconnaître le sens.

C'est, aujourd'hui, principalement la volonté de l'armée qui entretient ce combat criminel et absurde, et cette armée, par le rôle politique que plusieurs de ses hauts représentants lui font jouer, agissant parfois ouvertement et violemment en dehors de toute légalité, trahissant les fins que l'ensemble du pays lui confie, compromet et risque de pervertir la nation même, en forçant les citoyens sous ses ordres à se faire les complices d'une action factieuse et avilissante. Faut-il rappeler que, quinze ans après la destruction de l'ordre hitlérien, le militarisme français, par suite des exigences d'une telle guerre, est parvenu à restaurer la torture et à en faire à nouveau comme une institution en Europe ?

C'est dans ces conditions que beaucoup de Français en sont venus à remettre en cause le sens de valeurs et d'obligations traditionnelles. Qu'est-ce que le civisme, lorsque, dans certaines circonstances, il devient soumission honteuse ? N'y a-t-il pas de cas où le refus est un devoir sacré, où la « trahison » signifie le respect courageux du vrai ? Et lorsque, par la volonté de ceux qui l'utilisent comme instrument de domination raciste ou idéologique, l'armée s'affirme en état de révolte ouverte ou latente contre les institutions démocratiques, la révolte contre l'armée ne prend-elle pas un sens nouveau ?

Le cas de conscience s'est trouvé posé dès le début de la guerre. Celle-ci se prolongeant, il est normal que ce cas de conscience se soit résolu concrètement par des actes toujours plus nombreux d'insoumission, de désertion, aussi bien que de protection et d'aide aux combattants algériens. Mouvements libres qui se sont développés en marge de tous les partis officiels, sans leur aide et, à la fin, malgré leur désaveu. Encore une fois, en dehors des cadres et des mots d'ordre préétablis, une résistance est née, par une prise de conscience spontanée, cherchant et inventant des formes d'action et des moyens de lutte en rapport avec une situation nouvelle dont les groupements politiques et les journaux d'opinion se sont entendus, soit par inertie ou timidité doctrinale, soit par préjugés nationalistes ou moraux, à ne pas reconnaître le sens et les exigences véritables.

Les soussignés, considérant que chacun doit se prononcer sur des actes qu'il est désormais impossible de présenter comme des faits divers de l'aventure individuelle, considérant qu'eux-mêmes, à leur place et selon leurs moyens, ont le devoir d'intervenir, non pas pour donner des conseils aux hommes qui ont à décider personnellement face à des problèmes aussi graves, mais pour demander à ceux qui les jugent de ne pas se laisser prendre à l'équivoque des mots et des valeurs, déclarent :

– Nous respectons et jugeons justifié le refus de prendre les armes contre le peuple algérien ;

– nous respectons et jugeons justifiée la conduite des Français qui estiment de leur devoir d'apporter aide et protection aux Algériens opprimés au nom du peuple français ;

– la cause du peuple algérien, qui contribue de façon décisive à ruiner le système colonial, est la cause de tous les hommes libres.

Arthur Adamov, Robert Antelme, Georges Auclair, Jean Baby, Hélène Balfet, Marc Barbut, Robert Barrat, Simone de Beauvoir, Jean-Louis Bedouin, Marc Beigbeder, Robert Benayoun, Maurice Blanchot, Roger Blin, Arsène Bonnefous-Murat, Geneviève Bonnefoi, Raymond Borde, Jean-Louis Bory, Jacques-Laurent Bost, Pierre Boulez, Vincent Bounoure, André Breton, Guy Cabanel, Georges Condominas, Alain Cuny, Dr Jean Dalsace, Jean Czarnecki, Adrien Dax, Hubert Damisch, Bernard Dort, Jean Douassot, Simone Dreyfus, Marguerite Duras, Yves Ellouet, Dominique Eluard, Charles Estienne, Louis-René des Forêts, Dr Théodore Fraenkel, André Frénaud, Jacques Gernet, Louis Gernet, Édouard Glissant, Anne Guérin, Daniel Guérin, Jacques Howlett, Édouard Jaguer, Pierre Jaouen, Gérard Jarlot, Robert Jaulin, Alain Joubert, Henri Krea, Robert Lagarde, Monique Lange, Claude Lanzmann, Robert Lapoujade, Henri Lefebvre, Gérard Legrand, Michel Leiris, Paul Lévy, Jérôme Lindon, Éric Losfeld, Robert Louzon, Olivier de Magny, Florence Malraux, André Mandouze, Maud Mannoni, Jean Martin, Renée Marcel-Martinet, Jean-Daniel Martinet, Andrée Marty-Capgras, Dionys Mascolo, François Maspero, André Masson, Pierre de Massot, Jean-Jacques Mayoux, Jehan Mayoux, Théodore Monod, Marie Moscovici, Georges Mounin, Maurice Nadeau, Georges Navel, Claude Ollier, Hélène Parmelin, José Pierre, Marcel Péju, André Pieyre de Mandiargues, Édouard Pignon, Bernard Pingaud, Maurice Pons, J.-B. Pontalis, Jean Pouillon, Denise René, Alain Resnais, Jean-François Revel, Paul Revel, Alain Robbe-Grillet, Christiane Rochefort, Jacques-Francis Rolland, Alfred Rosner, Gilbert Rouget, Claude Roy, Marc Saint-Saëns, Nathalie Sarraute, Jean-Paul Sartre, Renée Saurel, Claude

Sautet, Jean Schuster, Robert Scipion, Louis Seguin, Geneviève Serreau, Simone Signoret, Jean-Claude Silbermann, Claude Simon, René de Solier, D. de La Souchère, Jean Thiercelin, Dr René Tzanck, Vercors, Jean-Pierre Vernant, Pierre Vidal-Naquet, J.-P. Vielfaure, Claude Viseux, Ylipe, René Zazzo.

ANNEXE 4

L'affaire du bazooka

Une chronologie
La déposition de François Mitterrand
La déposition de Michel Debré
La lettre de Raoul Salan à Michel Debré
Le mémoire de Kovacs

L'affaire du bazooka, une chronologie

16 janvier 1957 :
Attentat au bazooka contre le général Salan.

6 février 1957 :
Les membres arrêtés du complot sont inculpés d'association de malfaiteurs, homicide volontaire, tentative d'homicide volontaire, atteinte à la sûreté de l'État, vol, détention illégale d'armes et explosifs, par le juge d'instruction au tribunal civil d'Alger.

Février-mars 1957 :
Quand le procureur général d'Alger vient demander la levée de l'immunité parlementaire du sénateur Michel Debré, du député Pascal Arrighi et l'inculpation d'Alain Griotteray, le garde des Sceaux, François Mitterrand, lui répond que les éléments alors en possession de la justice ne permettent pas de mener aussi loin la procédure.

Au même moment, les autorités militaires demandent que le dossier soit transmis au tribunal militaire d'Alger. François Mitterrand décide alors la division du dossier entre deux juridictions, la juridiction militaire jugeant l'attentat lui-même, tandis que le délit d'atteinte à la sûreté intérieure de l'État, résultant des révélations de Kovacs, sera soumise à la juridiction civile.

Trois mandats d'arrêt sont lancés contre les intermédiaires du Comité des Six dénoncés par Kovacs : Knecht, Sauvage (un hôtelier) et Griotteray. Les deux premiers sont arrêtés, placés sous mandat de dépôt et inculpés d'atteinte à la sûreté extérieure de l'État, par M. Pérez, juge d'instruction près le tribunal de la Seine. Ils passent cinq mois au secret. Une perquisition est effectuée au domicile de Griotteray, en fuite en Espagne.

Début mai 1957 :
Des conflits s'ouvrent entre les deux informations, à Alger et à Paris. François Mitterrand écrit au ministre de la Défense nationale, Maurice Bourgès-Maunoury, pour recommander de joindre les deux informations. Les principaux inculpés se trouvant à Alger, il vaut mieux que l'instruction se poursuive là-bas. À la mi-mai, Paris se dessaisit du dossier et transfère Knecht et Sauvage à Alger.

Début janvier 1958 :
Le juge d'instruction militaire d'Alger prononce un non-lieu pour les trois prévenus parisiens qui ont invoqué de multiples prétextes pour justifier leur agitation à Alger.

Fin janvier 1958 :
La veuve du commandant Rodier et son avocat Me Floriot sont reçus par le directeur de la justice militaire, M. Guibert. Les deux hommes lui conseillent vivement de ne pas poursuivre l'affaire qui pourrait entraîner des conséquences graves. Elle se résigne.

20 février 1958 :
La demande de renvoi du dossier par le parquet militaire d'Alger est acceptée par la Cour de Cassation, c'est donc le tribunal militaire permanent des forces armées de Paris qui jugera les accusés.

Juillet 1958 :
Le colonel de Boissieu vient voir le général Salan pour lui demander de la part de Michel Debré, alors garde des Sceaux, de ne pas donner suite au procès du bazooka.

24 juillet 1958 :
Début du procès devant le tribunal militaire de la caserne de Reuilly. Le tribunal ajourne le procès *sine die* à la suite de plaidoiries prononcées à huis clos. Les détenus obtiennent leur mise en liberté provisoire.

7 août 1958 :
Christian de La Malène, membre du cabinet du garde des Sceaux, Michel Debré, se rend à Alger, pour voir le général Salan. En l'absence de celui-ci, il rencontre le général Dulac et lui pose les questions suivantes : le général Salan tient-il vraiment à ce que les auteurs de l'attentat passent en jugement ? Si oui, s'opposerait-il à un procès à huis clos ?

18 août 1958 :
René Kovacs ne se présente pas à la reprise du procès, il se fait opérer de l'appendicite. La défense présente une nouvelle demande de renvoi, accordée le 19 août. Le 4 octobre 1958, Kovacs, en fuite en

Espagne, écrit au président du tribunal : il ne se présentera pas devant ses juges.

6 au 16 octobre 1958 :

Audiences du procès. Kovacs est condamné à mort par contumace, Philippe Castille à douze ans de réclusion, Féchoz, à huit ans, Della Monica, Gaffori et Tronci à cinq et six ans.

La déposition de François Mitterrand[1]
(extraits)

Audience du vendredi 18 mai 1962

M[e] Le Corroller : Voici ce qu'écrit M. François Mitterrand : « Un incroyable hasard a voulu qu'il [Salan] fût la première victime désignée par le clan qui portera devant l'Histoire la responsabilité d'avoir déclenché la guerre civile, en ordonnant de tirer au bazooka un jour de janvier 1957 sur le commandant en chef de notre armée en Algérie. »

M. Mitterrand : Lorsque je dis d'une part que vous jugez aujourd'hui un acte de guerre civile – ou plusieurs –, cet acte se situe dans le cadre d'un combat contre les institutions de la République, qui a commencé, comme je l'ai écrit, par un incroyable hasard en 1957, et qui s'est marqué par l'attentat dont le général Salan a failli être la victime, et où périt le commandant Rodier [...]

« Le premier acte de la guerre civile – et là-dessus je suis prêt également à répondre, dans la mesure du possible, aux questions qui me seront posées – se situe à compter du moment où, pour la prise du pouvoir, un clan n'hésite pas à supprimer physiquement l'adversaire, ou celui dont il attend la complicité, et qui ne lui répond pas...[...]

« J'ai vu M. Debré, alors sénateur et leader de l'opposition, parce que, selon la tradition établie sous la IIIe et la IVe République, lorsqu'un parlementaire se voyait mis en cause dans un dossier pouvant conduire à une procédure judiciaire, et que pouvait être examiné le cas de son immunité parlementaire, il était de tradition que le garde des Sceaux en prévînt l'intéressé. Cela se dispensait de tout commentaire ; c'était une démarche de courtoisie, que j'ai d'ailleurs eu à remplir, au cours des dix-huit mois où j'occupai la Chancellerie, à l'égard d'autres parlementaires, pour des affaires d'intérêt différent*. »

Me Tixier-Vignancour : Ne s'agissait-il pas en l'espèce, précisément, de cette affaire du bazooka que vous avez tout à l'heure qualifiée de premier acte de la guerre civile dont ces audiences ne sont qu'un des épisodes ?

---

1. Ce document ainsi que les suivants, qui composent la présente annexe, ont été extraits du livre enquête d'André Figueras, *L'Affaire du bazooka*, Paris, Déterna, 1999.

* C'est moi qui souligne. *Idem* pour la suite.

M. Mitterrand : Évidemment ! Encore faudrait-il à la fois préciser et nuancer. L'affaire du bazooka – communément appelée ainsi, et ce n'est pas la peine que j'en dise plus, chacun sait de quoi nous parlons – s'est greffée sur une série d'actes terroristes qui en 1957 et sans doute en 1956 était perpétrée par une organisation qui s'appelait l'ORAF [...] Cette organisation n'avait pas de chef important ; elle n'était pas conduite par de vastes desseins. C'était un organisme de combat, le plus brut, le plus simple, et je n'hésite pas à dire le plus criminel à mes yeux. [...]

« Et c'est là que l'affaire éclate. Le 16 janvier 1957, on tire sur les fenêtres de l'immeuble où réside l'état-major militaire. On manque le général Salan ; on tue le commandant Rodier. Et la première question qui se pose dès que les autorités sont saisies, c'est de comprendre comment il est possible qu'une organisation spécialisée dans l'abattage du musulman, menée par des gens stupides, mais qui, par ailleurs, se pare abusivement d'un patriotisme qui leur sert d'alibi, qui vont devant les monuments aux morts, participent à toutes les fêtes patriotiques, et frappent l'adversaire qui se dirait moins Français qu'eux, voilà que, tout d'un coup, ils vont avoir l'idée d'abattre qui ? Précisément le chef de cette armée dont ils réclament la présence, et dont ils attendent la protection ! [...]

« Immédiatement une information est ouverte à Alger, par la justice civile. L'autorité militaire, comme cela est son droit, en vertu d'un texte de 1956, le réclame et l'obtient. Je n'en saurais rien si M. le procureur général à Alger, saisi par M. le procureur de la République, ne venait lui-même, dans le souci que le dossier parvienne au complet, m'en remettre les éléments.

« Le 18 février, un mois plus tard, je suis saisi, comme cela est normal, d'un rapport résumant à la fois les faits, faisant les hypothèses, et proposant au garde des Sceaux un certain nombre de solutions pour ouvrir ou suivre l'action judiciaire.

« Je décide de demander à M. le procureur général de la Seine, M. Béteille, de bien vouloir s'adresser à son substitut, en l'occurrence M. le procureur de la République, M. Aydalot, pour que conformément – j'insiste sur ce point – aux propositions du parquet (j'insiste sur ce point parce que je ne veux pas que l'on pense qu'il ait pu y avoir initiative du pouvoir ; ce n'était pas notre genre d'inventer un complot pour notre besogne à nous), il décide d'ouvrir une autre information à Paris.

« Pourquoi ? Sous quelle qualification ? Et de quelle manière ? L'information d'Alger visait l'homicide volontaire, la tentative d'homicide et l'association de malfaiteurs. Elle se limitait donc strictement à ceux qui s'étaient livrés à l'attentat, tels qu'ils étaient connus (pas besoin d'énumérer leurs noms).

« J'ai fait la même chose, toujours sur la proposition du parquet, pour deux raisons : la première était qu'il ne fallait pas compliquer la tâche des futurs magistrats instructeurs qui, dans un vaste procès politique, où auraient été mêlés des noms importants, risquaient d'être l'objet de pressions dont on suppose bien qu'ils y auraient résisté, mais non sans difficultés pour la marche quotidienne de l'instruction ; et aussi parce qu'il paraissait indispensable de saisir à Paris ce qui était dénoncé par le parquet, évidemment après enquête de la police, comme non pas un crime de droit commun, ou une erreur de tir, mais comme une conjuration de caractère politique.

« Mais je l'ai limité aussi à l'homicide volontaire et à l'association de malfaiteurs parce que je ne voulais pas préjuger, ni qu'on pût croire que le seul fait d'avoir cité des noms pût correspondre à un dessein assez bas de notre part, c'est-à-dire faire comme on l'a fait souvent depuis : d'abord lancer les noms, et ensuite, comme on peut, dans cette matière, rattraper. D'abord déshonorer, ensuite oublier.

« Cette information ouverte à Paris a tenu quelques mois. Elle a été presque totalement inopérante, pour deux raisons. La première, c'est que ceux qui pouvaient se trouver visés se sont empressés de disparaître, avertis avant moi, et ont trouvé leur lieu d'élection, bien entendu, l'Espagne. Et d'autre part parce qu'une sorte de conflit s'était ouvert entre les deux informations, l'une militaire à Alger, l'autre civile à Paris, que les confrontations étaient très difficiles en raison des distances et des complications pour la sécurité, que les principaux inculpés se trouvaient à Alger, qu'il était plus logique de les laisser où ils étaient.

« Après que j'eus écrit une lettre très précise, faisant toutes réserves sur la suite des choses, à M. le ministre de la Défense nationale, M. Bourgès-Maunoury, j'ai accepté, à une date que je ne puis préciser car j'ai un défaut de mémoire, mais sans doute aux environs du mois de mai 1957, et les deux informations ont été jointes.

« Il n'y en a donc plus qu'une, sous l'autorité militaire. Cela donna lieu l'année suivante – mais ceci n'est plus de mon ressort, je ne parle que de ce que je connais – à la clôture de l'information qui retint certains noms, et n'en retint point d'autres, à une époque qui se situe, je crois, tout à fait à la fin de la IVe République. Je n'apprendrai pas aux éminents magistrats qui se trouvent ici, comme aux éminentes personnalités qui sont aujourd'hui amenées à juger, qu'en matière militaire le pouvoir non seulement peut, mais a le droit, sinon le devoir, d'intervenir, alors que, dans le domaine civil, le garde des Sceaux qui se permettrait d'avoir le moindre contact avec un juge d'instruction commettrait une sorte de forfaiture. M. Chaban-Delmas étant ministre de la Défense nationale, l'information s'est limitée, comme à son point de départ, aux criminels qui avaient tiré [...]

« Il nous a paru évident, à nous, responsables du gouvernement de la République, que l'affaire du bazooka ne s'expliquait, au vu des dossiers, que parce qu'un plan avait été établi. Il nous paraissait – avec une certaine part d'hypothèse, puisque l'information n'a pas été plus loin – que cette conjuration politique avait pour objet de changer le commandement à Alger, afin d'obtenir que ce nouveau commandement pût exercer une pression suffisante, soit pour faire céder le pouvoir politique à Paris dans ses desseins, soit pour s'y substituer.

« Bref, je disais tout à l'heure : l'ORAF, première mouture de l'OAS : conjuration de 1957 aboutissant au 13 mai ; première phase d'un dessein que vous voyez se reproduire avec les mêmes moyens, avec les mêmes objectifs, et presque avec les mêmes hommes le 13 mai 1958. Ce qui n'était alors que, pour une part très légère – et je le dis par scrupule –, hypothèse, se trouvait vérifié par la suite [...]

« Le pouvoir civil a été démuni du moyen de conclure sur un procès à la fois criminel et aussi politique, qui aurait évité à tous ceux qui sont ici, à vous comme à moi comme aux autres, l'incroyable confusion qui porte atteinte au moral de la nation, dans laquelle nous sommes aujourd'hui. »

La déposition de Michel Debré
(extraits)

Audience du 19 mai 1962

M. Michel Debré : Un jour de 1957, un de mes amis qui était membre du gouvernement me demanda à passer me voir. Et quand je répondis à son invitation, il me fit savoir que l'on me reprochait certaines fréquentations que j'avais lorsque j'allais à Alger. Je lui fis part de ma surprise, car je n'étais plus allé à Alger depuis la fin de la Seconde Guerre. Cette réponse le surprit à son tour et nous n'en parlâmes plus. Toutefois, il me dit : il y a des accusations qui viennent d'un des auteurs de l'attentat contre le général commandant en chef.

« Peu après, le même jour ou le jour suivant, un autre membre du gouvernement me fit dire qu'à la suite de certaines révélations, « révélations » entre guillemets, il était mis en route une sorte de manœuvre politique, que cette manœuvre politique partait peut-être d'un des ministres, et que l'on désirait faire établir qu'une sorte de complot, dont les dirigeants auraient été divers hommes politiques et les hommes qui n'étaient pas parlementaires étaient à l'origine de cet attentat. Et l'on me fit savoir que des indiscrétions allaient d'ailleurs paraître dans la presse, ce qui eut lieu bien après. Mais alors je n'étais pas un personnage important, et quoique je fusse cité dans cet article, il était surtout dirigé contre M. Soustelle.

« Quelques jours se passèrent. Puis l'un des parlementaires cités dans ces soi-disant révélations vint me trouver au Sénat pour me dire qu'à la suite de conversations avec le garde des Sceaux il lui semblait bien qu'en fait, à partir de certaines informations, une manœuvre politique se dirigeait contre un certain nombre d'hommes, dont j'étais.

« Mon émoi, je le ne cache pas, a été grand, et c'est alors que peu de jours après j'ai rencontré le garde des Sceaux, M. Mitterrand : je l'ai rencontré au Sénat à l'occasion d'une question orale ou d'un projet de loi à propos duquel il lui fallait répondre. Le garde des Sceaux de l'époque me fit, et c'était la première fois que j'avais connaissance de ce dossier, un résumé aussi complet que possible de ce qu'étaient les révélations de l'auteur de l'attentat. Selon lui, il aurait existé un Comité des Six, ou des Dix. Ce comité était composé d'un certain nombre de personnes, parlementaires ou non parlementaires : il y avait des officiers, il y avait des hommes politiques, et il y avait même le représentant d'une dynastie qui avait régné sur la France.

« Le garde des Sceaux de l'époque ne me cacha pas, nous étions en bons termes alors, que tout cela lui paraissait de l'affabulation, qu'il n'y avait par conséquent aucune raison de m'inquiéter, et qu'il en ferait justice aisément. Je tiens à dire cela, car depuis lors on a beaucoup parlé de ce Comité des Six ou de ce Comité des Dix, et on m'a fait l'honneur de me mettre seul en avant. La raison en est bien simple. C'est que depuis je suis devenu Premier ministre, et le fait que j'étais devenu Premier ministre du général de Gaulle, avait tout de suite motivé ma sortie d'une sorte d'anonymat dans lequel se complaisaient ces révélations de l'auteur de l'attentat.

« Peu après on a recueilli mon témoignage, et j'ai pu dire alors, comme je le répète aujourd'hui, sous la foi du serment, que je n'ai jamais appartenu à ce comité, si jamais ce comité a existé.

« D'ailleurs peu après, avec l'accord du garde des Sceaux, le parquet civil se dessaisissait au profit du parquet militaire, et également peu après, avec l'accord de celui qui était alors commandant en chef, les poursuites contre les auteurs de l'attentat avaient lieu, et l'on écartait tout ce qui avait été avancé à l'occasion de ces soi-disant révélations.

« Les événements arrivent, et je deviens garde des Sceaux. Je deviens garde des Sceaux, l'affaire étant donc instruite, et il n'y avait plus qu'à juger en ce qui concerne l'attentat contre celui qui est actuellement accusé.

« Quel était mon rôle ? Mon rôle était modeste puisque l'affaire dépendant du ministre des Armées, le garde des Sceaux n'avait plus à en connaître. Toutefois, répondant à une demande de mon collègue des Armées, je lui fis savoir que je n'avais qu'un désir : que cette affaire fût jugée rapidement. Et comme l'on a par la suite – et j'en dirai un mot – déclaré que j'avais eu l'occasion de retarder ces débats, je vais lire une lettre que je pourrai ensuite remettre au tribunal, lettre du colonel de Boissieu qui m'a écrit ceci, qui marque bien la position qu'avait le garde des Sceaux de l'époque à l'égard de ce procès :

« Tel qu'il est rapporté, l'entretien que j'ai eu avec vous à cette date est erroné, en particulier en ce qui concerne l'affaire dite du bazooka.

« En effet, si vous vous en souvenez, ma venue au ministère de la Justice avait pour objet de traiter plusieurs questions : l'accélération de la procédure concernant les terroristes pris en flagrant délit, diverses questions administratives.

« Sur cette dernière question, la seule intéressant l'affaire dont il s'agit, vous vous étiez montré extrêmement objectif. Vous m'avez donné l'assurance que s'il le fallait, vous prendriez des dispositions pour que les témoins soient entendus sur place à Alger.

« Toutefois, vous m'avez fait remarquer que l'affaire du bazooka n'était plus de votre ressort, mais de celui du ministre des Armées. De toute façon vous étiez d'avis de hâter au maximum le procès.

« Je vous ai demandé à quelle date vous pensiez que le procès du bazooka pouvait avoir lieu [...] Vous m'avez répondu que ce point dépendait du ministre des Armées, mais encore une fois vous avez insisté pour ne pas retarder le procès. Il serait certainement possible, pensiez-vous, de tenir compte du calendrier des déplacements du délégué général, convoqué pour être entendu, et qui serait très absorbé par la préparation des mesures concernant le référendum. Vous m'avez répondu que vous insistiez pour ne pas retarder le procès et que cela ne devrait pas dépasser le 15 août.

« Vous vous êtes même proposé d'intervenir dans ce sens auprès de M. Guillaumat, ministre des Armées, et vous avez rédigé devant moi une courte lettre manuscrite à l'adresse du délégué général, que j'ai cachetée devant vous et emportée à Alger. Je pense que le contenu de cette lettre résumait simplement la teneur de notre entretien.

« À mon retour à Alger, j'ai rendu compte au délégué général d'une façon de toute évidence plus complète que le résumé que je suis amené aujourd'hui à faire de mémoire. C'est un fait bien connu que la mise en liberté provisoire des inculpés de l'affaire du bazooka a été décidée contre l'avis du représentant du gouvernement, contre l'avis du ministre des Armées et enfin contre l'avis du garde des Sceaux. »

« Telles sont les précisions que je peux apporter sur l'action que j'ai eue comme garde des Sceaux à l'égard de cette affaire.

J'ajoute que c'est alors que j'étais garde des Sceaux que j'ai fait la connaissance de l'accusé. Il est venu me rendre visite. Il était général commandant en chef et délégué général ; nous avons parlé ensemble des problèmes de justice qui étaient de sa compétence, puisqu'il avait les pouvoirs civils. Il m'a également parlé de la situation militaire. L'affaire à ce moment était close, et le jugement a eu lieu dans les conditions que vous savez.

« D'ailleurs, il y a eu deux ans plus tard un premier rebondissement, et il est intéressant de savoir comment ce premier rebondissement est venu. Il est venu parce que l'ancien garde des Sceaux, M. Mitterrand, avait été à la fois victime et complice d'une aventure curieuse qui était l'organisation d'un faux attentat ; et ayant été victime et complice de cette curieuse aventure, la levée de son immunité parlementaire a été demandée et à la tribune il a évoqué les attaques et les calomnies dont j'avais été l'objet à ce moment-là, n'évoquant en aucune façon les responsabilités qui pourraient être les miennes. D'ailleurs vous pourrez relire *Le Figaro* du 27 novembre 1959 où l'on voit les diverses interprétations que M. Mitterrand a données, qui montrent que ses souvenirs sur notre conversation n'étaient pas très précis, ce qui en somme est évidemment compréhensible quand on se souvient du fait que M. Mitterrand n'avait pas un souvenir tout à fait précis d'événements qui s'étaient déroulés quinze jours auparavant et qui le concernaient directement.

« À ce premier rebondissement qui, par la suite, a eu des conséquences, suivant lequel je serais devenu responsable, à ce premier rebondissement en a suivi un second il y a quelques mois. Cette fois l'affaire ne vient plus de l'extrême gauche ; elle vient, comme on dit, de l'extrême droite, et c'est une lettre signée, je crois, de l'accusé, qui reprenait l'affirmation de l'existence d'un Comité des Six, l'affirmation de ma participation à ce comité, et même de mes responsabilités particulières. Pour la dernière fois, je dis que ce Comité des Six n'a sans doute jamais existé, en tout cas que je n'en ai jamais fait partie, qu'il n'y a aucune liaison entre les auteurs de l'attentat et les personnalités qui ont pu être citées à l'occasion de ce soi-disant comité, et en tout cas moi-même.

« Le tribunal, monsieur le président, messieurs, n'a pas à apprécier cette affaire. Cette affaire a été instruite et jugée alors que j'étais, comme le disait Me Le Corroller, sénateur dans l'opposition, alors que le garde des Sceaux était qui vous savez, alors que le commandant en chef était qui vous savez. Et quand j'ai été au gouvernement, je n'ai eu qu'une seule action, cela a été de faire presser ce procès. Depuis lors l'affaire est une querelle politique, et comme il est normal, comme d'ailleurs je ne m'en plains pas, car c'est l'esprit de la politique française tout entière depuis longtemps qui en fait foi, tout à tour c'est l'extrême gauche et l'extrême droite qui ressortent des documents dont la justice depuis longtemps a reconnu le peu de valeur.

« Je ne sais si on en parlera encore. Je suis un homme politique, mais ce que je tiens à dire ici solennellement, c'est que toute cette affaire maintenant n'est plus du domaine de la bonne foi ; elle est du domaine de la querelle politique. »

[...]

Me Tixier-Vignancour : Je voudrais demander au témoin s'il a eu des relations suivies avec M. Knecht.

M. le président : Voulez-vous répondre ?

M. Debré : Oh, monsieur le président, je veux bien répondre ! Sur ce point nous nous écartons tout à fait de l'objet du procès.

« M. Knecht, je le dis en passant, appartient à une famille installée dans le village où j'ai moi-même fait mes études. Le nom ne m'était donc pas inconnu quand un de mes collègues du Sénat m'a demandé de recevoir M. Knecht, en l'année 1956 ou 1957.

« J'ai reçu M. Knecht – et si mes souvenirs sont précis, c'est que j'ai relu mes notes récemment – qui venait me parler de conversations qu'il avait eues à Alger, et ces conversations – notamment, je crois, avec un homme que j'ai bien connu, qui était alors le général Faure – tournaient autour de l'idée suivante : la France connaît des crises politiques incessantes ; ces crises politiques peuvent mettre l'armée d'Algérie sans commandement, sans autorité ; elles peuvent la mettre dans de grandes difficultés. Et M. Knecht me demandait ce que je pensais des responsabilités des chefs militaires ou des Français d'Algérie, en cette période de crise politique durable en France.

« La conversation a porté là-dessus et, par la suite, j'ai reçu M. Knecht à peu près une fois par an depuis qu'il est rentré dans la vie civile. »

Me Tixier-Vignancour : Le témoin a-t-il remis une carte d'introduction à M. Knecht pour le général Faure qui détenait alors un commandement en Algérie ? Et que demandait le témoin au général Faure par l'intermédiaire de M. Knecht ?

M. Debré : Si mes souvenirs sont précis, il est exact qu'à la suite de la brève conversation que j'ai eue avec M. Knecht, il m'a demandé un mot pour le général Faure, celui qui est actuellement l'ancien général Faure et que je connais depuis des années et des années. C'était un mot qui, si mes souvenirs sont exacts, correspondait au fait que je remerciais M. Knecht du tableau qu'il venait de me faire des problèmes qui se posaient à Alger et que j'avais, en ce qui me concerne, beaucoup d'estime – que je conserve – pour la personne de M. Knecht, alsacien et patriote.

« Voilà quels sont mes souvenirs et je n'en ai pas d'autres. »

Me Tixier-Vignancour : C'est parfait. Alors, messieurs, la défense aurait bien désiré – et elle l'a fait d'ailleurs citer – voir à cette barre le général Faure. Mais le général Faure est actuellement détenu et, pour des raisons de sécurité, M. le garde des Sceaux a estimé, comme nous le savons, que son transfert au Palais de justice et sa comparution à cette barre étaient inopportuns.

« Voici la lettre que le général Faure a écrite le 5 mai 1962 :

"Je vous confirme bien volontiers qu'à une date que je peux situer à la fin du mois de novembre 1956, j'ai reçu [...] M. Knecht qui était porteur d'une carte d'introduction du sénateur Michel Debré.

"Il me disait avoir reçu mission de M. Michel Debré de prendre contact avec le docteur Kovacs que, par ailleurs, il connaissait parfaitement. M. Knecht a rencontré plusieurs fois le docteur Kovacs, et je sais par ailleurs, pour avoir été à même de le constater, qu'il était en relations suivies avec le général Cogny."

« Alors je voulais demander au témoin si ce point, que malheureusement pour les circonstances que nous connaissons nous n'avons pas pu recueillir de la bouche même du général Faure, était exact ou non. »

M. Debré : Il n'est pas possible que j'aie demandé à quelqu'un d'entrer en relations avec un personnage dont je connaissais pas le nom.

Me Tixier-Vignancour : Est-ce que, dans sa déposition devant le juge d'instruction chargé de l'affaire du bazooka, le témoin a fait état, alors que M. Knecht était sous mandat de dépôt, de la carte d'introduction qu'il lui avait remise pour le général Faure, ou est-ce qu'au contraire il a déclaré tout ignorer de M. Knecht ?

M. Debré : Je peux répondre, pour la raison très simple que j'ai relu le document, et le document fait état d'une question qui m'a été posée au sujet de cette carte, et c'est exactement la même réponse que celle que j'ai faite tout à l'heure, à savoir qu'effectivement quand la question m'a été posée, j'ai reconnu avoir remis à M. Knecht, qui m'était recommandé, une lettre qui – je crois que mes souvenirs sont exacts – était une lettre de remerciement en fonction des renseignements qui m'étaient donnés.

Me Tixier-Vignancour : Et vous n'avez pas fait état d'une mission que vous auriez donnée à M. Knecht ?

M. Debré : En aucune façon.

[...]

La lettre de Raoul Salan à Michel Debré

Le 29 janvier 1962

Monsieur,

[...]

Au mois de juillet, le colonel Alain de Boissieu venait me trouver, en présence du général René Lennuyeux, pour me demander de votre part de ne pas donner suite au procès du bazooka, craignant que « votre nom et celui du général de Gaulle lui-même n'y soient irrémédiablement mêlés ». Vous connaissez la suite que j'ai réservée à cette démarche. Je me suis refusé à vous suivre.

Quelque temps après, au mois d'août, vous êtes revenu sur ce problème. M. de la Malène, qui faisait alors partie de votre cabinet, vint à Alger. Devant partir en mission je le faisais recevoir par le général Dulac, en présence du général Lennuyeux et du colonel Gardon, mon conseiller juridique, étant donné qu'il s'agissait d'une mission dans le cadre du cabinet du garde des Sceaux. M. de La Malène a exposé la même argumentation que le colonel de Boissieu.

À mon retour, le colonel Gardon m'a laissé une relation manuscrite de cet entretien. Ce document, précieux s'il en fut, a échappé à toutes les investigations et perquisitions de votre police.

En Espagne ensuite, vous n'ignorez pas que j'ai rencontré ceux-là mêmes que vous aviez trompés, en leur faisant exécuter un acte qui était beaucoup plus destiné à servir vos ambitions que la cause de l'Algérie française. Les précisions que j'ai recueillies auprès de ces exécutants m'ont définitivement fixé sur la réalité de vos agissements criminels.

Ainsi, dans le cadre des mesures que vous venez de prendre contre ceux que vous qualifiez de criminels, vous en êtes le premier justiciable.

Je vous désigne nommément comme l'assassin du chef de bataillon Rodier.

Copie de la présente lettre est adressée à M. le ministre des Armées et à M. le procureur de la République de la Seine, pour leur information personnelle.

Signé : R. Salan

M. Michel Debré
Hôtel Matignon
Paris

Le mémoire de Kovacs

1 – Au cours de la deuxième quinzaine d'octobre 1956, Knecht arrive à Alger sous couvert d'une mission du CNRS et entre aussitôt en relations avec le docteur Kovacs. [...]

2 – L'essentiel des conversations tenues entre Knecht et le docteur Kovacs figure au dossier. Mais il y avait encore un autre aspect de la mission de Knecht à Alger : il devait prendre contact avec des personnalités civiles auxquelles il devait demander leurs concours, lorsque le plan prévu aurait été mené à bonne fin.

[...]

(Codicille) À Paris devait se dérouler un nouveau « coup du Jeu de Paume » [*sic*], dont l'âme était Arrighi, tendant à mettre en place un gouvernement présidé par Soustelle, le général Cogny étant ministre de la Guerre, Griotteray ministre des Affaires étrangères, Arrighi ministre chargé de l'Algérie. Lacoste fut mis en partie au courant par Griotteray avec qui il a déjeuné le 3 décembre.

3 – À cette époque, Knecht fit un rapide voyage au Maroc pour « rendre compte ». À son retour, il fait la remarque suivante : « Nous entrons dans l'Histoire. » Puis avant de partir pour la France, où il devait également rendre compte, il demandait au docteur Kovacs de lui faciliter les démarches nécessitées par l'obtention de son autorisation de retour en Algérie. Ce qui prouve amplement le caractère fallacieux des motifs de maladie invoqués pour expliquer son second voyage en Algérie, le mois suivant.

4 – Puis Knecht revient à Alger et demande au docteur Kovacs de bien vouloir lui offrir l'hospitalité dans sa villa. Ce qui fut fait. Il donna au docteur Kovacs et à M. Castille des précisions supplémentaires sur les projets envisagés. Et il annonça pour la mi-décembre à Alger la venue de MM. Arrighi, Griotteray et le général Cogny : c'était un véritable « rendez-vous d'Alger ».

5 – En effet, le 16 décembre 1956 fut une journée fertile en entretiens :

Le premier eut lieu le matin à 11 heures à la villa du docteur Kovacs. Y assistaient MM. Griotteray, Knecht, le docteur Kovacs.

Le deuxième eut lieu l'après-midi vers 14 heures chez M. Bouteau. Y assistaient MM. Arrighi, Griotteray, Knecht, le docteur Kovacs et Bouteau. Les déclarations faites par le docteur Kovacs lors des confrontations sont rigoureusement exactes et l'entretien a effectivement porté sur les points indiqués par lui. Car enfin, pourquoi M. Knecht aurait-il invité le docteur Kovacs à cette entrevue ? Qu'avait donc à faire Arrighi avec Kovacs ? La vérité est une : il s'agissait de fixer certaines modalités du plan prévu, arrêter des dates, prendre certaines dispositions. (C'est ainsi qu'Arrighi devait passer le jour J, une fois qu'il aurait été définitivement fixé – au Gouvernement général).

C'est également au cours de ce second entretien de la journée que Griotteray, apportant une réponse à une demande formulée par Kovacs le matin au cours de la première entrevue, lui précisa que rendez-vous avait été pris au Saint-Georges, en son nom, avec le général Cogny. Et c'est au Saint-Georges qu'eut lieu le troisième entretien de cette journée : les déclarations de Kovacs faites au cours des toutes dernières confrontations entre le général Cogny, Arrighi, Griotteray et Knecht, apportent toutes les précisions utiles quant aux circonstances qui ont entouré cette entrevue du Saint-Georges. Seule la teneur exacte de la conversation n'a pas été donnée en son entier.

Le quatrième entretien de cette journée eut lieu à la villa de Kovacs vers 17 heures. Y assistaient, outre les hôtes Mme et M. Kovacs, Arrighi, Knecht, Castille, Fechoz.

5 *bis* – En ce qui concerne la teneur de la conversation qui s'est déroulée au Saint-Georges, chambre 55 [Kovacs se trompe : il s'agit de la chambre 95.] dans l'après-midi du 16 décembre 1956, les premières déclarations de Kovacs ne font état que de conversations d'ordre général. Lors des confrontations, et sur une intervention de Me Lenard, avocat de Griotteray, Kovacs a été amené, à son corps défendant, à apporter certaines explications sur cette conversation.

Il a expliqué les raisons morales qui lui avaient interdit de révéler ce que fut cette conversation. Mais la totalité de cette conversation ne fut pas rapportée. Nous croyons le moment venu de faire taire certains scrupules, et de dire ce qu'il en est.

Un mot toutefois avant d'aller plus loin au sujet de la réalité de cet entretien. Arrighi, Griotteray et Knecht ont essayé tant bien que mal, et plutôt mal que bien, de nier cette entrevue. Les tremblements d'Arrighi, remarqués de tous, l'évanouissement de Knecht, étaient déjà suffisants pour montrer que la vérité n'était pas de leur côté. Mais il y a mieux : dès ses premières déclarations, Kovacs a cité la chambre 55 à l'hôtel Saint-Georges. Or, ceci est capital, par suite d'une erreur (?) la chambre 55 n'a pas été marquée sur le registre d'entrée comme ayant été occupée par Griotteray à la date des 15 et 16 décembre 1956. Il a fallu que le juge Marchelli compulse les factures de l'hôtel pour retrouver trace de Griotteray occupant la chambre 55. Comment donc

Kovacs aurait-il pu connaître toutes ces précisions s'il n'avait pas eu la conversation en question dans cette chambre ? En outre, Kovacs a décrit la pièce, l'emplacement des meubles, la place respective occupée par chacun des interlocuteurs, et même le geste du général Cogny déposant sur le lit son képi, ses gants et son stick. Détail anecdotique qui ne se peut inventer – lors des confrontations, sur un bureau du cabinet du juge Marchelli, reposaient de manière identique képi, gants, et stick, du général Cogny.

En outre, Arrighi a bien essayé de dire qu'il n'avait jamais quitté soit le général Cogny, soit Griotteray au Saint-Georges, ceci afin d'essayer de prouver que ni l'un ni l'autre n'avaient pu s'absenter, et être présents à cet entretien. Malheureusement pour lui, Knecht, revenu de son évanouissement, et entré dans le cabinet du juge Marchelli, devait reconnaître qu'il avait vu Arrighi seul. Lequel passa de bien mauvaises minutes à tenter de rattraper les erreurs de Knecht.

En réalité, le général Cogny, le général Faure, et Arrighi, eurent un très court entretien dans les jardins du Saint-Georges. Arrighi resta ensuite avec Faure, et Cogny rejoignit dans la chambre 95 Griotteray, Knecht et Kovacs qui l'y attendaient.

Venons-en maintenant à la conversation elle-même. Elle fut courte, mais substantielle. Voici, de la façon la plus exacte possible, quelle en fut la teneur :

Général Cogny : Griotteray m'a parlé de vous et de vos amis, et je vous remercie de l'aide que vous voulez bien m'apporter.

Kovacs : En effet, mon général, on nous a demandé d'aider à vous mettre en selle. J'ai vu Arrighi que je dois revoir en fin d'après-midi. Il pense que les dates les meilleures pour des raisons parlementaires seraient les 22, 29 décembre, ou 3 janvier.

Général Cogny : Le 22 me semble difficile, car je n'ai aucune raison de revenir si tôt du Maroc, je vous enverrai Sauvage pour fixer la date et les modalités de ma venue.

Je sais qu'au point de vue civil, vous avez pris les contacts nécessaires. En ce qui concerne ma mise en place ici, réfléchissez de votre côté à la façon de résoudre le problème Salan. Il est évident que si je vous l'amenais quelque part, ou même ici, dans les jardins de l'hôtel, après un dîner... Mais, K., il faudrait bien viser !

Kovacs : Cela, mon général, nous ne voulons pas le faire. [...]

La conversation fut alors interrompue par l'entrée inopinée d'un garçon d'étage qui croyait probablement la chambre vide. Griotteray descendit alors des valises. En l'absence de ce dernier, la conversation roula sur la situation en Algérie, et Cogny se montra préoccupé de la situation aux confins algéro-marocains.

La conversation prit fin avec le retour de Griotteray. Cogny, après avoir pris congé, descendit avec celui-ci. Kovacs laissa passer un petit moment, avant de quitter la pièce où ne resta que Knecht.

Il est à noter que Griotteray et Knecht ne prirent presque pas part à cet entretien, n'intervenant que de façon très sporadique.

Griotteray devait confier plus tard à Knecht la réflexion suivante faite par Cogny à l'issue de cet entretien :

« J'ai vu une telle flamme briller dans les yeux de cet homme (Kovacs) que j'avais envie de lui dire : c'est pour demain ». [...]

6 – Suivant la promesse faite par le général Cogny au cours de son entrevue avec Kovacs, chambre 55 hôtel Saint-Georges, le 16 décembre dans l'après-midi – Sauvage arriva à Alger quelques jours après ; le motif de son voyage est proprement ahurissant : reprendre une enquête sur un nommé Ballester, trafiquant d'armes des années 1943 et 1944.

Nous rappelons que Sauvage fit le voyage de Paris à Rabat dans l'avion personnel du général Cogny, et qu'il logeait à l'hôtel du commandement à Rabat, dans la chambre même de Griotteray.

Au cours de son séjour, Sauvage puis Knecht ébauchèrent différents projets d'action directe contre le général Salan, projets qui ont toujours été repoussés par nous avec indignation. Ce que voyant, Sauvage accompagna le docteur Kovacs chez le professeur Lagrot, chirurgien réputé. Un texte de câble fut rédigé. Il devait être expédié aussitôt que le docteur Kovacs en ferait la demande. C'était là la solution « médicale » à la venue du général Cogny à Alger, solution qui ne devait être employée que si le général Cogny n'avait pas à sa disposition d'autres solutions, ou encore si aucune occasion ne se présentait.

Pour êtres prévenu à Alger de la date d'arrivée éventuelle du général Cogny, Sauvage devait envoyer du Maroc un câble en langage convenu. Suivant la teneur de ce câble, l'arrivée devait être attendue le 29 décembre ou le 3 janvier.

Sauvage repartit pour Rabat le 25 décembre. Aucun télégramme codé ne parvint à Knecht, mais celui-ci reçut un câble de Sauvage du 27 décembre, lui laissant entendre que des événements extérieurs inattendus s'étaient produits. En effet, l'arrestation du général Faure – avec lequel Kovacs et ses amis avaient cessé toutes relations vers le 20 décembre – était imminente (elle devait avoir lieu le lendemain 28 décembre), mais Knecht l'ignorait à ce moment-là. [...]

7 – Ce même jour 27 décembre, assassinat du président Froger, obsèques prévues pour le 29. L'occasion semble belle à Knecht qui

téléphone le 29 au matin, à 7 heures, au général Cogny. Entretien bref. Pour appuyer ce coup de téléphone, il demanda au docteur Kovacs de faire partir le câble du professeur Lagrot. Ce qui est fait. L'après-midi du 29, pendant que se déroulaient les obsèques du président Froger, se passa dans l'attente d'un signe, ou d'une nouvelle de Rabat. [...]

8 – L'absence du général Cogny, le 28 décembre, déçut Knecht, qui avait senti que le climat était propice. Pensant que pareille atmosphère se prolongerait pendant quarante-huit heures, mais difficilement au-delà, il envoie un câble à Griotteray le 30 décembre à Paris (alors que ce même jour Griotteray regagnait Rabat). Dans ce câble, Knecht disait, en langage convenu, qu'il « était difficile d'assurer la livraison après le 31 ». En outre, il signalait : « nouvelles graves erreurs de M. Oui[1] ». [...]

9 – Dans les tout premiers jours de janvier, Griotteray, en provenance du Maroc, et Arrighi qui venait de Paris via Rabat – il y aurait beaucoup à dire sur ce crochet, malgré les explications d'Arrighi (soi-disant manque de places d'avion entre Paris et Alger) – arrivent à Alger à nouveau. Désireux de connaître les raisons de la carence du général Cogny le 29 décembre, Castille, Fechoz et Kovacs se montrent désireux de rencontrer Griotteray. Obtenir cette entrevue fut laborieux ; Griotteray gêné désirant se soustraire à des explications, selon toute vraisemblance.

Ici se place l'incident qui eut lieu au restaurant Le Paris, avenue Pasteur, entre Knecht d'une part, Castille et Fechoz d'autre part. Knecht y déjeunait en compagnie d'Arrighi et de Griotteray. Castille et Fechoz demandèrent à Knecht de façon ferme de fixer, après entente avec Griotteray, un rendez-vous à Kovacs. C'est là que prend rang la remarque véhémente de Knecht, debout devant Le Paris, et répondant à Castille : « Si René n'en avait pas fait qu'à sa tête, nous n'en serions pas là. Nous lui avions demandé de faire sauter l'obstacle Salan : il ne l'a pas fait. Il n'a qu'à s'en prendre qu'à lui-même si Cogny n'est pas venu ».

Nous ne voulons affaiblir d'aucun commentaire cette déclaration. Mais ce n'est pas tout. Après une conversation entre Mme Kovacs et Knecht, l'entretien est décidé. Le lendemain donc, le 3 janvier, une entrevue a lieu, après un chassé-croisé, dont Knecht n'a reconnu l'existence que lors des toutes dernières confrontations. Cette entrevue a réuni chez M. Yves Tréguier, beau-frère de Bouteau et de Knecht, les personnes suivantes : Griotteray, Knecht, d'une part, Mme Kovacs et Kovacs d'autre part.

[...]

---

1. Le bavard général Faure.

10 – Le surlendemain du jour où cette conversation s'est tenue chez Yves Tréguier, Castille se présenta chez Bouteau, où il trouva Knecht en train de préparer ses bagages. L'entretien se déroula dans une atmosphère particulière.

[...]

11 – Quelques jours après le 16 janvier, le 21 exactement, Castille charge un de ses amis et collègues, Ballet, qui devait se rendre au Maroc, d'une mission pour le général Cogny. Il devait se présenter à lui « de la part de son médecin traitant, en lui parlant de la chambre 55, hôtel Saint-Georges ».

Le retour de Ballet était prévu pour le samedi 26, et rendez-vous avait été pris à 15 heures pour connaître le résultat de sa mission de liaison. Personne ne put se rendre à ce rendez-vous car depuis le matin nous étions au commissariat central.

Ballet, appelé à donner son témoignage, a tout d'abord déclaré ne pas avoir reçu une mission de ce genre puis, confronté avec Castille, reconnut en avoir été chargé, mais ne pas avoir eu le temps de s'en occuper.

ANNEXE 5

Les harkis : éléments d'un crime d'État

Les documents « secret urgent » qui accusent

Les documents « secret urgent » qui accusent

Mieux que le Conseil des ministres, le Comité des affaires algériennes fut le lieu de pouvoir où se prirent toutes les grandes décisions de la politique gaulliste, au moment de la décolonisation. Ces archives ont été récemment ouvertes et explorées par le général Faivre, dont le travail est reconnu (voir notamment *Les Combattants musulmans de la guerre d'Algérie*, Paris, L'Harmattan, 1995). Dans un ouvrage plus récent, que nous citons ci-dessous, *Les Archives inédites de la politique algérienne (1958-1962)*, Paris, L'Harmattan, 2000, le général Faivre apporte d'autres documents « secrets urgents » accablants pour le pouvoir politique et les états-majors. Les directives et notes ci-dessous viennent, en plus des trois télégrammes criminels évoqués dans le chapitre consacré aux harkis, alourdir plus encore les responsabilités françaises dans leur extermination.

1H 1260/1
MESSAGE du 14 février 1962

GENESUPER REGHAIA
POUR ACTION : MINARMÉES (CABMIL)
SECRET – URGENT
Date – Heure 14 18 15
N° 0452/CSFA/EMI/MOR
À votre dernier passage à Alger vous avez bien voulu annoncer votre intention de diffuser une note rassurant les FSNA servant dans les rangs de nos armées sur leur avenir et sur la volonté de la France de ne les abandonner en aucune circonstance. Évolution actuelle de la situation rendrait diffusion d'une telle note extrêmement utile sur le plan psychologique. Vous demande en conséquence s'il vous serait possible de la faire sortir maintenant.
Signé : AILLERET

*
* *

1H 2467/6

COMMUNIQUÉ du Ministre des Armées
à Messieurs les Chefs de Corps, le 8 mars 1962 (extraits)

La note d'information qui suit est destinée aux Chefs de Corps. J'ai voulu qu'elle soit établie spécialement pour eux et leur parvienne par les voies les plus rapides afin qu'ils soient éclairés en temps utile sur le proche avenir de nos forces en Algérie...

Les négociations conduites... avec le FLN aboutiront, sans doute, au fait que de l'autodétermination naîtra une Algérie nouvelle... qui demeurera liée à la France par des accords d'association étroite et garantira, aux nationaux comme aux intérêts français... les droits et les libertés indispensables...

Après le référendum d'autodétermination, que l'on peut espérer intervenir après quelques mois, commencera une période probatoire, d'une durée de trois ans, qui offrira aux Français d'Algérie comme aux musulmans attachés à la France un délai suffisant pour choisir le pays de leur installation définitive ainsi que leur nationalité... il est hautement souhaitable que la majorité des Algériens décident de continuer à vivre dans leur pays natal...

Cette évolution ne répond sans doute pas aux souhaits très respectables qu'ont pu former naguère certains officiers engagés depuis 1954 dans une lutte difficile. Mais elle est voulue par la nation française, ainsi que par la grande majorité des populations algériennes. Elle n'aura été rendue possible que grâce à l'œuvre de l'Armée. Celle-ci peut donc, à bon droit, la revendiquer comme un succès...

Signé : Pierre MESSMER

Cette Note est suivie de plusieurs Annexes se rapportant à chaque catégorie de personnels.

* *

1H 1260

GENESUPER REGHAIA Date – Heure 10 12 30
Pour action : MINARMÉES DIFFUSION RESTREINTE
EXTRÊME URGENT

Nº 0681 / CSFA / EMI/ MOR
Primo : À la veille du cessez-le-feu, la préoccupation principale est pour nombreux cadres le sort des Algériens dont ils pensent que l'engagement marqué dans la lutte empêchera recasement en sûreté dans Algérie

nouvelle. Il est très important de pouvoir dissiper cette angoisse... C'est pourquoi je demande urgence éclaircissements sur certains points de la lettre du ministre aux cadres du 8 mars.

Secundo : Obscurités subsistent sur sort musulmans droit local. Perdront-ils automatiquement nationalité française... ? Auront-ils mêmes possibilités que Français de souche pour installation Métropole... ? Cette faculté sera-t-elle maintenue... au lendemain du référendum... quand se posera pour certains d'entre eux la question de vivre sous un régime dont ils ont été les adversaires.

Tertio : Il est encore difficile de faire comprendre aux cadres qu'il y a intérêt pour Algérie nouvelle que les musulmans qui ont été à nos côtés restent sur place... nombreux cadres auraient le sentiment une fois de plus de ne pas tenir leur parole et de trahir confiance de leurs compagnons de lutte...

Signé : HUBLOT, Chef d'État-Major.

*
* *

Le 4 avril 1962, le général commandant la Région territoriale
et le Corps d'armée d'Alger adresse au Premier ministre son avis sur
Le moral et l'avenir de la Troupe FSNA[1]
(Extrait de 1R 367/4*, *publication intégrale non autorisée*)

OBJET : Troupe FSNA

I. – MORAL

Surpris et désemparés par le cessez-le-feu, les militaires FSNA de toutes catégories s'interrogent encore malgré toutes les assurances qui leur sont données.

OFFICIERS : Très attachés à leur état d'officiers français, ont interprété le décret du 20 mars comme une amorce de licenciement de l'Armée française. La plupart envisagent leur mutation en France afin de ne pas assister au retour victorieux de leurs anciens adversaires et ce, malgré les difficultés d'ordre familial que cela entraînerait.

SOUS-OFFICIERS : entendent rester dans l'Armée française. Réagissent sainement à la vague de désertions. Restent attachés à leurs chefs. La plupart, comme les officiers, envisagent une mutation en Métropole.

TROUPE DE CARRIÈRE : ébranlée autant que les cadres, raisonne plus

---

1. Français de souche nord-africaine.

simplement, reste attachée à ses chefs, mais préoccupée par le sort des familles soumises plus facilement aux pressions rebelles. S'interroge sur l'avenir. Peu de soldats de carrière envisagent une transplantation en Métropole. Certains cherchent à se dédouaner vis-à-vis dees rebelles.

APPELÉS : seule catégorie qui a accueilli le cessez-le-feu avec satisfaction. Désertions en grand nombre. D'ailleurs le soldat appelé n'a toujours fait que juste ce qu'il fallait, sans plus. Attend une libération anticipée.

SUPPLÉTIFS : Les supplétifs ont été les plus touchés par le cessez-le-feu. Engagés à fond à nos côtés aux moments les plus difficiles et considérés comme le fer de lance des unités de combat, ils ont aujourd'hui la conviction qu'ils sont les grands perdants. En butte aux sarcasmes des habitants, ils craignent d'être plus tard les victimes de l'esprit de vengeance.

Pour cette catégorie prime actuellement pour la plupart la question de mise en sécurité, engagement dans l'Armée régulière et pour quelques-uns départ en France.

Sous la pression des rebelles, toujours par l'intermédiaire des familles, de nombreuses désertions sont enregistrées.

II. AVENIR

– Réguliers : – L'avenir des cadres et de la troupe de carrière dépend des futures structures de l'Armée française ; il reste lié à la conservation des unités à vocation nord-africaine. Au cas où ces unités ne seraient pas maintenues, les cadres et la troupe disparaîtraient par extinction.

Si l'on veut préserver ces unités, il serait souhaitable de prévoir d'ores et déjà leur rapatriement en commençant par les régiments les plus touchés. Il ne peut être concevable de laisser une unité à vocation nord-africaine assister en Algérie à l'arrivée des unités de l'ALN.

Le choix des garnisons devra être fait en tenant compte des conditions climatiques et du genre de vie des familles FSNA dont la plupart se fixeraient en Métropole à leur retraite.

– Supplétifs : – Un assouplissement de la régularisation des services harkis est nécessaire. Tout harki ayant accompli deux ans de service... devrait pouvoir prétendre à la solde spéciale progressive dès son engagement dans l'Armée régulière.

Les mesures d'aide à la reconversion prises par Monsieur le Délégué Général devraient pouvoir être complétées par une aide à la scolarisation sous forme de bourses pour les enfants de harkis et les jeunes de moins de 18 ans ayant servi à nos côtés.

Les primes de licenciement et recasement devraient être payées à tous les harkis y compris ceux servant sous ancien statut.

N.B. *Fiche non signée. Le général Le Masson semble s'affranchir de la voie hiérarchique pour transmettre cette fiche au Premier ministre.*

**
* **

Message du Commandant supérieur du 4 août 1962   1R 336/8*
GENESUPER REGHAIA   Date-heure 4 août – 19 20
Pour action : MINARMÉES (Cab.mil.)   SECRET – URGENT
    EMIA (Organisation)
Pour info : AMBAFRANCE (Attaché militaire) ROCHER NOIR
    Tous subordonnés Terre, Air et Marine
N° 1820/CSFAFA/EMI/MOR
    Objet : Ex-supplétifs menacés
    Référence : Message n° 1.728.... du 24 juillet

PRIMO : Épuration menée par les populations et l'ALN envers ex-supplétifs, signalée par message référence, s'est poursuivie avec une violence accrue durant la semaine écoulée, en particulier sur territoires Wilayas 2 et 4. De ce fait, environ 2 300 personnes ont demandé asile et ont été recueillies – 1 200 dans le CA d'Alger, 1 000 dans le CA de Philippeville, 100 dans le CA d'Oran.
SECUNDO : Précarité petits regroupements locaux, rendus obligatoires par saturation principaux camps présente risque incidents graves avec ALN. De plus situation pitoyable anciens compagnons d'armes menacés dans leur vie par la population algérienne émeut à juste titre cadres et troupes.
TERTIO : Honneur vous demander instamment autoriser embarquement vers Métropole ex-supplétifs menacés, tant que pouvoir central algérien se révélera incapable de faire cesser violence à leur égard.

En tout état de cause, il y a urgence à transférer dès maintenant les personnes regroupées, et en priorité celles des camps de Tefeschoun (800) et de Bône (500).

Signé : De BREBISSON

**
* **

Message du Ministre des Armées du 6 août 1962   **1R 336/8***
MINARMÉES   DÉCLASSIFIÉ le 27 août 1999
Pour action : GENESUPER REGHAIA IM 2050/DEF/CAB du 7-6-81
Pour info : AMBAFRANCE (ATTACHE MILITAIRE) ROCHER NOIR
N° 04433/MA/CM
RÉFÉRENCE : VOTRE T.O. 1920 DU 4 AOÛT AU SUJET EX-
SUPPLÉTIFS MENACES – X – EN RAISON SUJÉTIONS NÉES DU
RETOUR DES UNITÉS D'ALGÉRIE ET DE L'ACCUEIL DES
RÉFUGIÉS LES POSSIBILITÉS D'ACCUEIL DE NOS CAMPS
SONT PROVISOIREMENT ÉPUISÉES EN MÉTROPOLE – X –
VOUS DEMANDE EN CONSÉQUENCE PRENDRE LES DISPOSI-
TIONS NÉCESSAIRES POUR ASSURER LOCALEMENT PAR LES
MOYENS APPROPRIÉS LA SÉCURITÉ ET L'HÉBERGEMENT DES
EX-SUPPLÉTIFS MENACÉS – X – LES DÉPENSES QUI EN
RÉSULTERONT SERONT PRISES EN CHARGE PAR LE SECRÉ-
TARIAT D'ÉTAT AUX RAPATRIÉS – XX –
                                        Pour le Ministre et par délégation
                                        M.C. BIROS, Directeur du Cabinet
COPIE À : Premier Ministre (cabinet militaire)   Signé : BIROS
– Ministre des Affaires Algériennes (Cabinet militaire)
– Secrétariat d'État aux Rapatriés
– État-Major des Armées (Organisation)

*
* *

1R 336/8*
S.P. 87.000 LE 17 octobre 1962   COMMANDEMENT SUPÉRIEUR
                                  DES FORCES ARMÉES EN ALGÉRIE
DÉCLASSIFIÉE le 27 août 1999   ÉTAT-MAJOR INTERARMÉES
IM 2050/DEF/CAB du 7-6-81   N° 2280 : CSFAFA/EMI/CEM

FICHE
Concernant les Musulmans menacés

1°/ Les différents centres d'hébergement en Algérie (en principe 1 par
division) rassemblent actuellement 6 200 Musulmans menacés et
membres de leurs familles. Ce nombre aurait tendance à s'accroître à
raison de 20 par jour.

2°/ Le Général Commandant Supérieur a pourtant donné des ordres
précis pour que cet asile ne soit accordé qu'aux cas exceptionnels. Les

arrivées continuent cependant car le filtrage « à chaud » y est difficile et parce que l'existence même de nombreux camps assure une certaine publicité aux conditions de vie accordées aux réfugiés (payés, nourris, hébergés).

3°/ Les départs ou dissolutions d'unités supports des camps d'hébergement, les demandes croissantes de cantonnements présentées par les Autorités Algériennes, l'approche de l'hiver qui dans certaines régions interdit d'envisager le maintien de camps sous tentes, commencent à poser des problèmes insolubles.

4°/ Dès maintenant le Général Commandant Supérieur est obligé, contre son gré, de prendre des mesures pour stopper cet exode régulier vers les centres d'hébergement. Il se réserve l'accord du droit d'asile, après examen, des cas exceptionnels qui lui seront soumis par les Commandements de Division.

Cette prise de position aura une certaine répercussion sur le moral des petits échelons, au contact avec des situations souvent dramatiques.

En conclusion :
– Il est indispensable que le transfert en Métropole des Musulmans menacés ait lieu avant le 15 novembre (date limite annoncée au Général de Brebisson à l'occasion de son passage à Paris).

– Seule cette mesure pourrait, sans trop d'inconvénients, « désamorcer » le courant des Musulmans vers nos centres d'hébergement ; elle éviterait, d'autre part, des incidents graves avec le Gouvernement algérien qui, à mesure que l'autorité du Pouvoir central se confirme, risque de ne plus tolérer que ses ressortissants aillent sur le sol algérien chercher refuge auprès d'une Armée étrangère.

Copie à 2ᵉ et 3ᵉ Bureaux

ANNEXE 6

Les massacres du 5 juillet 1962 d'Oran

Des ordres venus d'en haut...

La responsabilité française dans le bilan des massacres d'Oran du 5 juillet 1962 est importante, incontestable. Les troupes françaises n'ont pas voulu se porter au secours des Européens et des musulmans pro-français pourchassés dans les rues d'Oran entre 11 heures et 17 heures. Non seulement les représentants français en Algérie ont accepté le viol flagrant des accords d'Évian, mais les ordres confus, contradictoires qui leur parvenaient de Paris, incitaient à ce type de non-intervention criminelle. Déjà, les notes du chef d'état-major, le général Fourquet, des 13 et 19 juin, limitent la participation des forces françaises au maintien de l'ordre. Les militaires n'interviendront que sur demande expresse des autorités civiles. Mais « en cas de légitime défense, ou pour porter assistance à des personnes en danger, les secours sont apportés d'initiative et sur-le-champ par les personnes ou petits groupes de militaires se trouvant sur les lieux ou à proximité, conformément à l'article 63 du code pénal. Si pour porter secours il faut engager une unité, l'ordre ou l'autorisation du Commandant de Corps d'armée sont nécessaires » (note du 19 juin, citée par Maurice Faivre, *Les Archives inédites de la politique algérienne*, op. cit., p. 66).

Le général Katz écrit : « Du 13 juin au 1er juillet, nous sont arrivés d'Alger vingt notes ou messages fixant l'attitude que nous aurions à tenir dès l'indépendance venue, les uns et les autres étant souvent en contradiction sur beaucoup de points. » Au sujet de cette note du 19 juin, il poursuit : « Elle insistait sur le respect et la souveraineté algérienne et nous enlevait pratiquement toute charge du maintien de l'ordre. Les forces de troisième catégorie, c'est-à-dire les unités de l'armée, autres que la gendarmerie, ne recevaient aucune mission d'intervention sauf sur ordre du Génésuper, des commandants de Corps d'Armée et à la demande expresse et écrite des autorités civiles qui, tant du côté français que du côté algérien, seraient mises en place à partir du 1er juillet sans être encore capables d'apprécier la situation. Qu'un incident survienne et l'ordre d'intervention arrivera trop tard ; les dispositions arrêtées étaient bonnes tout au plus à régler une manifestation dans une paisible sous-préfecture. » (Joseph Katz, *L'Honneur d'un général, Oran, 1962*, op. cit., p. 334.)

Le 21 juin, Pierre Messmer soumet à l'approbation du Comité des affaires algériennes des instructions relatives à l'encadrement de la force locale et à l'emploi des forces françaises après l'autodétermination. Il est adopté que l'intervention des forces françaises pourra être demandée par l'exécutif algérien. Mais le général de Gaulle refuse d'approuver l'intervention d'initiative française. Il l'a dit explicitement lors du Conseil des ministres du 24 mai, alors que Louis Joxe signale la peur des Européens et des harkis : « La France ne doit plus avoir aucune responsabilité dans le maintien de l'ordre après l'autodétermination. Elle aura le devoir d'assister les autorités algériennes ; mais ce sera de l'assistance technique. Si les gens s'entre massacrent, ce sera l'affaire des nouvelles autorités. » (Alain Peyrefitte, *C'était De Gaulle*, t. 1, *op. cit.*, p. 136.)

La décision prise à ce sujet est en retrait par rapport au projet de Messmer : « L'intervention dite d'initiative ne devra être envisagée pour assurer la protection de nos forces ou celle de nos nationaux que dans les cas de légitime défense ou d'attaque caractérisée. » (Décision du Comité des affaires algériennes, prise le 21 juin, notifiée le 26 juin, *in* Maurice Faivre, *op. cit.*, p. 297.) Et le 23 juin, l'état-major interarmées rédige une instruction en ce sens (*ibid.*, p. 65).

ANNEXE 7

La postface du *Journal* de Mouloud Feraoun

Lettre du fils de Mouloud Feraoun, Ali, à Emmanuel Roblès[1]

« Mardi, vous avez écrit à mon père une lettre qu'il ne lira jamais... C'est affreux ! Mercredi soir, nous avons – pour la première fois depuis que nous sommes à la villa Lung – longuement veillé avec mon père dans la cuisine puis au salon. Nous avons évoqué toutes les écoles où il avait exercé. Puis nous vous avons vu à la télé parler de votre roman[2]. Ça lui a fait beaucoup plaisir. Je sais quelle amitié vous liait. Après l'émission, nous avons parlé de vous et il est allé se coucher. C'était la dernière fois que je le voyais. Je l'ai entendu pour la dernière fois le matin à huit heures. J'étais au lit. Il a dit à maman : "Laisse les enfants dormir." Elle voulait nous réveiller pour nous envoyer à l'école. "Chaque matin tu fais sortir trois hommes[3]. Tu ne penses pas tout de même qu'ils te les rendront comme ça tous les jours !" Maman a craché sur le feu pour conjurer le mauvais sort. Vous voyez ! Le feu n'a rien fait. Papa est sorti seul et ils ne nous l'ont pas "rendu".

« Je l'ai vu à la morgue. Douze balles, aucune sur le visage. Il était beau, mon père, mais tout glacé, et ne voulait regarder personne. Il y en avait une cinquantaine, une centaine, comme lui, sur des tables, sur des bancs, sur le sol, partout. On avait couché mon père au milieu, sur une table.

« À Tizi-Hizel, nous avons eu des ennuis avec l'autodéfense et l'armée française et nous avons dû nous sauver après l'enterrement. Il est enterré à l'entrée de Tizi-Hizel, en face de la maison des Sœurs blanches. »

---

1. C'est ainsi que se conclut le *Journal (1955-1962)* de Mouloud Feraoun publié au Seuil en 1958, 1962.
2. « Lectures pour tous », en différé à la télévision d'Alger
3. Feraoun et ses deux fils, Ali et Mokrane.

ANNEXE 8

Bibliographie

Bibliographie

OUVRAGES GÉNÉRAUX

Bloch Marc, *L'Étrange Défaite*, Paris, Gallimard, 1990 (nouvelle édition).

Bruckner Pascal, *Le Sanglot de l'homme blanc*, Paris, Le Seuil, 2002.

Camus Albert, *Actuelles 3, Chroniques algériennes*, Paris, Gallimard, 2002.

Camus Albert, *Réflexions sur le terrorisme*, Paris, réédition Nicolas Philippe, 2002.

Cohen-Solal Annie, *Sartre*, Paris, Gallimard, 1985.

Conan Éric, Rousso Henry, *Vichy, un passé qui ne passe pas*, Paris, Fayard, 1994.

Daniel Jean, *Œuvres autobiographiques*, Paris, Grasset, 2002.

Fanon Frantz, *Les Damnés de la terre*, préface de Jean-Paul Sartre (1961), Paris, Maspéro, 1961.

Feraoun Mouloud, *Journal*, Paris, Le Seuil, 1962.

Jeanneney Jean-Noël, *Le Pavé dans le prétoire*, Paris, Le Seuil 1998.

Lévy Bernard Henri, *Le Siècle Sartre*, Paris, Grasset, 2000.

Lottman Herbert, *Camus*, Paris, Le Seuil, 1985.

Malaparte Curzio, *Technique du coup d'État*, Paris, Grasset, 1992.

Nora Pierre, *Les Français d'Algérie*, Paris, Julliard, 1961.

Rossfelder André, *Le Onzième Commandement*, Paris, Gallimard, 2000.

Sirinelli Jean-François, *Sartre et Aron, deux intellectuels dans le siècle*, Paris, Fayard, 1995.

Sirinelli Jean-François (dir.), *Histoire des droites en France*, Paris, Gallimard, 1992.

Todd Olivier, *Albert Camus, une vie*, Paris, Gallimard, 1996.

OUVRAGES SUR LA GUERRE D'ALGÉRIE

Azni Boussad, *Harkis, crime d'État*, Paris, Ramsay, 2001.

Benot Yves, *Massacres coloniaux*, Paris, La Découverte, 2001.

Bromberger Merry et Serge, *Les Treize Complots du 13 mai ou la délivrance de Gulliver*, Paris, Fayard, 1959.

Bromberger Merry et Serge, Elgey Georgette, *Barricades et colonels, 24 janvier 1960*, Paris, Fayard, 1960.

Cointet Michèle, *De Gaulle et l'Algérie française 1958-1962*, Paris, Perrin, 1995.

Courrière Yves, *La Guerre d'Algérie*, Fayard, t. 1, *Les Fils de la Toussaint*, 1968 ; t. 2, *Le Temps des léopards*, 1969 ; t. 3, *L'Heure des colonels*, 1970 ; t. 4, *Les Feux du désespoir*, 1971.

Delpard Raphaël, *Les Oubliés de la guerre d'Algérie*, Paris, Michel Lafon, 2003.

Droz Bernard, Lever Évelyne, *Histoire de la guerre d'Algérie, 1954-1962*, Paris, Le Seuil, 1982.

Duquesne Jacques, *Pour comprendre la guerre d'Algérie*, Paris, Perrin, 2001.

Duranton-Crabol Anne-Marie, *Le Temps de l'OAS*, Bruxelles, Complexe, 1995.

Faivre Maurice, *Les Archives inédites de la politique algérienne 1958-1962*, Paris, L'Harmattan, 2000.

Figueras André, *L'Affaire du bazooka*, Paris, Déterna, 1999.

Fleury Georges, *Histoire secrète de l'OAS*, Paris, Grasset, 2002.

Gervereau Laurent, Rioux Jean-Pierre, Stora Benjamin (dir.), *La France en guerre d'Algérie*, Paris, BDIC, 1992.

Hamon Hervé, Patrick Rotman, *Les Porteurs de valises : la résistance française à la guerre d'Algérie*, Paris, Albin Michel, 1979.

Israël Gérard, *Le Dernier Jour de l'Algérie française*, Paris, Robert Laffont, 1970.

Harbi Mohammed, *Le FLN, mirage et réalité*, Paris, éd. Jeune Afrique, 1980.

Jordi Jean-Jacques, *1962, l'arrivée des pieds-noirs*, Paris, Autrement, 1995.

Lacouture Jean, *De Gaulle*, t. 2, *Le Politique (1944-1959)* ; t. 3, *Le Souverain (1959-1970)*, Paris, Le Seuil, 1985, 1986 ; *Algérie, la guerre est finie : 1962*, Bruxelles, Complexe, 1985.

Maloubier Bob, *L'Affaire du bazooka, la confession de Philippe Castille*, Paris, Filipacchi, 1988.

Manceron Gilles, *Marianne et les Colonies*, Paris, La Découverte, 2003.

Nick Christophe, *Résurrection, Naissance de la Ve République, un coup d'État démocratique*, Paris, Fayard, 1998.

Meynier Gilbert, *Histoire intérieure du FLN : 1954-1962*, Paris, Fayard, 2002.

Mohand Hamoumou, *Et ils sont devenus harkis*, Paris, Fayard, 1993.

OAS parle, Paris, Julliard, 1964.

Ould Aoudia Jean-Philippe, *L'Assassinat de Château-Royal : Alger, 15 mars 1962 : enquête sur l'assassinat par l'OAS de six inspecteurs des centres sociaux éducatifs*, Paris, Tiresias, 1992.

Pervillé Guy, *1962 : la paix en Algérie*, Paris, La Documentation française, 1992.

Pervillé Guy, *Pour une histoire de la guerre d'Algérie, 1954-1962*, Paris, Picard, 2002.

Rioux Jean-Pierre, Sirinelli Jean François (dir.), *La Guerre d'Algérie et les intellectuels français*, Bruxelles, Complexe, 1991.

Rioux Jean-Pierre (dir.), *Les Français et la guerre d'Algérie*, Paris, Fayard, 1990.

Rocard Michel, *Rapport sur les camps de regroupement*, Paris, Mille et Une Nuits, 2003.

Sadouni Brahim, *Destin de harkis*, Paris, Cosmopole, 2001.

Slama Alain-Gérard, *La Guerre d'Algérie : histoire d'une déchirure*, Paris, coll. « Découvertes Gallimard », Gallimard, 1996.

Stora Benjamin, *Histoire de l'Algérie coloniale, 1830-1954*, Paris, La Découverte, 1991.

Stora Benjamin, *La Gangrène et l'Oubli : la mémoire de la guerre d'Algérie*, Paris, La Découverte, 1998.

Stora Benjamin, *Histoire de la guerre d'Algérie (1954-1962)*, Paris, La Découverte, 1992.

Ternant Geneviève, *L'Agonie d'Oran*, 3 tomes, Paris, Jacques Gandini, 1992-2002.

Yacono Xavier, *De Gaulle et le FLN, 1958-1962. L'échec d'une politique et ses prolongements*, Versailles, L'Atlanthrope, 1989.

TÉMOIGNAGES, SOUVENIRS

Buron Robert, *Carnets politiques de la guerre d'Algérie*, Paris, Plon, 1965.

Debré Michel, *Trois Républiques pour une France, Agir, 1946-1958*, Paris, Albin Michel, 1988.

De Gaulle Charles, *Discours et messages*, t. 3, *Avec le renouveau (1958-1962)*, Paris, Plon ; *Lettres, notes et carnets (juin 1958-décembre 1960)*, Paris, Plon, 1985 ; *Mémoires d'espoir*, t. 1, *Le Renouveau (1958-1962)*, Paris, Plon, 1970.

Dessaigne Francine, *Journal d'une mère de famille pied-noire*, Paris, France-Empire, 1972.

Jeanson Francis, *Notre guerre*, Berg International, 2001.

Katz Joseph, *L'Honneur d'un général*, Paris, L'Harmattan, 1993.

Lacouture Jean, *Le témoignage est un combat : une biographie de Germaine Tillion*, Paris, Le Seuil, 2000.

Laffont Pierre, *L'Expiation*, Paris, Plon, 1968.

Malek Redha, *L'Algérie à Évian, Histoire des négociations secrètes*, Paris, Le Seuil, 1995.

Morin Jean, *De Gaulle et l'Algérie : mon témoignage, 1960-1962*, Paris, Albin Michel, 1999.

Peyrefitte Alain, *C'était de Gaulle*, t. 1, *La France redevient la France*, Paris, De Fallois/Fayard, 1994.

Laperre Michel (de), *Journal d'un prêtre en Algérie : Oran 1961-1962*, J. Curutchet, 1996.

Saadi Yacef, *La Bataille d'Alger*, Casbah éditions, 1997.

Salan Dominique, *Raoul Salan*, Paris, Atlantica, 2003.

Terrenoire Louis, *De Gaulle et l'Algérie : témoignage pour l'histoire*, Paris, Fayard, 1964.

Tillion Germaine, *La Traversée du mal*, entretiens avec Jean Lacouture, Paris, Arléa, 1997.

Tricot Bernard, *Les Sentiers de la paix*, Paris, Plon, 1972.

LITTÉRATURE

Allouche Jean-Luc, *Les Jours innocents*, Lieu commun, 1984.

Bozier Raymond (sous la dir.), *L'Algérie des deux rives*, Paris, Mille et Une Nuits, janvier 2003.

Dib Mohammed : son œuvre est publiée, notamment, chez Sinbad et au Seuil. À lire particulièrement : Dib, Mohammed, *Tlemcen ou les lieux de la mémoire*, éditions Noires, 1993.

Djebar Assia, *Oran, langue morte*, Arles, Actes Sud, 1997.

Djebar Assia, *Le Blanc de l'Algérie*, Paris, Albin Michel, 1995.

Djemaï Abdelkader, *Camus à Oran*, Paris, Michalon, 1995.

Feraoun Mouloud : son œuvre est publiée au Seuil, Paris.

Labro Philippe, *Des feux mal éteints*, Paris, Gallimard, 1980.

Pons Maurice, *Embuscade à Palestro*, Paris, Éditions du Rocher, 1992.

Roblès Emmanuel : son œuvre est publiée au Seuil, Paris.

Bibliographie

PUBLICATIONS

« De Gaulle et l'Algérie», *in De Gaulle en son siècle*, Actes des Journées internationales tenues à l'Unesco, Paris, 19-24 novembre 1990, tome VI, *Liberté et dignité des peuples*, Paris, La Documentation française, Plon, 1992.

Histoire, Terminales L, ES, S, *Europe*, sous la direction de Valéry Zanghellini, Belin, mai 1998.

Histoire, Terminales, *Le monde de 1939 à nos jours*, sous la direction de Jacques Marseille, Nathan, avril 1998.

Vers la paix en Algérie, Les négociations d'Évian dans les Archives diplomatiques françaises (15 janvier 1961-29 juin 1962), Bruxelles, éditions Bruylant, 2003.

Remerciements

À mon éditeur, Dominique Missika, à Germaine Tillion et à Pierre Bénichou pour leurs recommandations avant ce voyage dans la mémoire, à Marie-Caroline Boussard pour la documentation historique, à Danièle Houssaye et Cathie Julevitz ainsi qu'à Elsa Rosenberger pour sa vigilance.

Cet ouvrage a été imprimé par

FIRMIN DIDOT

GROUPE CPI

Mesnil-sur-l'Estrée

pour le compte des Éditions Robert Laffont
24, avenue Marceau, 75008 Paris
en octobre 2003

Cet ouvrage a été composé et mis en pages
par ÉTIANNE COMPOSITION
à Montrouge

Imprimé en France

Dépôt légal : octobre 2003
N° d'édition : 431159/01 – N° d'impression : 65600